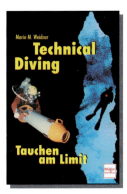
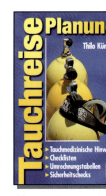
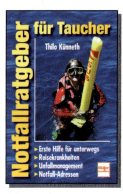

Tauchpraxis
Horst Dederichs / Andrej Priboschek

Wracktauchen

Tauchen an und in versunkenen Schiffen

Für Ben, Eva, Luis und Steffi

Einbandgestaltung: Sven Rauert
Grafiken: Wolfgang Vogel

ISBN 3-275-01395-5

Horst Dederichs, Jahrgang 1969, ist einer der renommiertesten Wracktaucher in Deutschland. Er leitete Expeditionen in der Irischen See sowie in Scapa Flow und war der erste Deutsche, der die Lusitania in 93 Meter Tiefe erreichte. Beim Wracktauchen reizt ihn immer auch der historische Hintergrund: Dederichs hat Geschichte studiert. Er ist Tauchlehrer der Verbände PADI (Master Scuba Diver Trainer) und TDI (Advanced Trimix Instructor). Er leitete eine Basis am Roten Meer, heute ist Dederichs Geschäftsführer des Mönchengladbacher Unternehmens Tauch- und Reisewelt.
Andrej Priboschek, Jahrgang 1965, ist Taucher und Journalist. Als Redakteur einer der größten Tageszeitungen in Deutschland, der Rheinischen Post, begleitete er Wracktauch-Expeditionen und schrieb Reportagen darüber. Auch Priboschek hat Geschichte studiert.

Wir danken: Bernd Aspacher, Herbert Alkofer, Anja Breiding, Michael „Brus" Brusdeilins, Edmund Engler, Christa und Wolfgang Fiedler, Guido Floren, Reiner Hartenberger, Anja von Heynitz, Stefan Kamps, Burckhard Jentzsch, Claus Muth, Uli Rose, Hans-Peter Schmid, Michael Waldbrenner, Joachim Warner. Und den Mitgliedern des „Dive & Travel Adenture Teams."

Titelfoto: Ivana Ostoic
Lektorat: Heinz Käsinger
Innengestaltung: Wolfgang Vogel
Druck: Fotolito LONGO
Bindung: Conzella, 85609 Aschheim Dornach
Printed in Italy

Vorwort

„Ich bin der König der Welt!" – nachdem Leonardo di Caprio, auf dem Bug der Titanic stehend, diesen Satz im gleichnamigen Film ausgerufen hatte, sinkt das Schiff. – Und wird zum Mythos des Wracks schlechthin. Erst Jahrzehnte später wird der Tiefseeforscher Robert Ballard mit aufwändiger Technik die sterblichen Überreste des Luxusliners im Nordatlantik auffinden und erkunden.

Zweifellos gehört Wracktauchen zu den faszinierendsten Beschäftigungen unter Wasser. Denn vielen Wracks haftet der Ruch des geheimnisvollen an, die Vorgänge um den Untergang sind oft ungeklärt und im Dunkel der Geschichte verborgen.

Darüber hinaus ist Wracktauchen eine anspruchsvolle Herausforderung an den Sporttaucher. Viele davon liegen tief, in unsichtigen Gewässern, in Strömungen. Da heißt es, gut ausgerüstet und ausgebildet zu sein, soll der Abstieg nicht zu einem Vabanquespiel werden.

Aus genau diesem Grund haben wir dieses Praxisbuch für den interessierten Sporttaucher geschrieben. Es soll helfen, Wracks sicher zu erkunden, dem Taucher wertvolle Tipps für seinen Abstieg zu den gesunkenen Schönheiten von einst zu geben. Und: Träumen ist erlaubt. Im zweiten Teil des Bandes geben wir Ihnen eine Übersicht über die faszinierendsten Wracks unserer Ozeane – rein subjektiv ausgesucht und bewertet selbstverständlich. Viel Spaß bei der Lektüre wünscht

Ihr Autorenteam

Kapitel 1
Sport mit Spannung:
Das ist Wracktauchen 8
In der Schwärze der Tiefsee: Expedition Minnehaha 10
Auf der Suche nach Schätzen und Abenteuern: Die Motive 12
Recht und Moral: Ist Wracktauchen Grabräuberei? 13
Unbekannte Wracks finden und bestimmen 16
Interview: Am Anfang steht immer die Recherche 18

Kapitel 2
(K)eine Materialschlacht 22
Die richtige Ausrüstung fürs Wracktauchen 24
Das Herzstück: Atemregler und Schlauchführung 25
Muss passen: Das Jacket 29
Immer schön warm: Trockentauchanzüge und Isolationsstrategien 35
Rückfahrkarten: Reels 38
Lebenswichtig: Lampen 40
Immer unter Druck: Flaschen 47
Der Taucher als Einheit: Die richtige Ausrüstungskonfiguration 50
Nullzeit: Nitrox, das Gas für Wracktaucher 55
Expertenmeinung: Vereisen des Atemreglers: Was tun? 26
Expertenmeinung: Auskühlung vermeiden 31
Expertenmeinung: Darauf sollten Sie beim Lampenkauf achten 42

Kapitel 3
Die Sicherheit geht immer vor 58
Tauchgang in den Tod: Das hätte nicht sein müssen 60
Die Sicherheit geht immer vor 60
Sicherheitsreserve: Gasmanagement und Dekozeiten 62
In die ewige Nacht: Der Einstieg 72
Dekompression am Trapez: Sicher zurück 77
Wie lerne ich Wracktauchen? Ausbildung & Training 80
Expertenmeinung: Neue Freiheiten durch Nitrox und Trimix 86

Kapitel 4
Die spannendsten Wracktauchgänge der Welt 94
Zahlen, Fakten, Daten:
Hintergrundinformationen zu den beliebtesten Wrackplätzen der Welt 98
Raddampfer im mystischen Halbdunkel: Im Bodensee 98

Das Grab der Wilhelm Gustloff: Die Ostsee 99
Der Untergang der kaiserlichen Flotte: Skagerrak, Nordsee und Scapa Flow 105
Der Schrecken des Krieges: Die Irische See und der Ärmelkanal 118
Giganten auf Grund: Das Mittelmeer 127
Das blühende Leben: Versunkene Schiffe im Roten Meer 138
Luxusliner und deutsche U-Boote: Wracks in amerikanischen Gewässern 149
Haie über dem Flugzeugdeck: Im Pazifik 162

Anhang 174
Stichwortverzeichnis 174
Literaturliste 175

■ Abenteuer Wracktauchen: An einem Geschütz der kopfüber liegenden Nagato im Bikini Atoll. Foto: Hans-Peter Schmid

Das ist Wracktauchen

■ In den Tropen überwuchern Schwämme und Korallen schnell ein versunkenes Schiff, was die Identifikation erschwert. Foto: Hans-Peter Schmid

Kapitel 1 Sport mit Spannung:
Das ist Wracktauchen

Samstag, 31. Mai 1999, 10.05 Uhr, Hafen von Baltimore, Irland. Captain Collin Barnes nickt. Entgegen dem Wetterbericht vom Vorabend scheint das Meer ruhig genug, die Ausfahrt möglich. „Heute pa-cken wir's", meine ich, Horst Dederichs, zuversichtlich. Unser Ziel: die Minnehaha, ein Luxusliner, der 1900 als Vorläufer der Titanic gebaut und im Ersten Weltkrieg von einem deutschen U-Boot versenkt wurde. Der Ozeanriese, der damals 43 Menschen mit in den Tod riss, liegt in der Irischen See auf Grund in rund 100 Metern. Am Tag zuvor war der Versuch, das Wrack zu erreichen, an einer gerissenen Sicherheitsleine gescheitert.

12.20 Uhr, zehn Seemeilen vor der Küste. Das Expeditionsboot kreuzt bei schwerem Wellengang in der Position, in der am Freitag das Wrack ausgemacht worden war. Barnes und mein Bruder Thomas blicken gespannt auf das Echolot. Plötzlich schiebt sich auf dem Bildschirm die grellrote Fieberkurve steil nach oben: die Bordwand des 184 Meter langen Kolosses.

12.22 Uhr. Der Wind frischt weiter auf. Die sechs Taucher an Bord streifen ihre robusten Trockentauchanzüge über zwei Lagen warmer Funktionskleidung. Es wird kalt: neun Grad Wassertemperatur. Ein Seehund reckt neugierig seinen Kopf aus dem Meer.

12.45 Uhr. Eine Stark-Wind-Warnung erreicht das Boot über Funk. „Es geht nicht", meint ein Mannschaftskamerad. „Das schlimmste wäre, wenn wir unten sind – und oben tanzt der Teufel." Drei Stunden würden wir brauchen, um nach 20 Minuten in 100 Meter Tiefe wieder an die Oberfläche zu können. Nach kurzer Diskussion entscheidet sich das Team für einen Alternativplan: Nur zwei steigen aus, und deren Grundzeit wird auf sieben Minuten verkürzt (was ein Auftauchen schon nach einer Stunde ermöglicht).

13.20 Uhr. Thomas und ich lassen uns mit unserem Gepäck von jeweils 120 Kilo Gewicht, fünf Atemgasflaschen für jeden, rückwärts von der Reling ins Meer fallen. Wir sind unmittelbar an der Boje ausgesetzt worden, die die Schottleine hält, an der wir nach unten tauchen wollen. Nach drei Minuten Abstieg sollten wir den Grund erreicht haben.

13.22 Uhr. Captain Barnes hört mit sorgevoller Miene den Funk ab: Sturmwarnung, so heißt es jetzt.

13.25 Uhr, in 86 Meter Tiefe. Thomas und ich stehen auf dem Oberdeck der Minnehaha. Kein Sonnenlicht dringt mehr durch. Gleichwohl ist die Sicht gut, zehn bis 15 Meter im Lichtkegel der Tauchlampen.

Das Wrack ist leicht bewachsen, See-Anemonen blühen auf dem rost-roten Stahl. Das Schiff scheint gut erhalten, Schäden sind von hier oben nicht auszumachen.

13.44 Uhr, an Bord des Expeditionsbootes. „We've got problems", wir haben Probleme, ruft Barnes. Eine der beiden Bojen, die das „Deko-Rigg" Tragen, eine im Wasser schwebende Leiter für den Aufstieg also, hat sich gelöst. Die beiden Männer, die über die Reling gebeugt eine Ersatzboje am Rigg befestigen, müssen von den Übrigen an Bord gehalten werden. Das 14 Meter lange Boot tanzt auf den Wellen.

14.27 Uhr. Thomas und ich erreichen mit hochgerissenen Armen die Oberfläche. Aber die Bordcrew hat wenig Zeit zum Jubeln. Sie müssen uns noch im Wasser von unseren Atemgasflaschen befreien.

16.15 Uhr. Das Expeditionsboot läuft in die geschützte Bucht von Baltimore ein.
Nach diesem Erfolg scheint ein Bann gebrochen. Fast eine Woche lang hatte schlechtes Wetter den Abstieg zum Wrack verhindert, nun herrschen ideale Bedingungen. In den nächsten Tagen gelingt es dem Team, die vordere Hälfte des gesunkenen Ozeanriesen zu untersuchen – zeitweilig begleitet von einem Minkwal, den das Spektakel angelockt hat. „Das Schiff sieht am Bug wirklich aus wie die Titanic", staunt ein Mannschaftskamerad. Er hat die Ankerwinde erkennen können. Die Kette ist aufgerollt. Selbst Aufbauten wie ein etwa sechs Meter langer Rest des Vordermasts stehen noch. An Backbord ist das gewaltige Leck erkennbar, welches das Torpedo der Kaiser-

■ Mitglieder des ersten Dive & Travel Adventure Teams mit Artefakten von der Minnehaha. Das Bergen von Gegenständen ist umstritten und sollte genauestens überlegt werden.
Foto: Christiane Zielke

lichen Marine gerissen hat. Dort ist ein Trümmerfeld. Ein Laderaum war getroffen worden.
Per Ballon schicken wir einige Funde nach oben: eine blaue Flache („muss früher Soda dringewesen sein", mutmaßte Captain Barnes), eine mit Jugendstil-Muster verzierte Rohrabdeckung aus Messing, ein österreichischer Schilling von 1879 sowie ein komplett erhaltenes Bullauge. Während wir unten arbeiten, beobachtet uns rund 100 Meter höher Captain Barnes mit seinem Echolot. Die Luftblasen, die den Atemgeräten entsteigen, sind auf dem Bildschirm als kleine rote Punkte erkennbar.

Auf der Suche nach Schätzen und Abenteuern: die Motive

Warum setzen sich Menschen solchen Strapazen aus? Im Falle der Minnehaha gab es vor allem ein Motiv: Abenteuerlust. Das Gefühl, einen Ort zu betreten, den selten ein Mensch erreicht. Die Herausforderung, der Natur ein Stück verloren geglaubter Geschichte zu entreißen. Der Anspruch, einen komplexen Plan in einem eingespielten Team möglichst perfekt umzusetzen. Der Reiz, mit modernster Technik die Grenzen des Möglichen ein Stück weit zu verschieben. Dies alles macht das Abenteuer aus, auch wenn nicht jeder das Wagnis eines solchen Tauchgangs nachvollziehen kann. Allerdings muss für die meisten Wracktauchgänge kein solcher Aufwand betrieben werden; viele versunkene Schiffe sind vergleichsweise leicht zu erreichen und bieten auch dem weniger erfahrenen Taucher unvergessliche Eindrücke.

Jeder Wracktaucher kennt das prickelnde, manchmal unheimliche Gefühl, wenn die Konturen eines Wracks beim Abtauchen langsam sichtbar werden. Eine mystische Aura umgibt jedes versunkene Schiff. Die Atmosphäre ist häufig gespenstisch, wie in einer unwirklichen Welt. Jedes Wrack birgt sein Geheimnis, es gibt vieles zu entdecken – selbst Wracks, die in berühmten Tauchgebieten liegen und jedes Jahr von Tausenden Tauchern aufgesucht werden, sind immer wieder für eine überraschende Entdeckung gut. Dazu zählen auch Pflanzen und Tiere. Wracks werden auch in ansonsten recht kargen Unterwasserlandschaf-

ten schnell zur Heimstätte unzähliger Meeresbewohner. Ob von Korallen überwuchert wie in den Tropen, von Congern besiedelt im Mittelmeer oder voller Fischschwärme wie im Atlantik oder Pazifik – die Natur macht selbst aus Schauplätzen menschlicher Tragödien Orte von sinnlicher Schönheit, die nicht nur ausgesprochene Naturfreunde anspricht.

Jedoch ist es nicht nur die Lust am Abenteuer oder die Ästhetik auflebender Natur, die Menschen dazu bewegt, versunkene Schiffe aufzusuchen. Zu Beginn der Wracktaucherei waren es wohl vor allem wirtschaftliche Erwägungen, welche die Menschen antrieben: die Hoffnung auf einen wertvollen Fund. Denn oft bestand die Schiffsladung aus wertvollen Gütern, deren Bergung sich lohnte. Welcher Taucher träumt nicht davon, eine bis dato unentdeckte spanische oder portugiesische Galleone voller Gold und Silber zu finden? Die Wahrscheinlichkeit ist gering. Doch immer wieder stoßen auch Sporttaucher auf unbekannte Wracks. Was Profis auf den Plan rief: Unternehmen wurden gegründet, um mit Hilfe von Historikern und Berufstauchern die Weltmeere nach Schätzen zu durchforsten. Zunehmend mit Erfolg – die deutsche „Sea Explorer AG" räumte unlängst das Wrack der Cimbria in der Nordsee und barg Schätze mit Millionenwert. Doch die professionellen Schatztaucher sind nicht die einzigen, die berufliches Interesse an versunkenen Schiffen haben. Für Historiker und Archäologen sind Wracks oft beredtes Zeugnis einer längst vergangenen Zeit. Sie geben Auskunft über Techniken, Ereignisse, aber auch Nahrungsmittel und Handelsgüter bestimmter Epochen: ein Stück Alltagshistorie, die dank Wracks lebendig wird.

Geschätzt wird, dass 100.000 versunkene Schiffe in den Weltmeeren zu finden sind. Erreichbar für Taucher sollen davon 30.000 sein – ein schier unerschöpfliches Reservoir. Dieses Buch soll ein Leitfaden sein für weniger erfahrene Taucher, die gerne den Reiz versunkener Schiffe erleben möchten, und für Könner, die Anregungen für ihre taucherische Praxis suchen. Wir beschreiben Technik, Ausrüstung und Vorgehensweise, benennen Gefahren sowie Ausbildungswege und zeigen die spannendsten Wracks der Welt.

Wrackidylle: Taucher an einem amerikanischen Lightning-Bomber vor den Solomonen. Foto: Hans-Peter Schmid

Recht und Moral: Ist Wracktauchen Grabräuberei?

Obwohl das Erkunden von Wracks zu den ältesten Tauchmotiven gehört, wird Wracktauchen kontrovers diskutiert. Die Meinungen reichen vom Befürworten eines generellen Verbots bis hin zur Maxime: „Erlaubt ist, was gefällt." Als rechtliche Rahmen gelten sowohl die Bestimmungen der Länder, in deren Gewässern ein Wrack liegt, als auch die Regelungen des internationalen Seerechts: Der Schiffsverkehr etwa darf durch Tauchgänge nicht gestört werden.

Darüber hinaus sollten ethische Überlegungen mit einbezogen werden. Viele Schiffsuntergänge sind mit dem Verlust von Menschenleben verbunden. Oft handelt es sich um Tragödien ungeheuren Ausmaßes – allein beim Untergang der Wilhelm Gustloff 1945 starben rund 9000 Menschen, sechs-

mal so viele wie beim Untergang der Titanic.

Solche Schiffswracks sind Gräber. Wird diese Ruhestätte durch Taucher gestört? Ist es pietätlos, einen Ort des Grauens aufzusuchen?

Als 1991 die Salem Express vor Safaga sank, starben mehr als 500 Menschen. Eine Tragödie, wie sie das Rote Meer zuvor noch nicht erlebt hatte. Viele Leichen wurden geborgen, aber etliche liegen noch heute im Inneren des Schiffes. Doch die Salem Express sank in einem Gebiet, das jährlich von Tausenden Tauchern besucht wird, sie liegt zudem in einer für Sporttaucher leicht erreichbaren Tiefe. Zunächst wurde von Seiten der ägyptischen Regierung ein Tauchverbot erlassen und anfangs auch peinlichst genau kontrolliert. Die Praxis änderte sich

■ Versunkene Schiffe zeugen oft von Tragödien: Gasmaske auf dem bei einem US-Angriff
versenkten japanischen Zerstörer Fumizuki.
Foto: Hans-Peter Schmid

schnell. Der Reiz, den das unberührte
Wrack auf Taucher ausübte, führte dazu,
dass erste Touren dorthin organisiert wurden, meist als einsame „early morning
dives". Den ersten Tauchern am Wrack bot
sich ein Bild des Schreckens. Das nur wenige Monate zuvor gesunkene Schiff und
der Meersgrund zeugten auf jedem Qua-
dratmeter vom Schrecken des Untergangs.
Keine Korallen, kein romantischer Bewuchs - nur verbogener Stahl und Über-
bleibsel wie Koffer, Kinderwagen und
Spielzeug erzählten stumm die Geschichte
ihrer Besitzer. Nach den Tauchgängen
herrscht auf den Tauchbooten bis heute ein
ungewöhnliches Schweigen und nicht das
übliche Gewirr aus Stimmen und hektischer
Betriebsamkeit. Das Wrack hinterlässt Eindruck.

Es stellt sich allerdings die Frage, ob die
Ruhe der Toten durch die Tauchgänge gestört wurde? Die Friedhöfe von Paris oder
Havanna gelten als Touristenattraktionen
und werden in jedem Reiseführer beschrieben. Der Besuch wird empfohlen. Wird dadurch die Ruhe der Toten gestört? Sicher
nicht, wenn sich Besucher angemessen verhalten. Niemand käme auf die Idee, diese
Orte vor der Öffentlichkeit zu verschließen.
Aber bei Wracks wird dieses häufig gefordert und teilweise auch praktiziert. In den
vergangenen Jahren wurde das Wrack der
Salem Express zu einem der beliebtesten
Zielen des Tauchmekkas Safaga. Das ur-
sprüngliche Tauchverbot ist längst aufgeho-
ben.

Militärische Wracks hingegen werden oft
dauerhaft für Sporttaucher gesperrt. Grundsätzlich gilt: Versunkene Kriegsschiffe gehören dem Land, unter dessen Flagge sie
einst fuhren. In Großbritannien gab es unlängst eine Initiative, grundsätzlich alle
Kriegswracks in britischen Gewässern für
Sporttaucher zu sperren. Die Royal Oak in
Scapa Flow ist ein prominentes Beispiel.
Das Schiff, das in dem britischen See-
kriegshafen vor Anker lag, wurde 1939 von
einem deutschen U-Boot versenkt. Sie sank
in weniger als elf Minuten - und riss 833
britische Seeleute mit in den Tod. Obwohl
Scapa Flow heute zu den beliebtesten
Wracktauchplätzen in Europa gehört und
über eine ausgezeichnete Infrastruktur für
Taucher verfügt, darf das Wrack nicht betaucht werden. Und dieses Verbot wird kontrolliert. Kein Skipper wird das Risiko ein-
gehen, Taucher über dem Wrack abzuset-
zen. Drakonische Strafen drohen. Eine Boje
markiert den Platz, an dem die Royal Oak
gesunken ist. Wer diese Stelle bei Windstil-
le und klarer Sicht passiert, kann die Kon-

turen des gewaltigen Schiffes in nur 30 Meter Tiefe erkennen. Doch näher wird ein Taucher dem berühmten Wrack nicht kommen.

Auch andere Navy-Schiffe in britischen Gewässern sind als Kriegsgräber deklariert, also in der Regel für Sporttaucher tabu. Doch manchmal stellt das britische Verteidigungsministerium Sondergenehmigungen aus, zum Beispiel für die HMS Hampshire. Marineexperten versuchen dann über Sporttaucher, an Informationen über das Wrack zu gelangen. Oft sind Sporttaucher mit Video- und Fotokameras unterwegs, und so gelingt es mitunter, den Zustand eines Wracks zu dokumentieren, das in 80 Meter Tiefe liegt. Doch die Auflagen sind streng: Es wird Respekt vor den Toten verlangt, und es ist strikt verboten, Gegenstände vom Wrack zu entfernen. Sondergenehmigungen sind nichts für Souvenirjäger.

Und damit ist eine weitere wichtige Frage aufgeworfen: Dürfen Taucher Gegenstände von Wracks bergen? Auch dies ist nicht einfach mit ja oder nein zu beantworten. Viele Wracks werden nur aus dem Grund betaucht, Wertvolles zu bergen. Wer wollte einen Schatztaucher davon überzeugen, möglicherweise jahrhundertealte Kompasse, Bullaugen, Gewehre oder gar Schmuck, Gold und Porzellan auf dem Meeresgrund zurückzulassen? Andererseits: Wracks, die in populären Tauchgebieten in erreichbarer Sporttauchtiefe liegen, sind oft nach kürzester Zeit ihrer kleinen, spannenden Details beraubt. Die Thistleghorm im Roten Meer etwa, eines der meistbetauchten Wracks der Welt, hatte ihr Erscheinungsbild schon wenige Monate nach ihrer Entdeckung dramatisch verändert. Vieles, was nicht

■ Versunkene Kriegsschiffe wie die USS Arkansas, die im Bikini Atoll liegt, gehören dem Land, unter dessen Flagge sie einst fuhren. Foto: Naval Historical Center

niet- und nagelfest war, wurde dem Schiff entrissen. Doch oft sind es gerade die versunkenen Alltagsgegenstände, die das Betauchen eines Wracks zu einem Ausflug in die Vergangenheit machen. Die Pistole in der Kajüte, der Kompass im Steuerstand, Maschinentelegraphen oder die Schiffsglocke machen Geschichte lebendig. Eine Schiffglocke dekoriert das heimische Wohnzimmer und ist beredter Beweis für das taucherische Können und den Mut ihres Besitzers. Aber nachfolgenden Taucher werden sie eben nicht mehr in ihrer ursprünglichen Umgebung sehen können - und das Wrack verliert an Reiz. In vielen Vorbesprechungen an populären Wracktauchplätzen werden Bergungsverbote seitens der Tauchguides ausgesprochen, aber allzu häufig wird dieses Verbot gebrochen.

Anders die Lage bei tiefer gelegenen oder selten betauchten Wracks. Unterhalb der 40-Meter-Marke, die für Sporttaucher als Grenze gilt, nimmt die Zahl der potenziellen Besucher an einem Wrack deutlich ab. Die Wahrscheinlichkeit, dass das Meer ein Artefakt zerstört, bevor es je wieder ein Mensch zu Gesicht bekommt, nimmt zu. Darf man diese Wracks also hemmungslos plündern? Derzeit ist dies gängige Praxis, und einige Argumente sprechen dafür. Doch die Technik wird besser, und so gelangen immer öfter Sporttaucher in bis dato kaum erreichbare Tiefen. Wenn Tauchgänge bis 100 Meter zur Regel würden, stellte die heutige Praxis ein Problem dar. Und deshalb gilt immer: Jeder Taucher sollte an die Nachfolgenden denken.

Bei historisch bedeutenden Wracks verbietet es sich, unfachmännische Bergungen durchzuführen. Das ist Arbeit für Profis, und diesen sollte man das Bergen und die Untersuchungen auch überlassen. Im Vorfeld von Wracktauchgängen sollte man sich über die rechtlichen Bestimmungen erkundigen. Jedoch sind in der Regel die Tauchbasen darüber informiert. Oft gibt es regionale Besonderheiten und Bestimmungen. In der Türkei und Griechenland etwa sollten Taucher in jedem Fall vermeiden, Souvenirs von Wracktauchgängen mitzubringen. Teilweise drohen harte Strafen

Darüber hinaus spielen Eigentumsverhältnisse eine Rolle. Auch Wracks sind nicht herrenlos. Ein gesunkenes Schiff gehört solange dem Reeder, bis die Versicherung den Schaden bezahlt hat – dann gehört ihr das Wrack. Spekulanten, die auf Schätze im Inneren hoffen, kaufen mitunter das Eigentumsrecht. Und diese Eigentümer sehen es nicht gern, wenn ihr Schiff unerlaubterweise betaucht wird. Ein Beispiel ist die vor der irischen Küste gesunkene Lusitania. Nach dem Untergang wechselte das Schiff gleich mehrfach den Eigentümer, bis es schließlich in den Besitz des Amerikaners Greg Bemis gelangte. Dieser war immer sehr zurückhaltend mit Tauchgenehmigungen. Ein Versuch, das Wrack ohne Genehmigung zu betauchen, wie ihn eine britisch-amerikanische Expedition 1994 unternahm, führte zu einem jahrelangen Rechtsstreit, der mit immensen Kosten verbunden war.

Unbekannte Wracks finden und bestimmen

Wie lässt sich ein unbekanntes Wrack identifizieren? Andrea Ghisotti, ein italienischer Unterwasser-Fotograf und Wrackexperte, berichtet von der Jagd nach einem vergessenen Schiff im Roten Meer - und der aufwändigen Recherche, die nötig war, um es zu identifizieren. Die erste Spur: zwei grüne Flaschen mit der Aufschrift „London Soda Water", achtlos in Sharm el-Sheikh weggeworfen – offenbar von Tauchern, die per Zufall auf das Wrack gestoßen waren, aber dann wohl schnell das Interesse an ihrer Entdeckung verloren hatten.

Ghisotti und zwei weitere Taucher machten sich, nachdem sie aus Gerüchten in etwa die Position am Sha'ab Abu Nuhas bestimmen konnten, auf die Suche. Und wurden tatsächlich schnell fündig. „Auf dem Sandgrund in 25 Meter Tiefe sah ich zuerst nur einen Schatten, der allmählich scharfe Umrisse annahm", berichtet Ghisotti. Aber was für ein Schiff war das? Er erkannte eine schlanke Form, ein niedriges, flaches Deck, wie es für Segelschiffe üblich ist. Als aber die Männer an das Heck gelangten, ragte dort die gewaltige, dreiflügelige Schraube aus dem Sand. Damit schien kein Zweifel mehr möglich: Ein Dampfschiff musste es sein. Tatsächlich war im Bereich des Mittelschiffs der riesige Kessel auszumachen. Als Ghisotti und seine Kameraden dann aber am Grund entlang tauchten, präsentierten sich ihnen zwei Masten mit recht gut erhaltener Takelage. Des Rätsels Lösung: Das damals noch unbekannte Schiff war ein Dampfsegler, einer der „Zwitter", wie sie im 19. Jahrhundert gebaut wurden.

Wie kam Ghisotti auf den Namen des Schiffes? Die in Sharm-el-Sheik gefundenen Soda-Flaschen sowie Bruchstücke von Tellern, die die Taucher bei ihrer Expedition mit hinauf gebracht hatten, ließen auf ein britisches Schiff schließen. Allerdings gestaltete sich die Recherche im Lloyd's-Register schwieriger als erwartet: „Hunderte und Aberhunderte von Schiffen, von denen viele spurlos verschwunden waren", machte der Italiener dort in der infrage kommenden Zeitspanne aus. Eine genauere Analyse des Porzellans ergab, dass dieses von einer Fabrik produziert worden war, die 1876 den Betrieb einstellte – also musste das Wrack vor diesem Zeitpunkt ausgerüstet worden sein. Dann entdeckten Taucher darin einen menschlichen Knochen, einen linken Oberarm: Es hatte Tote beim Untergang gegeben, was die Liste der möglichen Schiffsnamen auf nur noch drei verkürzte. Bei einer weiteren Expedition schließlich konnte am Bug der erste Buchstabe des Namens identifiziert werden: ein „C" – und damit

■ Leuchtete am 16. Februar 1944 das letzte Mal: Positionslaterne eines japanischen Schiffes in der Truk Lagoon. Foto: Fiedler

war klar: Es konnte sich nur um die Carnatic handeln, ein Schiff der Peninsular & Oriental Steam Navigation Compagnie (P&O), das im Linienverkehr zwischen Suez und Bombay pendelte, am 12. September 1869 auf das Sha'ab Abu Nuhas auflief und zwei Tage später sank.

Am Fall Carnatic lässt sich das Muster einer Wrackrecherche gut erkennen. Nötig sind Fundstücke, die Anhaltspunkte über Alter und Herkunft des Schiffes geben. Daran schließt sich eine mühsame Suche nach passenden Daten in Schiffsarchiven an. Das Register von Lloyd's, des großen und traditionsreichen Versicherers, ist für die Bestimmung von zivilen Schiffen die weltweit wohl beste Anlaufstelle. Informationen über Kriegsschiffe halten Marinearchive im jeweiligen Land parat – in Deutschland etwa das Bundesarchiv in Koblenz oder das Bundesarchiv-Militärarchiv in Freiburg/Breisgau.

Expertenmeinung:

„Am Anfang steht immer die Recherche"

Uli Rose ist Padi Tauchlehrer (TL) seit 1995 und TDI TL seit 2000. Der hauptberufliche Feuerwehrmann ist ausgewiesener Fachmann für Lungenautomaten und beschäftigt sich seit Jahren mit der Suche nach versunkenen Schiffen. Rose war beteiligt an der Expedition zur HMS Hampshire (2001) und Lusitania (2002). Autor Horst Dederichs sprach mit ihm über den Einsatz technischer Hilfsmittel bei der Wracksuche.

■ Wracktaucher Uli Rose.
Foto: Horst Dederichs

Kann man das Beispiel der Carnatic eigentlich als repräsentativ bezeichnen?

Rose: Im Prinzip schon. Oft steht ein Zufallsfund am Beginn einer Wracksuche oder Recherche. Viele Wracks, wie die Titanic, Bismarck oder die Cimbria wurden nach intensiver Suche von Profis gefunden und betaucht, aber wer kann sich schon den finanziellen Aufwand leisten den schatzsuchende Aktiengesellschaften oder medienunterstützte Forscher wie Ballard betreiben? Doch viele Wracks wurden von Tauchern gefunden, die viel Zeit damit verbrachten die Geschichte des Schiff zu erforschen. U 869 ist ein gutes Beispiel, auch wenn die Geschichte ein tragisches Ende nahm.

Wie ist denn die beste Vorgehensweise wenn man auf ein nicht identifiziertes bzw. unbekanntes Wrack stößt?

Rose: Zunächst einmal sollte man versuchen das Wrack vom Typ her zu bestimmen. Bauart und Material sind hierbei die besten Identifikationsmöglichkeiten. Details helfen auch weiter: Die Ladung eines Schiffes kann zum Beispiel sehr aufschlussreich sein.

Danach beginnt die Arbeit in den Archiven. Die meisten Schiffe die heute gefunden werden stammen ja aus der jüngsten Vergangenheit, nationale Schifffahrtsarchive sind hilfreich wenn man das Herkunftsland bestimmen kann. Zentrale Anlaufstelle ist sicherlich Lloyd´s Schifffahrtsregister.

Bei wirklich antiken Funden, sollte man ausgesprochen vorsichtig sein und die Arbeit den Unterwasserarchäologen überlassen. Ein Laie kann nur sehr schlecht beurteilen, ob Fundstücke von historischer Bedeutung sind. Außerdem kommt man in gewissen Regionen sehr schnell mit dem Gesetz in Konflikt, da das Bergen antiker Gegenstände strengsten untersagt ist.

Viele Taucher träumen davon ihr „eigenes Wrack zu finden. Wenn man sich wirklich auf die Suche machen möchte, sollte man über welche Hilfsmittel verfügen.

Rose: Die einfachste Möglichkeit ist der Einsatz eines Sonars. Sonar ist ein Kunstwort und setzt sich zusammen aus SOund, NAvigation und Ranging. Das Gerät funktioniert mit Schallwellen, eine ähnliche Methode wie Fledermäuse sie bei der Jagd einsetzen. Trifft die ausgesandte Schallwelle auf einen Gegenstand wird der Schall reflektiert. Dieser Vorgang wiederholt sich mehrere Male in der Sekunde und erlaubt eine sehr genaue Abbildung des Seebodens und aller Objekte, die sich zwischen Kiel und Seeboden befinden. Deshalb besteht ein Sonar aus zwei Bauteilen: Dem Fish, der unterhalb der Wasserlinie, an der tiefsten Stelle des Bootes montiert ist und dem Empfänger inklusive Display.

Da die Bewegung von Schall im Wasser als eine Konstante angesehen wird, 4800 feet/sec, kann mittels der Zeitdifferenz zwischen Schallausgang und – Eingang eine genaue Tiefenangabe gemacht werden. Durch die hohe Frequenz, ist ebenfalls eine Abbildung von Objekten zwischen Seeboden und Kiel möglich. Sogar die Größe von Objekten kann dargestellt werden. Die meisten Geräte arbeiten mit einer Frequenz von 192-200 KHz. Das erlaubt eine graphisch sehr genaue Abbildung der Objekte. Allerdings ist hier keine unendliche Durchdringungstiefe mit zu erreichen.

Um in größeren Tiefen mit dem Sonar zu arbeiten, benötigt man eine deutlich niedrigere, langsamere Frequenz. Wasser hat nämlich die Eigenschaft Schallwellen zu absorbieren, angefangen im hochfrequenten, schnellen Bereich. Deshalb wird beim Tiefensonar mit Frequenzen um ca. 50 KHz gearbeitet. Die größer Durchdringungstiefe wird allerdings mit einer deutlich gröberen Abbildung erkauft. Diese recht einfachen und auf jedem Schiff zur Verfügung stehenden Mittel reichen in der Regel völlig aus. Allerdings bieten sie nur eine zweidimensionale Darstellung, da der Schallkegel des Sonars sich nur senkrecht unter dem Boot nach unten richtet.

Um damit ein kleines Seegebiet abzusuchen benötigt man schon recht viel Zeit.

Auch erhöhte Fahrgeschwindigkeit des Bootes kann das nicht kompensieren. Um ein größeres Seegebiet abzusuchen, wird deshalb meistens ein sogenanntes Side Scan Sonar benutzt. Das Side Scan funktioniert vom Aufbau her genau wie jedes andere Sonar, allerdings werden beim Side Scan Sonar die Schallwellen nicht nur nach unten gerichtet, sondern vielmehr auch seitlich. Beim Side Scan wird ein sogenannter Fish mit einem Schlepptau hinter dem Boot hergezogen. Außerdem entsteht durch den seitlichen Abstrahlwinkel ein nahezu dreidimensionales Bild des untersuchten Objektes.

Durch diese Art der Darstellung können Objekte nahezu zweifelsfrei zugeordnet werden und zeitintensive und teure Tauchgänge können somit vermieden werden. Das Side Scan Sonar ist ein wirklich wichtiges Tool bei der Wracksuche und damit aller erste Wahl, leider auch sehr teuer.

Wenn dann wirklich ein Wrack gefunden wird, sollte was geschehen.

Rose: Man will das Wrack natürlich wiederfinden, also sollte seine Position bestimmt werden. Die einfachste Methode ist die Markierung mit Hilfe einer Boje, doch kann diese verloren gehen und man möchte das Schiff ja dauerhaft markieren. In Küstennähe kann mit Hilfe eines Kompasses eine Kreuzpeilung vorgenommen werden. Dies ist allerdings sehr ungenau und erfordert sehr viel Übung.

Viel leichter gestaltet sich alles mit Hilfe eines GPS. GPS steht für Global Positioning System. Ein satellitengestütztes System, das eine exakte Feststellung des Standortes ermöglicht; und zwar nach Längen und Breitengrad und auch in der Höhe. Das heißt, ein Standort kann dreidimensional angegeben werden! Genau wie das Sonar ist GPS eine Erfindung des Militärs. Zuerst nur für den militärischen Zweck entwickelt, wurde schnell klar, das auch sehr viele zivile Nutzungsmöglichkeiten

für GPS vorlagen. Daraufhin wurden zwei verschiedene Nutzungscodes ausgegeben; den P-Code (präzise, militärische Nutzung) und den C/A-Code (Ziviler Zugang). Der P-Code lag von der Messgenauigkeit im 10 Meter Bereich und der C/A-Code im Bereich von 50-100 Metern. Seit dem 02.05.2000 gibt es diese beiden Codes nicht mehr, der genaue Messbereich steht jetzt allen zur Verfügung.

Allerdings nur so lange, wie das Department of Defense das für richtig hält. Sie sind in der Lage jeden gewünschten Standort für das GPS unkenntlich zu machen. Im Grunde funktioniert die Lokalisation ähnlich wie bei einer Kreuzpeilung, nur das hier der menschliche Fehler ausgeschaltet wird. Der Empfänger kommuniziert selbsttätig mit den Satteliten, den Rest erledigt die Technik. Man braucht also nur den Receiver an und auszuschalten und das Ergebnis abzulesen.

Ein GPS funktioniert 24 Stunden am Tag, 365 Tage im Jahr und das bei jedem Wetter und das beste ist, das ganze ist auch noch kostenlos. Die einzigen Kosten, die für den GPS User anfallen, sind die Kosten für den Receiver. Einfache, leistungsfähige Handgeräte sind bereits für 250- 300 Euro erhältlich.

■ Die Rubis dient der französischen Marine als Übungsziel
für Unterwasser-Ortung. Foto: Hans-Peter Schmid

Kapitel 2

Die richtige Ausrüstung fürs Wracktauchen

■ Propeller der Gosai Maru in der Truk Lagoon.
Foto: Hans-Peter Schmid

Kapitel 2 (K)eine Materialschlacht: Die richtige Ausrüstung fürs Wracktauchen

Die Frage, welche Ausrüstung ein Wracktaucher benötigt, ist nicht pauschal zu beantworten, sondern abhängig vom geplanten Tauchgang. Neben der geplanten Tauchtiefe, spielen Faktoren wie Temperatur, Sicht- und Strömungsverhältnisse, aber auch der Zustand eines Wracks eine wichtige Rolle bei der Ausrüstungsauswahl. Auch die Entscheidung, ob ein Wrack von außen betaucht oder auch innen erkundet werden soll, ist ein ausrüstungsbestimmender Faktor.

Ein Tauchgang am Wrack der Carnatic im Roten Meer beispielsweise ist mit einer Standard-Tauchausrüstung durchführbar. Das Wrack liegt in einer moderaten Tiefe. Dekompressionstauchgänge sind bei organisierten Tauchtouren in dieser Region sowieso untersagt. Große Öffnungen im Rumpf ermöglichen einen Einstieg ins Wrackinnere. Dabei ist ein ständiger Sichtkontakt zum Ausstieg gegeben. Die Wassertemperaturen sind angenehm warm, und starke Strömungen sind die Ausnahme. Alles was der Taucher braucht, ist eine gute Lampe, um die verborgenen Schönheiten des Wracks zu entdecken – wie die berühmten Glasfischschwärme im Inneren.

Das Eindringen in weniger offene Schiffskörper oder das Betauchen von Wracks jenseits der klassischen Sporttauch-Tiefengrenze von 40 Metern machen hingegen eine umfangreichere und technisch komplexere Ausrüstung notwendig. „Overhead Environment", so wird das Problem für Wrack-, Höhlen- und Tieftaucher genannt, was sinngemäß bedeutet: Sie tauchen in einer Umgebung, die sie nicht ohne weiteres in Richtung Wasseroberfläche verlassen können. Auch Dekompressionszeiten gelten als Overhead Environment – sie zu ignorieren, im Notfall also direkt aufzusteigen, würde den Taucher massiven Gesundheitsgefahren aussetzen. Das heißt: Auftretende Probleme müssen unter Wasser gelöst werden, und die Tauchausrüstung muss so ausgelegt sein, dass sie eine Problemlösung ermöglicht.

Es gibt also nicht die eine Ausrüstung für Wracktaucher. Dafür sind die Bedingungen in den Gewässern dieser Welt zu unterschiedlich. Gleichwohl ist es sinnvoll, wenn möglich immer wieder die gleichen Ausrüstungsgegenstände einzusetzen. Dadurch gewinnt der Taucher an Vertrautheit mit dem Equipment. Routine im Umgang mit der eigenen Ausrüstung ist ein nicht zu unterschätzender Faktor. Zur Planung, die für anspruchsvolle Tauchgänge unabdingbar ist, gehören also auch intensive Überlegungen, welche Ausrüstung mitgeführt werden soll.

Dabei ist nicht nur Art und Qualität entscheidend, sondern auch die Konfiguration, die Zusammenstellung also. Während noch vor wenigen Jahren das Motto zu sein schien, ein Zuviel gibt es nicht, hat sich zwischenzeitlich der Grundsatz durchgesetzt, die benötigte Ausrüstung soll auf das erforderliche Minimum reduziert werden. Tauchausrüstung ist kein Selbstzweck, kein Statussymbol, sondern Mittel zum Zweck. Die Zeit der „tauchenden Christbäume" sollte der Vergangenheit angehören. Denn unnötige Ausrüstung, die schnell unübersichtlich wird, ist ein unnötiger Stressfaktor. Und Anspannung gibt es insbesondere beim technischen Tauchen schon genug. Viel ist in Sachen Ausrüstung schon experimentiert worden, und nicht selten wurden große Leistungen mit abenteuerlichen Konfigurationen vollbracht. Doch in der Regel ist es von Vorteil, sich an Zusammenstellungen zu orientieren, die sich zuvor in Dutzenden von Wracktauchgängen bewährt haben.

Unabhängig von der Ausrüstung und deren Konfiguration: Der entscheidende Faktor ist der Mensch. Die teuerste Ausrüstung und beste Zusammenstellung kann das Training nicht ersetzen. Nur wer sein Equipment beherrscht und zur Vervollkommnung seiner Fertigkeiten bereit ist, viele Stunden im Wasser zu verbringen, wird in der Lage sein, die spannendsten Wracks zu erforschen.

Auf den folgenden Seiten stellen wir einzelne Bestandteile der Ausrüstung und deren Konfiguration vor. Dargestellt wird Equipment, das beim technischen Tauchen zum Einsatz kommt. Eine Grundausstattung – Maske, Flossen und Schnorchel – wird vorausgesetzt. Manche Ratschläge sind ge-

nerell sinnvoll, andere nur unter besonderen Bedingungen. Dem Taucher bleibt es überlassen, was er davon übernimmt. Doch dabei gilt es immer zu bedenken, dass Änderungen im Einzelnen Auswirkungen auf die gesamte Einheit haben können. Es ist also immer wichtig, Zusammenhänge zu beachten.

Das Herzstück: Atemregler und Schlauchführung

Der Atemregler ist das Herzstück einer jeden Tauchausrüstung. Er muss unter allen Bedingungen und unabhängig von der Tiefe möglichst komfortabel, das heißt ohne große Anstrengung Luft liefern. Je anspruchsvoller der Tauchgang ist, desto mehr sollte der Taucher auf die Qualität seines Atemreglers achten. Zwei Faktoren spielen hierbei entscheidende Rollen: die Tauchtiefe und die Wassertemperatur. Auch bei einem vermeintlich leichten Tauchgang sollte auf die Schlauchführung geachtet werden. Schläuche dürfen nicht vom Taucher abstehen. Nicht nur, dass ansonsten der Wasserwiderstand unnötig erhöht wird, wodurch der Taucher schneller ermüdet. Auch läuft ein Taucher hierbei Gefahr, am Wrack hängen zu bleiben. Im günstigsten Fall laufen die Schläuche also eng am Körper des Taucher.

Die Vorteile einer alternativen Luftversorgung im Notfall, eines so genannten Octopus, gegenüber der althergebrachten Wechselatmung sind inzwischen unstritig. Allerdings muss der Octopus leicht erreichbar sein, denn während einer Notsituation spielt Zeit oft die entscheidende Rolle. Unarten, etwa den Octopus in der Jackettasche zu verstauen oder ihn so an eine Leine zu binden, dass er sich im Notfall kaum lösen lässt, kosten im Ernstfall wertvolle Sekunden und verursachen unnötigen Stress. In jedem Fall sollte der Tauchpartner mit der Ausrüstung seines Gegenübers vertraut sein. Octopus-Systeme gibt es in unterschiedlichen Varianten, zum Beispiel als Westenautomat,

Expertenmeinung:
Vereisen des Atemreglers – was tun?

Burckhard Jentzsch ist Taucher seit 1959 und VDST Tauchlehrer seit 1972. Er gilt als Koryphäe für Ventil und Atemreglertechnik Tauchgerätekonstrukter bei der Firma Barakuda und Abteilungsleiter Tauchgerätetechnik bei Metzeler. 1990 gründete er die Firma NAUTEC, die sich 1993 mit DACOR zusammentat. 1995 rief er die Firma Aircon ins Leben.

Nach wie vor gilt es als Problem, dass Atemregler im kalten Wasser vereisen. Ab welcher Temperatur kann das passieren?

■ Burckhard Jentzsch.

Jentzsch: Schon bei Wassertemperaturen unter zehn Grad Celsius. Das ist auch die Temperatur die in der für Atemregler entscheidenden DIN/EN 250 erwähnt wird.

Wodurch wird die Vereisung eines Atemreglers hervorgerufen?

Jentzsch: Es gibt mehrere Ursachen. Eine niedrige Wassertemperatur, relativ feuchte Luft in der Tauchflasche, ein verschmutzter Sinterfilter am Ventil. Bei schneller Atmung wird die im Druckminderer zu entspannende Luftmenge so groß, dass es zu einer starken Abkühlung des Druckminderergehäuses und des Kolbens oder der Membrane kommt. Das wiederum hat zur Folge, dass das Wasser in der Wasserkammer des Druckminderers gefriert. Nun kann sich die von Eis eingeschlossene Feder nicht mehr komprimieren, der Kolben schließt nicht mehr dicht oder die Membrane blockiert und der Mitteldruck steigt an, bis die zweite Stufe abbläst. In der zweiten Stufe kann es zur Eisbildung der Kondensfeuchte aus der Ausatemluft oder aus einer Undichtigkeit kommen. Dieses Eis setzt sich dann an das Ventil der zweiten Stufe und führt zu dessen Blockade. Das Ventil schließt nicht mehr dicht - und bläst ab.

also einer Kombination aus Inflator und zweiter Stufe. Das benutzte System bestimmt die Vorgehensweise im Notfall. Bei einem Westenautomat gibt der Luftspender seinen Hauptautomat ab und wechselt selbst auf seine alternative Luftersorgung. Unter Wasser lässt sich das notwendige Verfahren allerdings schlecht diskutieren. Dies sollte deshalb vorher geschehen sein: vor dem Tauchgang bei einem sorgfältigen Buddycheck.

Man unterscheidet zwischen innerer und äußerer Vereisung. Was ist der Unterschied?

Jentzsch: Die innere Vereisung tritt am Sinterfilter des Ventils und am Filter des Druckminderers auf. Die äußere Vereisung findet in erster Linie im Druckminderer und in zweiter Linie in der zweiten Stufe statt.

Gibt es eine Möglichkeit, sich dagegen zu schützen?

Jentzsch: Sicher. Die innere Vereisung bekommt man in den Griff, wenn man zum Beispiel die Luft aus dem Kompressor nachtrocknet und damit den Restwassergehalt auf etwa 25 Milligramm pro Kubikmeter senkt. Das hat auch den Vorteil, dass die Stahlflaschen innen nicht rosten. Des weiteren durch den Einsatz eines Mikro-Plus-Filters meiner Firma Aircon am Flaschenventil. Dieser Filter senkt den Taupunkt der in der Luft befindlichen Feuchtigkeit so stark, dass die Vereisung sehr stark hinausgezögert, wenn nicht gar verhindert wird. Der äußeren Vereisung kann man mit einem vereisungsgeschützten Automaten begegnen. Das heißt, im Druckminderer sind technische Vorkehrungen getroffen, welche verhindern, dass Wasser im Druckminderer gefriert. In der zweiten Stufe befinden sich dann oftmals so genannte Wärmeleitbleche. Diese Wärmeleitbleche leiten die Wärme der Ausatemluft an die neuralgischen Stellen und helfen, der Vereisung vorzubeugen. Eine regelmäßige Inspektion des Atemreglers ist allerdings lebenswichtig. Außerdem sollte das Mitführen eines zweiten Atemreglers beim Tauchen trotz aller Vorkehrungen selbstverständlich sein.

Was sind die häufigsten Anwendungsfehler, die zum Vereisen von Atemreglern führen?

Jentzsch: Häufig sind Bedienungsfehler eine Ursache. Leider sehe ich es immer wieder, dass Taucher ihre Automaten nach Gebrauch ohne Schutzkappe spülen, hierdurch kommt Wasser in Bereich der Ersten Stufe, die eigentlich trocken sein sollte. Des weiteren wird auf die Verbesserung der Luftqualität oftmals nicht genug Wert gelegt. Wer oft im Kaltwasser taucht, sollte sich auch mal zwischendurch, das heißt auch innerhalb der zwei Jahre TÜV-Frist, in die Flaschen schauen lassen, ob sich Wasser darin gesammelt hat. Wichtig auch: Beim Tauchen sollte man bewusst langsam und ruhig atmen. Das sollten Taucher gezielt üben.

Zweifellos bedeutet der Octopus ein Sicherheitsplus. Der Taucher ist im Notfall allerdings zwingend auf seinen Partner angewiesen. Wird ein redundantes System eingesetzt, also ein unabhängiger, aus erster und zweiter Stufe bestehender Automat, ist bei einem technischen Versagen die Abhängigkeit vom Tauchpartner nicht gegeben. Obwohl moderne Atemregler, insbesondere wenn sie gut gepflegt sind, gut gegen technische Ausfälle geschützt sind, kann eine hundertprozentige Garantie nie gegeben werde. In kaltem Wasser ist das Vereisen eines Atemreglers nach wie vor ein mögliches Risiko.

Zwei getrennte Atemregler schützen zuverlässig vor dem Problem der Vereisung, wenn deren Einsatz trainiert wird. Vereist ein Atemregler, wird dieser, sofern er mit Downstream-Ventilen ausgestattet ist, abblasen. Noch immer besteht zwar die Möglichkeit, aus diesem abblasenden Atemregler zu atmen, aber der Luftverbrauch ist enorm und die Flasche wird schnell leer sein. Effizienter ist es, das Ventil des Hauptreglers schnell zu schließen und auf den Zweitregler zu wechseln. Dann kann der Tauchgang sicher, unter Beachtung der Aufstiegsgeschwindigkeit und eventueller Dekompressionszeiten, beendet werden. Dieses Procedere, auch „shut down" genannt, ist bei Monogeräten nicht schwierig, sollte jedoch regelmäßig trainiert werden, damit es im Notfall problemlos praktiziert werden kann.

Je mehr Technik zum Einsatz kommt, desto wichtiger wird die Konfiguration und das Beherrschen der eingesetzten Ausrüstung.

Atemregler Konfiguration

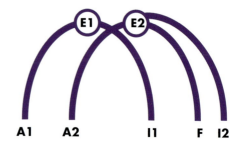

A1   **Hauptautomat**
A2   **Reserve Automat**
I1   **Inflatorschlauch (Jacket)**
F   **Finimeter**
I2   **Inflatorschlauch (Trocki)**
E1   **erste 1. Stufe**
E2   **zweite 1. Stufe**

■ Atemreglerkonfiguration mit zwei getrennten Ersten Stufen:
Die beiden zweiten Stufen (A1) und (A2) kommen von der rechten Seite. Inflatorschlauch (I1) und Finimeter (F) kommen von links. Der Hauptautomat A1 und der Inflatorschlauch des Jackets (I1) werden an der Ersten Stufe (E1) angeschlossen. Sowohl der Reserveautomat (A2), als auch der Inflatorschlauch (I2), und das Finimeter (F) sind an der redundanten 1. Stufe (E2) montiert. Im Falle eines „shut downs", also dem Schließen des Ventils des Hauptautomaten, aufgrund eines technischen Problems, kann der Taucher auf seinen Reserveautomaten wechseln, wobei alle weiteren Komponenten seines Systems einsatzfähig sind. Die Inflatorkupplungen und Anschlüsse von Jacket und Trockentauchanzug sollten identisch sein, damit im Notfall beide, durch an- und abkoppeln über einen Schlauch versorgt werden können.

Das Problem, das unter Wasser am häufigsten auftritt, hat jedoch nichts mit der Atemreglertechnik zu tun – sondern mit einem schlechten Gasmanagement. (siehe Kapitel Gasmanagement und Dekozeiten). Auch der beste Atemregler nützt nichts, wenn die Flasche leer ist. Ein Tauchgang sollte niemals mit verbrauchtem Luftvorrat enden. Doch wie muss der Taucher reagieren, wenn der Ernstfall eintritt? Hier kann nur der Tauchpartner helfen. Er muss in die Tauchgangsplanung einbezogen werden und die Ausrüstung entsprechend angepasst werden.

Das heißt konkret: Zumindest eine zweite Stufe sollte an einen ca. zwei Meter langen Schlauch angeschlossen sein. Das Zusammenspiel der Taucher, in einer Out-of-gas-Situation, gestaltet sich einfacher, wenn die beiden nicht durch einen zu kurzen Schlauch aneinander gefesselt sind. Ob Schwimmen oder Tarieren - alles ist schwer, wenn sich zwei Taucher gegenseitig behindern. Im Inneren eines Wracks kommt hinzu, dass mitunter Stellen zu passieren sind, die zu eng für zwei nebeneinander schwimmende Taucher sind. Ein langer Schlauch ermöglicht es, solche Engstellen hintereinander zu durchtauchen. Dabei ist darauf zu achten, wie dieser verstaut wird. Häufig wird der Schlauch aufgerollt und mit Silikonbändern an der Flasche befestigt. Diese Variante hat den Nachteil, dass es im Notfall einige Sekunden, dauert bis der Schlauch aus seiner Befestigung gelöst wird. Eine andere Möglichkeit, die allerdings nur beim Einsatz von Wing-Jackets vernünftig funktioniert, ist, den Schlauch eng an der Flasche nach unten zu führen, um ihn dann unter dem Jacket nach vorne laufen zu lassen. Von hier aus liegt der Schlauch diagonal über dem Körper bis zur linken Schulter, läuft dann hinter den Kopf herum, um schließlich über die rechte Schulter den Mund des Tauchers zu erreichen. Bei dieser Konfiguration ist der Hauptautomat mit einem langen Schlauch versehen, und dieser wird im Notfall weitergegeben. Der Backup-Automat ist also nur mit einem kurzen Schlauch versehen und wird mit Silikonbändern unter dem Hals fixiert, so dass er im Notfall schnell und problemlos erreicht werden kann. Was zunächst kompliziert klingt, erweist sich in der Praxis als ausgesprochen einfach und ermöglicht es, schnell in einem Notfall zu reagieren.

Muss passen: Das Jacket

Grundsätzlich, also nicht nur beim Wracktauchen, ist das Auftriebsvolumen für die Auswahl eines Jackets von entscheidender Bedeutung. Dabei steht das Auftriebsvolumen in einer engen Beziehung zur Dicke des Anzuges und der dafür benötigten Bleimenge. Die Regel lautet: Je dicker das Anzugsmaterial, desto höher die benötigte Bleimenge und das benötigte Auftriebsvolumen. Der Zusammenhang ist einfach. Der Taucher benötigt eine gewisse Menge Blei, um mit einem dicken Neoprenanzug abtauchen zu können. Der Anzug wird durch den zunehmenden Wasserdruck komprimiert – er verliert an Volumen und somit an Auftrieb. Dies muss das Jacket ausgleichen können, damit der Taucher sich sicher und bequem unter Wasser bewegen kann. Natürlich ist das benötigte Auftriebsvolumen auch abhängig von der Größe des Tauchers. Um jeder Situation gewappnet zu sein, sollte ein Jacket in der Größe L über mindestens 15 Liter Auftriebsvolumen verfügen.

Neben dem Auftriebsvolumen ist auch die Passform eines Jackets von Bedeutung. Ein Jacket, das nicht optimal passt, ist genauso ein Sicherheitsrisiko, wie ein Jacket mit einem zu geringen Auftriebsvolumen. Am besten ist es, ein Jacket vor dem Kauf zu testen - und zwar in Kombination mit der eigenen Standardausrüstung, inklusive Zubehör, etwa einer Tauchlampe, und der tatsächlich benötigten Bleimenge. Selbst wenn ohne Anzug getestet wird, sollte das Jacket den Taucher mühelos an der Wasseroberfläche halten können. Wird dieser Test bestanden, kann der Taucher davon ausgehen, dass das Jacket seiner Wahl auf jeden Fall über ausreichend Auftriebsvolumen verfügt. Leider haben vor allem kleine Frauen das Problem, ein gut passendes Jacket mit ausreichendem Auftriebsvolumen zu finden. „Wing Jackets" mit einem Auftriebskörper nur auf dem Rücken sind oft eine gute Lösung, auch wenn sie keine sonderliche hohe Stabilität an der Wasseroberfläche bieten. Dadurch, dass Auftriebskörper und Harness, die Kombination aus Trage und Bebänderung, bei diesem Jackettyp oft voneinander getrennt sind, ist es möglich, eine perfekte Passform bei hohem Auftriebsvolumen zu erreichen. Hinzu kommt, dass Bewegungsfreiheit und Schwimmlage unter Wasser bei diesem Jackettyp hervorragend sind. Im technischen Tauchbereich hat sich der Wing Typ längst etabliert und wird ausschließlich eingesetzt. Als Kernstück dient hierbei eine „Backplate", eine Rückenplatte aus Edelstahl oder Aluminium. Beide Materialien trotzen höchsten Belastungen und bieten eine Stabilität, die sonst nicht erreicht wird.

Wracktaucher müssen auch auf das Jacketmaterial achten. Wenn ein Wrack durchtaucht wird, lässt sich der Kontakt mit Schiffsteilen nicht immer vermeiden - vor allem dann, wenn enge Stellen durchschwommen werden müssen. Der Taucher sollte also auf widerstandsfähiges Material achten, das auch bei härtestem Einsatz zuverlässig seinen Dienst erfüllt. Die Denier-Zahl, also die Angabe der verwendeten Materialstärke, ist aber nur ein Anhaltspunkt bei der Auswahl des richtigen Jackets. Sie gibt lediglich an, wie viel Gramm 9000 Meter des genutzten Fadens wiegen. Bei einem 1000er Denier wiegt ein 9000 Meter langer Faden also 1000 Gramm. Zwar lässt sich sagen: Je schwerer ein Faden, desto höher seine Haltbarkeit. Die Denier-Zahl sagt aber nichts über die Qualität des Materials aus. Empfehlenswert sind deshalb Materialien von renommierten Marken-Herstellern. Zu guter Letzt sollte ein Jacket auch über genügend Befestigungsmöglichkeiten verfügen, damit die benötigte Zusatzausrüstung sicher verstaut bzw. befestigt werden kann. Aber auch hierbei gilt, weniger ist manchmal mehr. Haken und Ösen, die überflüssig sind, können weggelassen werden. Auch wenn eine komplette technische Ausrüstung zum Einsatz kommt, reichen wenige D-Ringe völlig aus.

Expertenmeinung:
Auskühlung vermeiden!

Dr. med. Claus-Martin Muth ist Facharzt für Anästhesiologie, zusätzlich qualifiziert für die spezielle Schmerztherapie, Notfallmedizin, Sportmedizin sowie Tauch- und Überdruckmedizin. Er taucht seit 1978 und ist seit 1984 in der Tauchausbildung tätig – er ist TL*** des CMAS-Verbandes VIT, TL III der DLRG, staatl. anerkannter Tauchlehrer sowie ANDI Nitrox Instructor. Darüber hinaus bildet Dr. Muth Ärzte in Tauch- und Hyperbarmedizin aus. Muth ist Autor zahlreicher Fachbücher und schreibt regelmäßig für die Tauchsport-Presse.

■ Claus Muth

Wracktauchgänge sind oft mit langen Tauchzeiten verbunden. Gibt es aus medizinischer Sicht Faktoren, auf die ein Taucher besonders achten sollte?

Muth: Ja, hier gibt es so einiges zu bedenken, zumal die langen Tauchzeiten sich ja häufig auch aus dem Umstand ergeben, dass viele interessantere Wracks recht tief liegen. Doch gehen wir der Reihe nach vor: Tauchen geht mit dem Verlust von Körperflüssigkeit einher, so dass sich bei Tauchern durch das Tauchen ein Volumenmangel einstellt. Das aber hat nicht nur zur Folge, dass die körperliche Leistungsfähigkeit und das Konzentrationsvermögen abnimmt, sondern - wichtiger noch - dass die Gefahr steigt, einen Dekompressionsunfall zu erleiden. Und das, obwohl sonst alles richtig gemacht wird. Nimmt nämlich das zirkulierende Blutvolumen ab, kann auch weniger von dem während der Dekompression aus den Geweben freigesetztem Stickstoff abtransportiert werden, so dass rascher eine kritische Übersättigung droht. Die Hauptursache für diese Flüssigkeitsverluste ist bei normalen Tauchgängen eine vermehrte Blutfülle in den Thoraxorganen, und hier vor allem in den Vorhöfen des Herzens, was einen körpereigenen Reflex auslöst, der die Niere zur Urinausscheidung stimuliert. Ebenfalls bei normalen Tauchgängen ist der Verlust, der über die Atmung stattfindet - der Taucher atmet sehr trockenes Gas ein, aber wasserdampfgesättigtes Gas aus - eher gering.
Bei sehr langen oder sehr tiefen Tauchgängen summieren sich aber auch die Verluste über die Atmung, so dass sie dann schon wesentlich in die Bilanz eingerechnet werden müssen.
  Kommt es dann noch zur Auskühlung des Tauchers, die mit Frieren einhergeht,

so erhöht sich durch die physiologische Antwort des Körpers auf den Kältereiz, nämlich die Engstellung der Gefäße in Haut und Extremitäten, abermals die das thorakale Blutvolumen, was wiederum die Urinausscheidung anregt. Diese Flüssigkeitsverluste müssen ausgeglichen werden, wobei ein „auf Vorrat trinken" nur sehr bedingt funktioniert, da es seinerseits die Urinproduktion anregt. Taucher, die vorhersehbar lange Tauchzeiten vor sich haben, tun daher gut daran, sich bei diabetischen Tauchern etwas abzuschauen: Die verfügen nämlich über Trinkflaschen, die auch unter Wasser funktionieren, so dass während des Tauchens ein Flüssigkeitsausgleich stattfinden kann. In dem Zusammenhang ist natürlich auch an die Urinausscheidung als solches zu denken, denn der Blaseninhalt muss bei vollständiger Blasenfüllung ja irgendwo hin, zumal eine maximal gefüllte Blase beim Betroffenen ein Gefühl der Unruhe und des Fröstelns auslöst, was im schlimmsten Falle sogar zu Panikreaktionen führen kann. Hier gibt es technische Lösungen, über die man sich in guten Tauchsportfachgeschäften beraten lassen kann - aber auch die Möglichkeit der Verwendung von Einmal-Windeln für Erwachsene.

Ein anderes, ganz wesentliches Problem, welches schon kurz angesprochen wurde, ist die Auskühlung des Tauchers, die nach Möglichkeit zu vermeiden ist. Es kommt beim Tauchen zwar in aller Regel nicht zu lebensbedrohlichen Unterkühlungen, aber schon eine milde Hypothermie, also ein nur leichter Abfall der Körpertemperatur

oder auch nur die spürbare Kälteexposition haben negative Auswirkungen. Der Kältereiz als solcher wirkt nämlich stimulierend auf das Atemzentrum, so dass der Atemgasverbrauch steigt, wobei gleichzeitig die Inertgasaufnahme, also jener Anteil des Atemgases, welcher nicht am Stoffwechsel teilnimmt wie Stickstoff oder Helium, erhöht ist. Des weiteren ist auch die Bluttemperatur etwas, was sich auf das Atemzentrum reizgebend auswirkt. Das macht auch Sinn, denn die nächste Antwort des Körpers auf den Kältereiz ist eine Steigerung des Stoffwechsels und eine erhöhte, unwillkürliche Muskelaktivität, das Kältezittern. Beides, die Steigerung der Atmung und die Stoffwechselaktivität erhöht natürlich abermals den Luftverbrauch und sorgt für eine vermehrte Inertgasaufsättigung. Zur Auskühlung des Tauchers kann es bei langen Tauchgängen durch verschiedene Faktoren kommen, wobei ganz besonders die Verwendung von inadäquater und damit für den spezifischen Zweck nicht geeigneter Ausrüstung zu nennen ist. Hier ist natürlich vor allem an den Tauchanzug zu denken, und zwar in Kombination mit entsprechenden Unterziehern. Bei langen und vor allem Tiefen Tuchgängen dürfen aber auch die erheblichen Wärmeverluste durch das Atemgas nicht außer Acht gelassen werden. Auch hier gilt, dass das Gas, welches der Taucher einatmet, kalt ist, das Ausatemgas aber körperwarm. Dabei kann die Temperatur des eingeatmeten Gases aufgrund des Joule-Thompson-Effektes sogar deutlich unter der jeweiligen Umgebungstemperatur liegen. Ein guter Kälteschutz ist also sehr wichtig, denn frieren ist kein Zeichen von mannhafter Härte - sondern von einer gewissen Dummheit.

Schließlich: Lange Tauchzeiten und Kälte können den Blutzuckerspiegel senken, was fahrig, unkonzentriert machen kann. Daher ist eine kohlehydratreiche Nahrung für solche Tauchgänge nicht dumm, vor allem wenn es sich um komplexe Kohlehydrate handelt. Also etwa Müsli, Nudeln oder gekochte Kartoffeln.

Tauchgänge mit Dekompressionszeiten bis zu drei Stunden gehören inzwischen bei technischen Tauchgängen zur Regel. Gibt es einen Zusammenhang zwischen Temperatur und Dekompression?

Muth: Oh ja, wie zum Teil gerade schon angesprochen. Allerdings geistert da auch manches Wirres in den Köpfen herum. Es wird immer wieder auf den Umstand hingewiesen, dass die Löslichkeit von Gasen in Flüssigkeiten unter anderem auch von der Temperatur der Flüssigkeit abhängt. Das ist zwar grundsätzlich absolut richtig, hat aber in Anwendung auf den Taucher kaum eine Relevanz, da es sich beim Menschen um ein so genanntes homöothermes Lebewesen handelt, also um eines bei dem die Körpertemperatur unabhängig von der Umgebungstemperatur gleich warm gehalten wird. Natürlich kommt dann immer der Einwand, dass es bei Kälte in den Extremitäten Bereiche gäbe, die keineswegs mehr 37 °C Körpertemperatur hätten. Das ist wohl richtig, steht aber dennoch nicht im Widerspruch zum gesagten: der

menschliche Körper versucht so lange wie irgend möglich die Temperatur im Körperkern konstant zu halten. Das schließt keineswegs aus, dass es Areale gibt, die deutlich mit der Temperatur darunter liegen, wobei es sich hier vor allem und Abschnitte handelt, die wenig Gewebe haben, wie Finger und Zehen, Hände und Füße, Unterarme und so weiter. Auch Blut kann sich abkühlen. Hier handelt es sich aber vor allem um venöses Blut aus solchen Körperpartien und aus der Haut. Diese Blut drainiert vergleichsweise wenig Gewebe, und zusätzlich wäre es sogar günstig, wenn dieses Blut mehr Inertgas aufnehmen kann. Für die Inertgasaufsättigung des Körpers beim Tauchen ist aber vor allem das arterielle Blut wichtig, und das hat, wenn es das linke Herz Richtung Körper verlässt, immer normale Körpertemperatur. Es sei denn, es liegt bereits eine erhebliche, lebensgefährliche Unterkühlung vor. Sehr viel wichtiger ist ein anderer Effekt, nämlich die temperaturabhängige Weit- oder Engstellung der Gefäße: Ist dem Körper insgesamt warm, etwa durch hohe Außentemperaturen oder gesteigerte Wärmeproduktion etwa bei starker Muskelarbeit, werden die Gefäße in der Peripherie weit geöffnet, die Haut und die arbeitende Muskulatur sehr gut durchblutet. Auf diese Weise soll vermehrt Wärme abgegeben werden, in der Muskulatur gleichzeitig aber auch die Sauerstoffversorgung ebenso sichergestellt werden, wie der Abtransport der Produkte des Stoffwechsels. Das hat nun zur Konsequenz, dass es zum einen vor allem in kalter Umgebung zu einer vermehrten Wärmeabgabe an die Umgebung kommt, zum anderen aber auch, dass die Aufsättigung mit Inertgas erhöht ist. Beim Frieren ist der Vorgang genau umgekehrt: Um weitere Wärmeverluste zu vermindern, werden die Gefäße in der Peripherie eng gestellt, zusätzlich kann es zum Muskelzittern kommen. Passiert dies beides nun beim Tauchen, im ungünstigsten Fall sogar in genau dieser Reihenfolge, dann kommt es zunächst zur vermehrten Aufsättigung des Körpers mit Inertgas, welches bei der Dekompression ja wieder kontrolliert entsättigen muss. Kommt es aber dann während der Dekompression zur Kältereaktion des Körpers mit einer Engstellung der Gefäße, ist die Drainage der hiervon betroffenen Gewebe vermindert, so dass sich hier eine kritische Übersättigung und in der Folge ein Ausgasen einstellen kann. Das wäre zum Beispiel dann von Bedeutung, wenn während des Abstiegs und der Isopression etwa durch körperliche Anstrengung geschwitzt wird, es aber während einer anschließend langen Dekompression am Seil zum Frösteln kommt.

Wie kann ein Taucher sich am Besten dagegen diese schützen?

Muth: Am einfachsten wäre es natürlich, solche Tauchgänge, die vorhersehbar zu solchen Problemen führen können, zu meiden. Diese Forderung ist aber unrealistisch. Von praktischer Bedeutung ist daher die Verwendung geeigneter Schutzkleidung, denn ein Tauchanzug ist ja nichts anderes. Allerdings ist zu betonen, dass es nicht der Tauchanzug allein ist, denn alle Systeme haben bestimmte, spezifische Vor- und Nachteile. Im Extrembereich haben sich Trilaminat-Anzüge sehr gut bewährt. Die bieten zwar per se keinerlei Kälteschutz, in Kombination mit geeigneten Unterziehern aber bedarfsangepasste Möglichkeiten für beinahe jede Situation. Bei den Unterziehern ist Baumwolle völlig ungeeignet, denn die Isolationseigenschaften sind schlecht, zudem nimmt Baumwolle sehr gut Schweiß auf, ohne ihn abzuleiten, was in puncto Wärmekonservierung ausgesprochen ungünstig ist. Im Bereich des Helmtauchens werden traditionell Unterzieher aus Wolle verwendet, die grundsätzlich auch gut geeignet sind. Allerdings sind moderne Materialien Wolle in mancherlei Hinsicht überlegen. Insbesondere kann hier unter verschiedenen Isolationseigenschaften gewählt werden, ohne dass man das Zwiebelschalenprinzip, also das Übereinandertragen mehrerer Lagen von Kleidung, übertreiben muss, was die Bewegungsmöglichkeiten einschränkt. Dazu leiten moderne Materialien Feuchtigkeit vom Körper ab, was günstig ist.

Eine weitere Möglichkeit wäre das Bedampfen der Tauchanzüge oder der Unterkleidung mit metalliner Folie, vor allem Aluminium, Titan oder Gold, was die Wärmeabstrahlung reduziert. Dies wird zum Teil auch von der Tauchindustrie praktiziert, wissenschaftliche Versuche zur Effizienz beim Tauchen gibt es dazu aber nicht. Populär ist vor allem im Bereich des „technical divings" das Befüllen des

Trockentauchanzuges mit dem Edelgas Argon, das besonders schlechte Wärmeleiteigenschaften hat und daher in der Theorie besonders gut Wärme konservieren müsste. Zu dieser Technik gibt es allerdings neuere Untersuchungen, bei denen sich der erhoffte Effekt nicht nachweisen ließ. Es scheint sich also eher um eine technische Spielerei zu handeln - ohne echten praktischen Nutzen.

Ein letzter Rat in dieser Sache geht mir nur schwer von den Lippen, denn die Vorteile in Bezug auf verminderte Verluste von Körperwärme werden mit anderen, potentiellen Nachteilen und Gefährdungsmöglichkeiten erkauft. Das gilt insbesondere dann, wenn mit hochtechnisiertem Gerät gearbeitet wird. Es handelt sich hier um die Nutzung von so genannten Rebreathern, Geräten also, die im halbgeschlossenen Kreislauf arbeiten und bei denen das Atemgas in gewisser Weise aufbereitet wird. Dadurch, dass hier eine Rückatmung des Atemgases erfolgt, ist das Atemgas warm und feucht, so dass sich diese Verluste in Grenzen halten. Zusätzlich erfährt das Atemgas eine gewisse Erwärmung. Beziehungsweise es wird zumindest die Abkühlung behindert, da das Aufbereiten des Atemgases, sprich die CO2-Elimination mittels exothermer chemischer Reaktion erfolgt, das heißt da wird eine gewisse Wärmemenge frei. Es sei aber nochmals betont, dass sich, jeweils in Abhängigkeit vom Gerätetyp, andere Probleme einstellen können.

Immer schön warm: Trockentauchanzüge und Isolationsstrategien

Selbst das im Sommer vergleichsweise warme Mittelmeer wird bei Tauchgängen mit langen Dekompressionszeiten ausgesprochen kühl. Der Taucher muss also beides beachten: Wassertemperatur und Tauchzeit. Die Gefahr der Unter- bzw. Auskühlung wird oft unterschätzt.

Bei genauer Analyse der Temperaturproblematik ergibt es sich von selbst, dass für technische Tauchgänge eigentlich nur Trockentauchanzüge in Betracht kommen. Doch die Auswahl ist schwierig: Anbieter gibt es fast so viele wie Wracks im Roten Meer, und die Anzüge unterscheiden sich in vielerlei Hinsicht. Klassisch sind Anzüge aus Neopren. Obwohl bei Nass- und Halbtrockenanzügen unersetzbar, besitzt Neopren (aufgrund der unterschiedlichen Isolationskonzepte) als Material für Trockentauchanzüge entscheidende Nachteile. Durch seine Materialstruktur ist die Isolationsfähigkeit von Neopren abhängig von der Tauchtiefe. Je höher die Tauchtiefe, desto stärker wird das im Material eingeschlossene Gas komprimiert, und die Isolationsfähigkeit nimmt ab. Zwar könnte man diesem Effekt mit extrem dicken Neopren entgegenwirken. Aber dadurch würde die Bewegungsfreiheit wie auch der Tragekomfort dermaßen eingeschränkt, dass der Einsatz solcher Anzüge wenig Sinn macht. Häufige Kompression beeinflusst nicht nur die Isolationsfähigkeit, auch ist das Material einem enormen Verschleiß ausgesetzt. Bei jedem Tauchgang werden Blasen zerstört, das Neopren verändert seine Struktur und wird dünner, der Anzug schrumpft. Leider werden viele Trockentauchanzüge aus Neopren durch diesen Prozess im Laufe der Zeit auch undicht. Wie schnell dies geschieht, ist natürlich abhängig von der Anzahl der Tauchgänge und der jeweiligen Tauchtiefe. In den letzten Jahren wurden vermehrt Anzüge aus „compressed neoprene" gefertigt, welches aufgrund seiner geringeren Materialstärke erheblich mehr Bewegungsfreiheit bietet. Doch damit erschöpfen sich auch die Vorteile dieses Materialtyps. Die häufig aufgestellte Behauptung, dass das komprimierte Material ähnliche Isolationswerte besitze wie das dickere, muss in den Bereich der Fabeln verwiesen werden. „Compressed Neoprene" unterscheidet sich im Prinzip her nicht von herkömmlichen Neopren. Jedes Neopren wird während des Fertigungsprozess komprimiert, von daher kann man bei jedem Tauchanzug von „compressed neoprene" sprechen. Bei Trockentauchanzügen wird zwar häufig eine andere Außenkaschierung gewählt, damit der Anzug unempfindlicher gegen äußere Einflüsse wird. Trotzdem ist unter dem Mikroskop erkennbar, dass herkömmliches Neopren und „compressed neoprene" sich von der Struktur nicht unterscheiden und somit beide Materialien die gleichen Vor- und Nachteile bieten.

Trockentauchanzüge sollten aus einem Material gefertigt werden, welches stärksten Beanspruchungen standhält, ausgesprochen flexibel und langlebig ist. Trilaminat, Cordura und Crush Neopren, was von der Grundstruktur nichts mehr mit herkömmlichen Neopren zu tun hat, haben sich in der Praxis bewährt. Allen Materialien ist jedoch gemein, dass sie so gut wie keine Eigenisolation besitzen. Doch dazu später.

Neben der Materialauswahl ist die Passform und die Positionierung des Reißverschlusses für den Tragekomfort und die Bewegungsfreiheit des Tauchers von entscheidender Bedeutung. Ein zu enger Anzug schränkt die Bewegungsfreiheit massiv ein, was beim Wracktauchen ausgesprochen hinderlich ist. Auch die Position des Reißverschlusses ist für die Bewegungsfreiheit wichtig. Bei herkömmlichen Trockentauchanzüge läuft der Reißverschluss knapp unter den Schultern quer über den Rücken. Da die Reißerschlüsse aber zumeist aus Metall gefertigt sind, sind sie nicht dehnbar - was der Taucher zu spüren bekommt, wenn er sich streckt. Trockentauchanzüge, bei denen der Reißerschluss diagonal über die Brust läuft, bieten erfahrungsgemäß eine deutlich größere Bewegungsfreiheit. Darüber hinaus können Trockentauchanzüge noch mit einer Vielzahl sinnvoller Accessoires ausgestattet werden. Dazu gehören Taschen auf den Oberschenkeln, die Zusatzausrüstung wie Ersatzmaske oder Deko-Tabellen aufnehmen. Für sehr lange Tauchgänge sind Urinierventile hilfreich, so genannte Pee Valves.

Wenn Trockentauchanzüge aus einem Material zum Einsatz kommen, das keine Isolation bietet, dann ist die Auswahl des Unterziehers von entscheidender Bedeutung. Auch diese gibt's in verschiedenen Materialien und unterschiedlichen Stärken. Entscheidend für die Isolationsfähigkeit eines Unterziehers, ist die Menge an Luft (oder Gas), die das Material „einschließen" kann. Aber Vorsicht: Verschiedene Materialien sind denkbar ungeeignet, auch wenn sie an Land hervorragende Isolationseigen-schaften besitzen. Daunen zum Beispiel. Taucher setzen den Unterzieher an verschie-denen Stellen massivem Druck aus - und damit ist natürlich nicht der Wasserdruck gemeint, der ja kontinuierlich ausgeglichen wird, sondern die Druckbelastung, die durch die Ausrüstung verursacht wird. Allgemein gilt: Je schwerer die Ausrüstung, desto höher die Belastung. Auch Bergsteiger ken-nen das Problem. In extremer Kälte sind vor allem deren Füße gefährdet. Bergsteiger be-lasten ihren Fußbereich durch ihr Gewicht, setzen diesen Bereich also einem hohen Druck aus, der das isolierende Material platt drückt und damit die Isolationsfähigkeit reduziert. Bei Tauchern ist das im Prinzip nicht anders, bei ihnen ist jedoch der Torso die am meisten beanspruchte Zone. Sie benötigen also Unterzieher, die auch unter Druck ihr Volumen nicht verlieren, also eine große Menge Luft einschließen können. Ein solches Material ist zum Beispiel Thinsula-te. In der Praxis hat sich allerdings gezeigt, dass die beste Isolation erreicht wird, wenn Unterzieher aus verschiedenen Materialien miteinander kombiniert werden. Idealer-weise wird direkt auf der Haut ein Material getragen, welches besonders atmungsaktiv ist. Feuchtigkeit wird so schnell vom Körper weggeleitet, was eine Auskühlung des Kör-pers verhindert. Unterzieher aus Polypropy-len besitzen solche Eigenschaften. Vermei-den sollte man natürliche Fasern, die den gegenteiligen Effekt haben. Baumwolle saugt Feuchtigkeit auf - und klebt dann wie ein nasses Tuch auf der Haut. Nach der Feuchtigkeit transportierenden Schicht kommt der eigentlich isolierende Unterzie-her. Thinsulate-Unterzieher sind in verschie-

■ Unter dem Mikroskop deutlich zu erkennen: Neopren und Compressed Neopren sind von der Grundstruktur identisch und unterscheiden sich nur in der Stärke. Crushed Neopren hingegen hat mit herkömmlichen Neopren nichts mehr gemein, und besitzt völlig andere Eigenschaften. Oben: crushed Neopren. Mitte: compressed Neopren. Unten Standard Neopren. Foto: DUI

denen Stärken erhältlich. Idealerweise wer-den beim Tauchen Unterzieher zwischen 100 und 400 Gramm eingesetzt, die Auswahl ist, wie bereits erwähnt, abhängig von der Was-sertemperatur und der geplanten Tauchzeit. Sollte es dann immer noch zu kalt sein, kön-nen über oder unter den Hauptunterzieher noch weitere isolierende Materialien getra-gen werden. Doch hierbei ist eine Grenze ge-setzt: Mehr als drei Lagen sollten nicht mit-einander kombiniert werden. Zum einen wird die Bewegungsfreiheit dadurch zu stark eingeschränkt, zum anderen lässt sich der Isolationskoeffizient nicht endlos durch dickere Materialien steigern.

Wird darüber hinaus eine höhere Isolation gewünscht, muss auf andere Methoden zurückgegriffen werden. Argon hat in der jüngeren Vergangenheit eine weite Verbreitung als Isolationsgas gefunden. Aufgrund der unterschiedlichen Dichte zwischen Luft und Argon besitzt letzteres eine höhere Isolationseigenschaft, aber nur bei der richtigen Vorgehensweise. Damit man überhaupt in den Genuss des erhöhten Isolationseffektes kommt, muss der Unterzieher vor dem Tauchgang mit Argon „gespült" werden, d.h. zwei bis dreimal wird Gas in den Anzug gegeben und wieder entlüftet. So ist sicher gestellt, das sich wirklich hauptsächlich Argon im Unterzieher bzw. Anzug befindet. Natürlich bedeutet der Einsatz von Argon, einen höheren technischen Aufwand, da das Gas selbstverständlich in einer separaten Flasche mitgeführt werden muss. Um Verwechslungen auszuschließen sollte die Flasche entsprechend beschriftet, und nicht mit einer zweiten Stufe versehen sein. Ein einfacher Druckminderer, nebst Überdruckventil, an den der Inflatorschlauch des Trockentauchanzuges angeschlossen wird, reicht völlig aus. Untersuchungen der jüngsten Vergangenheit haben jedoch gezeigt, dass der erhöhte Isolationseffekt durch den Einsatz von Argon nahezu nicht nachzuweisen ist, doch viele technische Taucher schwören nach wie vor auf diese Methode

Eine weitere, aber leider auch die teuerste, Möglichkeit sich lange und komfortabel im kalten Wasser aufzuhalten sind beheizte Unterzieher. Doch bis jetzt haben sich nur wenige Firmen dieser Technik angenommen. Adaptionen aus anderen Bereichen,

(z.B. aus dem Motorradzubehör) sind zwar kostengünstig, aber nicht speziell für den Tauchbereich und seine spezifischen Anforderungen entwickelt worden und somit nicht optimal. Die speziell für den Tauchbereich entwickelten Unterzieher besitzen in der Regel verschiedene große Heizpads, die über einen externen Akku gespeist werden. Vor dem Tauchgang wird der Unterzieher programmiert, d. h. über ein Interface werden via Computer die wichtigsten Parameter wie Heizstärke und Zeit eingeben. Den beheizten Unterziehern gehört im technischen Tauchbereich wahrscheinlich die Zukunft, zur Zeit bewegen sie sich aber noch in finanziellen Regionen die die Anschaffung der meisten Trockentauchanzüge bei weitem überschreitet.

Für den Weg zurück: Reels

Reels - oder auf deutsch: Leinenrollen - sind beim Wracktauchen wichtig, unverzichtbar sogar, wenn in ein Wrack eingedrungen werden soll. Dann dienen sie als Orientierungshilfe: Nur an der Leine findet der Taucher sicher den Weg zurück. Reels dienen in Verbindung mit einem Hebesack oder einer SMB („Surface Marker Buoy", also einer Markierungs-Boje) aber auch als Aufstiegshilfe. Beides ist für das Wracktauchen von besonderer Bedeutung und wird deshalb im Kapitel Gefahren und Risiken nochmals ausführlich beschrieben.

Die Auswahl an Reels ist inzwischen groß: Unterschieden wird zwischen „Primary Reels" und „Safety Reels", zwischen geschlossener und offener Bauweise. Dabei

Unterzieher – Die Faser macht's

Vor rund 20 Jahren stellte die Firma 3M ein neuartiges Material vor, welches nahezu revolutionäre Isolationseigenschaften besaß: Thinsulate. Wodurch unterscheidet es sich von herkömmlichen Materialien? Die Faser macht den Unterschied. Eines der Hauptkriterien für die Isolationseigenschaft eines Materials liegt in der Fähigkeit, Luft einzuschließen: Je mehr Luft eingeschlossen werden kann, desto besser sind die Isolationseigenschaften. Die Thinsulate-Fasern sind rund zehnmal kleiner als herkömmliche Synthetikfasern, somit können in vergleichbaren Stoffen auch zehnmal so viele Fasern geschichtet werden. Dadurch wird die Kapazität erhöht, Luft einzuschließen - also verbessert sich die Isolationseigenschaft. Ein weiterer Vorteil von Thinsulate ist die geringe Feuchtigkeitsabsorbation des Materials. Thinsulate nimmt weniger als ein Prozent seines Eigengewichts an Wasser auf und bietet somit selbst unter ungünstigen Bedingungen beste Isolationseigenschaften.

■ Der amerikanische Tauchpionier Dick Long im CF 200 X der Firma DUI, einem Trockentauchanzug aus Crush Neopren - vielleicht das beste Material für Wracktauchgänge. Der Anzug verfügt über einen diagonalen Frontreißverschluss, der beste Bewegungsfreiheit garantiert. Foto: DUI

kommen verschiedene Materialien zum Einsatz. Die günstigsten Reels werden in der Regel aus Kunststoff gefertigt. Neben dem Preisvorteil ist das geringe Gewicht eine positive Eigenschaft dieser Rollen. Die Stabilität ist allerdings gering, heftige mechanische Belastungen hält das Material nicht lange aus. Reels aus eloxiertem Aluminium sind ebenfalls leicht, aber ihre Haltbarkeit ist deutlich höher als die der Kunststoff-Reels. Deshalb sind Aluminium-Reels oft erste Wahl. Darüber hinaus werden Reels aus Edelstahl angeboten. In puncto Belastbarkeit gibt's wahrscheinlich kein besseres Material, das Eigengewicht ist jedoch hoch. Oft wird auch bei Edelstahl-Reels der eigentliche Rollenkörper aus Kunststoff gefertigt. Ob die Anschaffung also lohnt, angesichts eines meist hohen Preises, erscheint fraglich. Die Unterscheidung zwischen geschlossenen und offenen Reels ist relativ einfach. Bei ersteren befindet sich die Leine in einem geschlossen Gehäuse, welches ein versehentliches Abspringen und ein damit verbundenes Verheddern der Leine verhindert. Eigentlich ein Vorteil. Sollte es jedoch zu einem Problem innerhalb der Gehäuse-rolle kommen, kann das unter Wasser selten behoben werden. Inzwischen gibt es auch offene Reels, bei denen mit kleinen Konstruktionstricks ein Verheddern der Leine im Reel nahezu unmöglich gemacht wurde – sollte es dennoch zu einem Problem kommen, können diese Reels, dank ihrer offenen Bauweise, auch unter Wasser leicht wieder einsatzfähig gemacht werden. Bei den unlängst auf den Markt gekommenen „Spools" ist ein Verheddern der Leine am Reel unmöglich. Der Umgang ist leichter, als es auf den ersten Blick scheint. Gleichwohl ist das Aufrollen komplizierter als bei einer guten Rolle.

Lebenswichtig: Lampen

Dunkelheit beherrscht die meisten Wracks. Selbst wenn noch Sonnenlicht bis zum Grund dringt, liegen weite Bereiche im Schatten. Sobald der Taucher nur wenige Meter in ein Wrack einsteigt, herrscht gar ewige Nacht - und je tiefer er eindringt, desto mehr muss er sich auf seine Lampe verlassen können. Fällt die Tauchlampe im Inneren aus, hat der Taucher ein Problem – eine Situation, die schnell außer Kontrolle geraten kann. Deshalb gilt auch bei den Tauchlampen das Redundanzprinzip, also: Dem Notfall muss vorgebeugt werden. Eine Lampe ist dafür keinesfalls genug. Der Taucher muss seine lebenswichtige Lichtversorgung über ein „Back Up Light" absichern. Doch zunächst zur Hauptlampe. Brenndauer und Handhabung sind die beiden Hauptkriterien, auf die ein Taucher bei der Anschaffung achten sollte. Dies klingt zunächst einfach, doch danach kommen eine Reihe von weiteren Punkten, die es ebenfalls zu beachten gibt. Sie bestimmen die

■ Reels sind in unterschiedlichen Formen und Ausstattungen erhältlich. Foto: Stefan Kamps

■ Spuren des Zweiten Weltkriegs: Ein Taucher untersucht den Geschützturm am Wrack eines amerikanischen B-25 Bombers vor Papua Neuguinea. Foto: Hans-Peter Schmid

Lebensdauer einer Lampe – wie auch die Belastung des Geldbeutels.

Die gewünschte Brenndauer hängt natürlich von der geplanten Tauchzeit ab. In der Regel ist eine Brennzeit von 60 Minuten für normale Sporttauchgänge ausreichend. Dies gilt auch für die meisten Wracktauchgänge. Bei Tauchgängen, die eine Dekompressionsphase erfordern, findet diese in einem Bereich mit natürlichem Umgebungslicht statt – anders als beim Höhlentauchen. Deshalb ist dabei keine Lampe mehr notwendig. Trotzdem bieten Lampen mit einer hohen Akku-Kapazität entscheidende Sicherheitsreserven und sind vielseitiger einsetzbar, eben auch für längere Höhlentauchgänge.

Ein Kriterium, dem häufig nicht genug Beachtung geschenkt wird, ist die Bedienungsfreundlichkeit. Handlampen mit leistungsstarken Akkus sind nicht selten mehrere Kilogramm schwer. Ein solches Gewicht ständig in der Hand zu halten, führt zu unangenehmen Ermüdungserscheinungen. Darüber hinaus kann eine Handlampe, die gerade nicht benötigt wird, kaum so am Anzug verstaut werden, dass sie dem Taucher nicht mehr im Wege ist. Dies gilt vor allem beim Einsatz einer umfangreichen technischen Ausrüstung.

Dabei sind so genannte Tanklampen mit getrenntem Lampenkopf empfehlenswerter. Der Akkutank kann je nach Form und Größe an unterschiedlichen Stellen montiert werden. So bietet sich eine Montage direkt an der Tauchflasche an, egal ob Mono- oder Doppelgerät. Dies gilt aber nur für Lampen, die ihre Bedienelemente im Lampenkopf haben. Eine weitere gute Möglichkeit ist es, den Akkutank in die Bebänderung des Jackets zu hängen. Bei einer gut durchdachten

Ausrüstungskonfiguration dient diese Position auch einer idealen Trimmung, also Ausbalancierung des Tauchers und alle Bedienelemente, egal ob am Lampenkopf oder am Tank, sind leicht zu erreichen. Darüber hinaus ist auch die Position des Lampenkopfes ein Thema. Ihn einfach in die Hand zu nehmen, hat einen Nachteil: Eine Hand ist dann eben nicht frei, auch wenn das Gewicht nicht stört. Ein so genannter Goodman-Handle sorgt für Abhilfe.

Für Videofilmer und Fotografen bietet sich die Befestigung des Lampenkopfes am Unterarm an, denn so können selbst filigrane Einstellungsarbeiten vorgenommen werden, ohne dass der Lampenkopf stört.

Die Befestigung an einem Tauchhelm birgt einen gewaltigen Nachteil. Der Tauchpartner wird häufig vom Lampenschein geblendet - unangenehm angesichts der Leistungsstärke moderner Lampen. Jede Verständigung von Angesicht zu Angesicht wird zu einer nervlichen Belastungsprobe. Für beide Tauchpartner, wenn sie ihre Lampen am Helm tragen.

Auch die beste Lampe kann ausfallen. Eine Situation ohne Licht muss im Wrack, wie anfangs schon erwähnt, unbedingt vermieden werden. Daher ist der Einsatz von „Back Up Lights" zwingend erforderlich. In Ausstattung und Leistungsstärke darf die Reservelampe durchaus von der Hauptlampe abweichen, sie sollte nur über ausreichend Kapazität für die geplante Tauchzeit verfügen. Für diesen Zweck bieten sich robuste, batteriebetriebene Lampen an. Zwar können diese in der Regel nur mit einer geringen Lichtstärke aufwarten, ihre Brenndauern hingegen sind enorm, ebenso ihre Zuverlässigkeit.

Expertenmeinung:
Darauf sollten Sie beim Lampenkauf achten

Reiner Hartenberger taucht seit mehr als 30 Jahren, ist Tauchlehrer bei der DLRG und Padi. Er ist Geschäftsführender Gesellschafter der Firma Hartenberger. Lehramtsstudiengang Sport, Physik und Kunst. Diplomarbeit: Lehrfilm über das Tauchen.

■ Reiner Hartenberger.

Bei akkubetriebenen Lampen kommen zur Zeit drei Akkutypen zum Einsatz: Blei-Gel, Nickelcadmium und Nickelmetallhydrid. Können Sie uns die jeweiligen Vor- und Nachteile beschreiben?

Hartenberger: Bleiakkumulatoren besitzen bezogen auf Gewicht und Volumen eine schlechte Leistungsausbeute. Für moderne reisefreundliche Unterwasser-Leuchten kommt schon alleine deshalb ein Blei-Gel-Akkumulator nicht in Frage. Darüber hinaus ist seine Strombelastbarkeit sehr schlecht. Hohe Ströme lassen die entnehmbare Kapazität erheblich schrumpfen. Die beim Entladen kontinuierlich abfallende Spannung verändert die Farbtemperatur des Lichts, wodurch es für den Videofilmer ungeeignet ist. Positiv bleibt zu vermerken, dass der Akku preiswert ist und das Ladeverfahren mit Konstantspannung keinen großen Aufwand benötigt.

Der ideale Akku für den unerschrockenen „Selbstbauer", der seine Lampe in ein Kanalrohr steckt.

Der „Trecker" unter den aufladbaren Energiespeichern ist der Nickel-Cadmium-Akkumulator. Seine herausragenden Merkmale sind die hohen entnehmbaren Ströme, sein fast linearer Spannungsverlauf bei der Entladung sowie das moderate Gewicht bei akzeptablem Volumen. Wenn für das Wiederaufladen genügend Zeit zur Verfügung steht, nämlich 14 bis 16 Stunden, dann ist das Ladeverfahren mit konstantem Strom oder mit W-Kennlinie, einem Trafo-Gleichrichter-Vorwiderstand, das simpelste Ladeverfahren überhaupt. Auch beschleunigtes Laden in zwei bis fünf Stunden wird vom Akku tadellos überstanden, erfordert aber einen etwas größeren Aufwand beim Ladegerät.

Das Rennpferd unter den aufladbaren Energiespeichern ist der Nickel-Metall-Hydrid-Akkumulator. Die Leistungsausbeute bezogen auf Gewicht und Volumen ist hervorragend und erlaubt die Fertigung von kleinen, aber dennoch leistungsstarken Leuchten für das „leichte Fluggepäck". Leichte Abstriche bezüglich des maximalen Entladestroms müssen in Kauf genommen werden. Kontinuierliches Entladen in weniger als 45 Minuten sollte man vermeiden.

Nickel - Metall - Hydrid - Akkumulatoren empfehle ich beschleunigt zu laden, zwei bis fünf Stunden lang. Das Ladeverfahren ist ähnlich wie das beim Nickel-Cadmium-Akkumulator. Die Anzahl der Lade- und Entladezyklen wird von den Herstellern mit 500 bis 1000 angegeben. Bei der Verwendung in Unterwasser-Leuchten mit Entladezeiten von rund anderthalb Stunden halte ich 300 bis 500 Lade- und Entladezyklen für realistisch.

Frage: Neben dem Akkutyp spielt das Ladegerät beziehungsweise der Ladevorgang einen entscheidende Rolle. Auch hierbei gibt es Unterschiede. Welches ist Ihrer Meinung nach die beste Möglichkeit, eine Tauchlampe zu laden und wie unterscheidet sie sich von den anderen Methoden?

Hartenberger: Alleine über Ladeverfahren wurden bereits ganze Bücher geschrieben. Der Fortschritt der modernen Elektronik ermöglicht immer raffiniertere Verfahren. Man darf hierbei jedoch den Bezug zur Praxis nicht aus dem Auge verlieren. Was nützt das tollste Ladeverfahren, das die Lebenserwartung des Akkus um fünf Prozent verlängert, wenn das Ladegerät 500 Euro kostet, die Größe eines Schuhkartons besitzt, zwei Kilogramm wiegt und nur mit 230 Volt zu betreiben ist.

Ein modernes Ladegerät sollte klein und leicht sein und den Akku in einer annehmbaren Zeit aufladen, ohne diesen dabei zu überhitzen. Zwei bis fünf Stunden sind optimal für den Akku, was normalerweise der Zeit zwischen zwei Tauchgängen entspricht. Nach Vollladung des Akkus muss das Ladegerät abschalten oder auf Erhaltungsladen umschalten. Nach einem kurzzeitigen Netzspannungsausfall darf der Ladevorgang nicht wieder starten. Spannungsausfälle treten häufig beim Generatorbetrieb auf Safaribooten oder Inseln auf. Wenn zum Beispiel auf einer Malediveninsel in der Küche alle Herde in Betrieb sind,

kann es sein, dass die Netzspannung auf 180 Volt absinkt. Ladegeräte mit einem sogenannten Weitspannungseingang, zwischen 90 und 260 Volt, funktionieren auch dann einwandfrei.

Welche Bedienfehler führen zu einem schnellen Verschleiß des Akkus, und was kann der Taucher dagegen tun?

Hartenberger: Wir bauen seit über 20 Jahren Unterwasser-Leuchten und empfehlen immer, den Akku nicht vollständig zu entladen. Auch nach nur kurzer Nutzung soll er immer wieder aufgeladen werden. So behandelt, beträgt die Lebensdauer der Akkumulatoren etwa fünf bis zehn Jahre. Der größte Feind des Akkumulators einer Unterwasserleuchte ist der im Handy-Zeitalter kreierte Begriff des „Memory Effekts" – also das Nachlassen der entnehm-

■ Dieser Halter ermöglicht eine Befestigung des Lampenkopfes am Unterarm des Tauchers. Ideal für Video- und Fotografen, da so selbst filigrane Einstellungsarbeiten vorgenommen werden können., ohne das der Lampenkopf stört. In dieser Abbildung direkt in der redundanten Variante. Eine ideale wenn auch nicht ganz preiswerte Variante. Foto: Horst Dederichs

baren Akkukapazität, hervorgerufen durch wiederholtes Nachladen nur teilentladener Akkus. Zum Beispiel wenn ein Funktelefonakku mit 50 Stunden Betriebszeit immer nach 10 Stunden nachgeladen wird. Der Akku verliert trotz Vollladung seine entnehmbahre Kapazität.

Das dem Memory Effekt entgegenwirkende und deshalb häufig propagierte regelmäßige Entladen halten wir bei Akkumulatoren mit niedrigen Entladeströmen und etwa zwei bis drei Zellen für ein probates Mittel. Bei Unterwasser-Leuchten mit hohen, ein- bis zweistündigen Entladeströmen tritt auch bei häufiger Teilentladung nur ein vernachlässigbar kleiner Memory Effekt auf.

Das ständige Entladen eines sechs- bis zwölfzelligen Akkumulators kann eine Verschiebung der gleichmäßigen Zellenspannung bewirken. Einzelne Zellen werden zum Ende der Entladung stärker belastet und fallen dadurch frühzeitig aus. Wir halten nach jeder zehnten bis zwanzigsten Teilentladung ein Entladen bis zum Einsetzen der Restkapazitätswarnung unserer Leuchten für sinnvoll. Also bis das Birnchen dreimal blinkt. Je häufiger ein Akku bis zum Einsetzen des Tiefentladeschutzes (Dauerblinken) entladen wird, um so größer ist die Belastung der einzelnen Zellen.

Wie kann man eine Tauchlampe am besten gegen Wassereinbruch schützen?

Hartenberger: Das sicherste Mittel gegen Wassereinbruch wäre das hermetische Verschließen des Gehäuses. Dieses Verfahren

■ Der Lampenkopf mit dem Goodman-Handle wird an der Handfläche des Tauchers fixiert. Somit sind die Finger frei, um andere Aufgaben zu übernehmen. Foto: Horst Dederichs

birgt jedoch aus folgendem Grund ein unkalkulierbares Risiko.

Nickel-Cadmium (NC)- und Nickel Metall-Hydrid (NMH)-Akkumulatoren werden allgemein als gasdicht bezeichnet. Kein uns bekannter Hersteller solcher Akkumulatoren garantiert das jedoch über die gesamte Lebensdauer des Akkus. Er kann im Lade- oder Entladebetrieb einen Zelleninnendruck entwickeln, der das eingebaute Überdruckventil der Akkuzelle öffnet. Elektrolyt beziehungsweise Wasserstoff kann aus der Zelle austreten. Dies birgt gleich mehrere Gefahren: Aus einer Zelle austretendes Elektrolyt ist eine aggressive Lauge und zudem elektrisch leitend, was zu einer fortschreitenden Zerstörung der Akkus durch Elektrolyse führen kann. Außerdem kann ein Akku von der Größe einer Monozelle etwa 25 Liter Gas entwickeln. Was dieser Überdruck in einem geschlossenen Gehäuse bedeutet, kann sich jeder vorstellen. Am gefährlichsten ist der austretende Wasserstoff, der mit Sauerstoff das so genannte Knallgas bildet. Die damit verbundenen Gefahren kennt jeder. Aus diesem Grund raten wir dringend, den Akku zum Laden aus dem geschlossenen Gehäuse zu entnehmen. Nur dadurch ist die Voraussetzung für einen langjährigen, sicheren Betrieb gegeben.

Frage: In den letzten Jahren kamen mehrere Lampen mit Gasentladungstechnik auf den Markt. Wo liegen Ihrer Meinung nach die Vor- bzw. Nachteile gegenüber klassischen Halogenlampen?

Hartenberger: In einem Gasentladungsbrenner wird zur Lichterzeugung eine Funkenstrecke zwischen zwei Elektroden erzeugt. Dazu wird ein elektronisches Vorschaltgerät benötigt. Mit großem technischen Aufwand muss eine Zündspannung von über 20.000 Volt erzeugt werden. Zur Aufrechterhaltung des Lichtbogens erfolgt eine exakte Regelung von Spannung und Strom. Den optimalen Betriebszustand erhält ein Gasentladungsbrenner erst nach einigen Minuten Brenndauer. Erst dann besitzt dieser gegenüber einem Halogenrenner eine rund dreimal größere Lichtausbeute. Gasentladungslampen finden auf Grund des sehr hohen blauen Lichtanteils ihre Anwendung im Süßwasser, zum Beispiel beim Höhlentauchen. Das blaue Licht wird vom Wasser nicht so stark absorbiert wie das rote

Licht des Halogenbrenners und hat deshalb eine größere Tragweite.

Das rote Licht des Halogenbrenners empfiehlt sich jedoch in tropischen Gewässern. Der vom Wasser absorbierte Rotanteil des Tageslichts wird durch das rote Halogenlicht kompensiert und die Farbenpracht von Korallen und Schwämmen bleibt für das menschliche Auge sichtbar.

Halogenbrenner lassen sich problemlos bis zu einer Leistungsaufnahme von 25 Prozent des Nennwertes in der Helligkeit regeln, also „dimmen". Gasentladungsbrenner dagegen können lediglich bis zu 75 Prozent der Nennleistung gedimmt werden.

Frage: Was sind für Sie weitere wichtige Kriterien bei der Auswahl einer Tauchlampe?

Hartenberger: Für mich sind verschiedene Kriterien besonders wichtig: Können während des Ladevorgangs die Dichtringe der Lampe gegen Schmutz geschützt werden? Dies ist zum Beispiel möglich, wenn nach herausnehmen des Akkus das Gehäuse wieder geschlossen werden kann. Bedienungsfreundlichkeit halte ich auch für ein wichtiges Kriterium. Da Taucher ja sehr reisefreudig sind, spielen die Bestimmungen des Luftfahrt Bundesamtes eine bedeutende Rolle. Hierin heißt es, dass Leuchtmittel, Akkumulator und Schalteinheit zum Transport getrennt aufbewahrt werden müssen. Bei Lampen, wo all diese Elemente steckbar sind, ist dies einfach.

Immer unter Druck: Flaschen

Das Luftvolumen für einen Wracktauch-gang, wenn in das Wrack eingestiegen wird, sollte immer nach der so genannten Drittel-Regelung berechnet werden. (siehe Kapitel Gasmanagement und Dekozeiten). Also muss der Taucher einen entsprechen-den Luftvorrat mit sich führen. Bei tiefen oder langen Tauchgängen sind dann in der Regel großvolumige Doppelgeräte notwen-dig. Mehrere Aspekte sind beim Einsatz zu beachten: So sollte die Verbindung der bei-den Flaschen stabil sein und ein Verschrän-ken oder Verschieben der Flaschen unmög-lich machen. Ebenso haltbar muss die Ver-bindung zwischen Doppelpack und Jacket sein. Ein gelöstes „Doppel 20" lässt sich unter Wasser nicht so einfach befestigen wie ein kleines Monogerät. In größeren Tiefen oder innerhalb eines Wracks bringt es einem Taucher unnötigen Stress, wenn sich ein Doppelgerät löst - eine Stresssituation, die unbedingt zu vermeiden ist. Für beide Ver-bindungen, also Flasche zu Flasche und Flaschen zu Jacket, bieten sich Schellen aus Edelstahl mit Gewindestangen an, die das Anschrauben des Jackets ermöglichen.

Wie schon im Kapitel Atemregler be-schrieben, kann der „shut down" eines Ge-rätes, also bei einem Ausfall das Ventil des Hauptreglers möglichst schnell zu schließen und auf den Zweitregler zu wechseln, le-benswichtig sein. Was bei Monogeräten recht einfach ist, kann bei schweren Dop-pelgeräten zu einer echten Tortur werden. Doch, wie gesagt, das Beherrschen dieser Fähigkeit ist unabdingbar und somit gilt:

■ Eine Dekoflasche für den Einsatz von bis zu 100 % Sauerstoff. Bei Teamtauchgängen sollte die Flasche sowohl mit dem Namen des Tauchers wie auch mit der maximalen Einsatztiefe beschriftet werden. Dann ist eine Verwechslung wohl ausgeschlossen. Foto: Horst Dederichs

■ Wrack des U-Bootes USS Apogon im Bikini-Atoll. Foto: Hans-Peter Schmid

Übung macht den Meister. Die richtige Konfiguration und Positionierung des Jackets ist hierbei hilfreich. Ventile, deren Hand-räder zur Seite zeigen, lassen sich leichter erreichen als solche, die nach hinten gerichtet sind. Normalerweise sind Handräder aus einem harten Kunststoff gefertigt und sind mit kleinen Rillen versehen. Vor allem im kalten Wasser, mit dicken Handschuhen, lassen sich diese schlecht greifen und zudrehen, sie sollten durch so genannte „Rubber Knops" ersetzt werden. Diese Handräder werden aus Gummi hergestellt, besitzen deutlich ausgeprägtere Rillen und sind somit griffiger.

Die Ventile sollten mit einer absperrbaren Brücke verbunden werden, die im Normalfall geöffnet ist. Somit werden beide Flaschen gleichzeitig leer geatmet; ein umständliches und unnötiges Wechseln zwischen zwei Atemreglern ist überflüssig. Im Fall eines Luftaustritts an einer Ventilseite können über die Absperrbrücke die Flaschen voneinander getrennt werden, dann steht nur noch das Volumen einer Seite zur Verfügung. Ist der Tauchgang nach der Drittel-Regel geplant, sollte die verbleibende Gasmenge aber auf jeden Fall reichen. Für technische Tauchgänge sind für die Dekompressionsphase Nitroxgemische in unterschiedlichen Konzentrationen nötig. Diese Gase werden in „Stages" mitgeführt, Flaschen also, die vorne am Jacket befestigt werden. Stages sollten aus Aluminium gefertigt sein, da diese dickwandiger sind und somit einen stärkeren Auftrieb erfahren. Deshalb drücken Aluflaschen im Wasser kaum mehr nach unten, sind also einfacher zu handhaben. Dies gilt sowohl beim An- und Ablegen als auch für das Schwimm-

bzw. Tarierverhalten. Wenn in einer Gruppe getaucht wird, was die Regel bei technischen Tauchgängen sein sollte, müssen alle Taucher die gleichen Dekogase einsetzen. Es bietet sich an, die Stages so zu beschriften, dass eine Verwechslung unmöglich ist.

Stages führen allerdings zu einem deutlich erhöhten Wasserwiderstand, was das Schwimmen erschwert. Durch eine gute Befestigung kann dieser Effekt minimiert werden. Die beste Methode ist die Verwendung eines „Stage Rigging Kits": ein Seil, zwei „Bolt Snaps"; also ein spezieller Karabinerhaken, ein Gummiband, eine Schlauchschelle und Schutzüberzüge. Mit diesem Zubehör wird die Stage gerigged, so der Fachausdruck für die Montage des Zubehörs, und kann somit optimal ins Jacket eingehängt werden.

Dekoflaschen kommen häufig, abhängig von der Füllmethode und ihrem Einsatzzweck, mit reinem Sauerstoff in Berührung. Sowohl die Flasche als auch die Ventile müssen „clean" sein, das heißt für den Einsatz von reinem Sauerstoff geeignet. Entsprechende Flaschen sind problemlos erhältlich, inzwischen auch in unterschiedlichen Materialien. Für Ventile gilt: Die Bestimmungen in Deutschland sind kompliziert und haben zu zwei vom Gesetzgeber zugelassenen Ventiltypen geführt. Auf der einen Seite gibt es von den Firmen Dräger und Scubapro Sauerstoffventile mit Gewindeabgängen M24x2, auf der anderen Seite verwenden verschiedene Hersteller das klassische O2 Ventil mit einem G fl Zoll Abgang. Das Format M24x2 wird wahrscheinlich in Kürze wieder vom Markt verschwinden, da die Firma Scubapro die Produktion dieses Ventiltyps eingestellt hat,

also nur noch Ventile für die Dräger Kreislaufgeräte entsprechend gebaut werden. Aber auch die Tage des G fl Ventils scheinen gezählt. Zur Zeit wird in verschiedenen Gremien über einen neuen Ventiltyp beraten. Sollte tatsächlich ein neuer eingeführt werden, hätte der deutsche Tauchmarkt, innerhalb von fünf Jahren drei verschiedene Sauerstoffventile gesehen. Hierin sehen viele Experten den Grund dafür, dass sich Nitrox als Tauchgas in Deutschland nur schleppend etabliert. Der tauchende Verbraucher ist verunsichert und scheut die Investition in eine Technik, die womöglich in wenigen Monaten schon wieder überholt ist. Als Reaktion auf diese verbraucherunfreundliche Situation hat sich zumindest im technischen Tauchbereich inzwischen eine Praxis etabliert, die streng genommen illegal ist und somit einige Risiken birgt. Zum Einsatz kommen hier Standard-Pressluftventile mit einem G 5/8 Abgang. Zwar werden diese von seriösen Tauchern einem Sauerstoffservice unterzogen, weshalb zumindest aus technischer Sicht gegen diese Praxis nichts einzuwenden ist. Aber: Schon beim Füllen treten Probleme auf. In einem Tauchshop werden Sauerstoffflaschen mit Pressluftventilen normalerweise nicht gefüllt, das Haftungsrisiko ist zu groß. Es besteht eine Verwechslungsgefahr, die nicht unterschätzt werden sollte. Außerdem erfordert der Sauerstoffservice einen hohen technischen Sachverstand, der kaum allgemein vorausgesetzt werden kann. Wenn technisches Tauchen weiter einen solchen Zulauf erfährt, muss das Problem schnell gelöst werden - sonst wird es in absehbarer Zeit Unfälle mit möglicherweise schlimmen Folgen geben. Hierbei ist die Industrie gefordert. Deren Aufgabe sollte es sein, ein Ventil zu entwickeln und zumindest europaweit zu normieren, das den hohen technischen Anforderungen anspruchsvoller Tauchgänge gerecht wird.

Der Taucher als Einheit: die richtige Ausrüstungs- konfiguration

Der Taucher und seine Ausrüstung stellen unter Wasser ein umfassendes System dar, dessen einzelne Bestandteile sich nicht gegenseitig einschränken sollten. Selbst hochwertige Einzelkomponenten können ihre volle Leistungsstärke nicht entfalten, wenn sie ineffizient eingebunden sind. Wenn wir den Taucher, insbesondere den technischen Taucher, als komplexe Maschine oder Einheit ansehen, so ist leicht einzusehen, dass die Teile aufeinander abgestimmt sein müssen. Und wie bei einer Maschine kann der Ausfall eines kleinen Teils drastische Auswirkungen haben. Bei der gesamten Ausrüstung, auch bei scheinbar nebensächlichen Teilen, sollte also auf Qualität geachtet werden. Die Pflege des Equipments ist genauso wichtig: Die Einsatzfähigkeit ist immer abhängig vom Zustand der Ausrüstung.

Auch wenn ein Taucher seine Ausrüstung so „clean", also übersichtlich, wie möglich halten möchte, ist technisches Wracktauchen oft eine Materialschlacht: Behängt mit Tauchgeräten bis „Doppel 20", mehreren Stages, Lampen, Reels und vielem mehr wird der Weg ins Wasser zum Kraftakt. Selbst wenn man die Ausrüstung auf ein Minimum reduziert, kommt oft Tauchequipment zum Einsatz, dass den Wert eines Kleinwagens überschreitet – und fast zwei Zentner wiegt. Gerade wenn soviel Ausrüstung eingesetzt wird, ist ihre Zusammenstellung von zentraler Bedeutung

Was darf, oder besser was muss, der Taucher von seiner Ausrüstung und seiner Konfiguration erwarten? Erst eine optimale Zusammenstellung ermöglicht es, das vielfältige Equipment gezielt einzusetzen und zu bedienen. Alles sollte zu einer Einheit verschmelzen, deren Aufbau und Funktionsweise schon beim Anblick klar wird. Komplizierte Systeme lassen sich unter Wasser - und besonders in Risikosituationen – nicht gut, im schlimmsten Fall gar nicht bedienen. Ein Taucher, der bei der Zusammenstellung schlampt, setzt sich also unnötigen Gefahren und Belastungen aus. Eine gute Ausrüstung sollte so konfiguriert sein, dass sie auch in extremen Situationen einfach zu bedienen ist. Apropos Belastung. Das hohe Gewicht der Ausrüstung bedeutet ohnehin eine hohe Belastung für den Taucher, die durch eine falsche Zusammenstellung oder überflüssige Ausrüstungsgegenstände nicht noch unnötig erhöht werden muss. Ein wichtiger Punkt ist dabei auch die Hydrodynamik oder Stromlinienförmigkeit des Equipments. Hoher Wasserwiderstand ermüdet einen Taucher schnell, und eine schlecht konfigurierte Ausrüstung trägt spürbar zur Erhöhung des Wasserwiderstandes bei. Erschöpfung bringt den Taucher in Nöte – und solcher Stress steht oft am Anfang einer unheilvollen Kettenreaktion.

■ Nitrox verlängert die Grundzeit beim Wracktauchen. Foto: Hans-Peter Schmid

Dass bei allen Tendenzen, die Ausrüstung so klein und leicht wie möglich zu halten, der Sicherheitsaspekt nicht zu kurz kommen darf, versteht sich von selbst. Alle lebenswichtigen Ausrüstungsteile müssen redundant, dass heißt in zweifacher Ausführung, mitgeführt werden. Dazu gehören die Luftversorgung, die Auftriebskörper, die Instrumentierung und das Licht.

Die beiden nachstehenden Konfigurationen gehören inzwischen zu den Klassikern und haben sich in zahlreichen Tauchgängen bewährt. Mit welchem System ein Taucher am besten zurecht kommt, kann er nur in der Praxis herausfinden. Taucher sollten immer nach dem Optimum streben und bereit sein, ihr persönliches System immer wieder in Frage zu stellen: Nur so lässt sich technischen Entwicklungen und Verbesserungen Rechnung tragen. Tauchen ist ein fortschreitender Prozess, und Stillstand bedeutet Rückschritt.

Konfiguration 1

Der 1. Automat mit langem Schlauch läuft nahe an der Flasche entlang, kommt unterhalb des Jackets nach vorne und geht dann diagonal über den Körper um den Hals. Dies ist der Hauptautomat, aus dem der Taucher atmet.

Der 2. Automat hat einem kurzen Schlauch und wird mit Silikonbändern in Position gehalten. Im Notfall wechselt der Taucher auf diesen Automat.

Die Infaltorschläuche werden am Harness gesichert.

Hebesack wird in einer speziellen Backplate-Tasche verstaut.

Finimeter werden in die D-Ringe des Harness eingehängt.

Reels werden in den Ring unterhalb des Schrittgurtes befestigt.

Stages werden ausschließlich auf der linken Seite im Harness eingehängt (damit beim Einsatz von Scootern die rechte Hand frei ist).

Der Trockentauchanzug dient als Redundanz für das Jacket. Auf einen exzellenten Trim wird besonderen Wert gelegt.

Der Akkutank wird an der rechten Bauch-Bebänderung des Harness befestigt und dient gleichzeitig als „Ausgleichgewicht" für die Stages.

Konfiguration 2

Der 1. Automat hat einen kurzen Schlauch. Silikonbänder halten ihn in Position wenn auf die Stages gewechselt wird. Dies ist der Automat, aus dem der Taucher atmet

Der 2. Automat verfügt über einen langen Schlauch. Über Gummibänder wird der lange Schlauch an der rechten Flasche befestigt. Die zweite Stufe befindet sich unterhalb des Halses.

Die Infaltorschläuche werden am Harness gesichert.

Der Hebesack wird über Gummibänder an der linken Flasche befestigt.

Finimeter werden in die D-Ringe des Harness eingehängt.

Reels werden an der hinteren linken Seite der Bauchbebänderung in die Backplate eingehängt.

Stages werden links und rechts im Harness eingehängt.

Der Trockentauchanzug dient als Redundanz für das Jacket. Teilweise werden Jackets mit unabhängigen (Doppel-)Blasen eingesetzt.

Ausrüstungskonfiguration

Tiefe Wracktauchgänge erfordern sehr viel mehr an Equipment.
der Konfiguration komm hierbei eine besondere Bedeutung bei.

Frontansicht

Tauchtabellen

Zwei Bottomtimer
(elektronische Tiefenmesser)
und sogenannte Run Time
Tabellen.

Automaten

Der Hauptautomat wird an
einem ca. 2 Meter langen
Schlauch befestigt und um
den Hals getragen. Der
Ersatzautomat wird durch
Silikonbänder unterhalb
des Kopfes fixiert.

Taschen

Die Taschen am Trocken-
tauchanzug nehmen
wichtige Accessoires auf
wie zum Beispiel: Maske,
Lampe und Spool

Stages

Verschiedene
Stages für Travel-
und Deco Mix.

Reels

Primary Reel. Das Ersatz-
reel befindet sich in
der Tasche des Trocken-
tauchanzuges

Messer

Zwei Messer an
unterschiedlichen
Positionen wovon eines eine
Scherenfunktion haben sollte.

Fotos: Stefan Kamps

53

Rückansicht

Doppelpack
Schwere Doppel-
geräte lassen sich
nicht vermeiden,
wenn nach Drittel-
Regel getaucht wird.

Lampen
Licht ist lebens-
wichtig. Zwei
Lampen höchster
Qualität sind das
Minimum.

Argonflasche
Eine 1,5 Liter Flasche aus
Aluminium ist im Wasser
gewichtsneutral und somit
ideal als Argonflasche.

Hebesäcke
Zwei Hebesäcke in
den Farben gelb und
rot. Die Hebesäcke
sollen eine ausreichende
Kapazität besitzen und
mit dem Namen des
Tauchers versehen sein.

Fotos: Stefan Kamps

Der Akkutank wird an den Flaschen befestigt.

Der Hauptunterschied zwischen beiden
Konfigurationen liegt in der Positionierung
des Automaten mit langem Schlauch. Zwei
unterschiedliche Konzepte sind Ursache
hierfür: Bei Konfiguration 1 wird davon
ausgegangen, dass der Taucher in einer Not-
lage intuitiv den Automaten nimmt, der sich
im Mund seines Partners befindet. Eine Verwechslung (falsches Atemgas) ist somit ausgeschlossen. Konfiguration 2 geht dagegen
davon aus, dass der Luftspender keinesfalls
Stress ausgesetzt werden darf, da er als Manager in der Notsituation gilt und immer absolute Ruhe bewahren muss. Nur ein ruhiger Taucher kann eine Rettung erfolgreich
durchführen.

Nullzeit! Nitrox, das Gas für Wracktaucher

Es ist ein sonniger Morgen. Leicht schaukelt das Schiff in den sanften Wellen. Das Rote Meer zeigt sich von seiner besten Seite. Türkisfarbenes Wasser bricht sich an den Spitzen des Riffs von Abu Nuhas. Unter dem Tauchboot liegt das Wrack der Carnatic. Der alte Dampfsegler liegt in 27 Metern auf dem Meeresgrund. Die Nullzeit in dieser Tiefe beträgt laut Padis Recreational Dive Manager nur 20 Minuten. Trotzdem sind die Taucher seit über 40 Minuten im Wasser, obwohl Dekompressionstauchgänge hier verboten sind. Wie ist das möglich? Eigentlich ganz einfach: Die Taucher benutzen für diesen Tauchgang keine ordinäre Pressluft, sondern ein Nitroxgemisch mit einem Sauerstoffanteil von 37 Prozent. Und dieses Gemisch ermöglicht, nach der gleichen Tabelle berechnet, eine Nullzeit von 45 Minuten. Den Tauchern bleibt also genug Zeit, das Wrack ausgiebig zu erforschen. Der Trick besteht darin, den Stickstoffanteil zugunsten des Sauerstoffanteils zu verringern. (Details zur Planung von Nitroxtauchgängen, werden in dem Kapitel Gasmanagement und Dekozeiten beschrieben.)

Der Vorteil des Einsatzes sauerstoffangereicherter Luft ist keine Erkenntnis aus der jüngsten Vergangenheit. Schon vor dem Ersten Weltkrieg, also vor fast 100 Jahren, wurden die ersten Atemgeräte entwickelt, die mit Nitrox arbeiteten. Sowohl die Berufs- als auch die Militärtaucherei griffen frühzeitig auf diese Geräte zurück. Obwohl die Vorteile bekannt waren, wurde dieses Atemgas beim Sporttauchen erst ab Mitte der 80er Jahre eingesetzt. Der Siegeszug begann in den USA, wo vor allem die technischen Tauchverbände dafür sorgten, dass Nitrox bald in aller Munde war. Schon früh sagten Fachleute eine ähnliche Verbreitung von Nitrox in Deutschland wie in den USA voraus. In Amerika sollen bereits mehr als 30 Prozent der Sporttaucher Nitrox als Atemgas einsetzen, je nach Region noch deutlich mehr. Doch bis heute ist dieser Prozentsatz in Deutschland nicht ansatzweise erreicht worden. Zwar sind den meisten ambitionierten Sporttauchern die Vorteile bekannt, doch sind die rechtlichen Bestimmungen in Deutschland wie schon beschrieben dermaßen kompliziert, dass viele schon im Vorfeld abgeschreckt werden.

Dabei liegen die Vorteile von Nitrox auf der Hand: Für viele Wracktaucher ist die oben beschriebene Nullzeit-Verlängerung der erste und wichtigste Vorteil. „Normale" Tauchgänge, besonders in tropischen Gewässern, werden meist als Multi-Level-Tauchgänge durchgeführt. Das heißt, der Tauchgang beginnt am tiefsten Punkt, und danach wird die Tauchtiefe stetig reduziert. So sind relativ lange Nullzeiten möglich, da der Großteil des Tauchgangs im flachen Bereich durchgeführt wird. Dies ist jedoch bei vielen Wracks nicht möglich. Entweder sie liegen flach auf der Seite – und weisen nur eine geringe Tiefendifferenz auf. Oder der interessante Bereich befindet sich am Meeresgrund. Insbesondere Kriegsschiffe haben sich aufgrund ihrer schweren Aufbauten beim Untergang gedreht und liegen nun kieloben. Und weil dekompressionspflichtige Tauchgänge auf vielen Tauchbasen der Welt als zu gefährlich gelten, sind Nitroxgemische die einzige Möglichkeit, längere Nullzeiten zu erreichen.

Die Reduzierung des Stickstoffs hat aber noch weitere Vorteile. Sollte dekompressionspflichtig getaucht werden, sind die Stopps mit einem angepassten Nitroxgemisch deutlich kürzer als mit einem Standard-Pressluftgemisch. Ähnliches gilt für die Oberflächenpausen. Kommen Nitroxgemische zum Einsatz, können Tauchgänge schneller aufeinander folgen, ohne dass der Taucher dabei ein höheres Risiko eingeht. Fast alle modernen Tauchcomputer sind nitroxtauglich, viele sogar bis 100 Prozent. Das heißt, der Sauerstoffgehalt ist variabel einstellbar, und ein Nitrox-Tauchgang ist genauso einfach wie ein Tauchgang mit Pressluft. Aber auch der Sicherheitsaspekt muss erwähnt werden. Gängige Praxis ist, vor allen Dingen bei Tauchsafaris, dass Taucher dreimal am Tag ins Wasser gehen, und dies meist den gesamten Urlaub hindurch. Wiederholungstauchgänge in dieser Häufung sind immer noch eine Grauzone für die Dekompressionsforschung. Zwar ist Nitrox kein Allheilmittel für solche Tauchprofile. Doch der Taucher baut einen Sicherheitspuffer ein, wenn er mit Nitrox taucht, die Tauchgänge aber anhand gewöhnlicher Pressluft-Tabellen beziehungsweise mit konventionell eingestellten Tauchcomputern plant. Für Tauchlehrer im täglichen Einsatz sollte der Gebrauch von Nitrox zur Vorschrift werden. Insbesondere auf den Malediven erlebt man häufig, dass Profis bis zu sechsmal am Tag abtauchen. Der Verdacht, dass dies auf Dauer zu Gesundheitsschäden führt, liegt nahe.

Ein weiteres Argument für Nitrox liegt im subjektiven Wohlbefinden nach dem Tauchen. Viele Taucher fühlen sich wesentlich wohler und körperlich besser, wenn sie anstelle von Luft Nitrox einsetzen. – Nitrox als „Wohlfühl-Gas"?

Der Umgang mit Nitrox erfordert jedoch spezielle Kenntnisse. Denn es gibt einige negative Aspekte beim Einsatz sauerstoffangereicherter Luft, die es zu beachten gilt.

Obwohl Sauerstoff ein lebenswichtiges Gas ist, muss man bei seiner Dosierung vorsichtig sein. Der menschliche Organismus ist auf den normoxischen Sauerstoffpartialdruck (pPO2) ausgerichtet, und dieser liegt bei einem atmosphärischen Druck von einem Bar bei 0.21 bar. Auf starke Schwankungen ist der Körper nicht eingestellt. Schon bei einem Partialdruck von weniger als 0,16 bar, also einem Sauerstoffanteil von 16 Prozent, treten Mangelerscheinungen auf. Im normalen Sporttauchbereich ist jedoch nicht die Hypoxie, also ein Mangel an Sauerstoff, das Problem, sondern vielmehr das Gegenteil: die Hyperoxie. Diese wirkt sich auf zwei Bereiche des menschlichen Organismus aus: die Lunge und das zentrale Nervensystem.

Die Schädigung der Lunge durch einen zu hohen Sauerstoff-Partialdruck, auch bekannt als Lorraine-Smith-Effekt, ist für Sporttaucher kaum zu befürchten, weil solche Schäden erst bei sehr langen Einwirkzeiten auftreten. Aber sowohl in der Berufstaucherei als auch beim Technischen Tauchen muss dieser Effekt kontrolliert werden. Überwacht wird die „pulmonale Sauerstoffvergiftung" mit Hilfe der so genannten OTU („oxygen tolerance units"). Hierfür gibt es spezielle Tabellen, die bei entsprechendem pPO2 die OTU-Einheiten pro Minuten angeben. Während eines Tauchtages sollten die OTU nicht über 850 liegen, bei mehreren aufeinanderfolgenden Tauchtagen verringert sich dieser Wert. Zur Verdeutlichung: Einen OTU-Wert von 850 erreicht man bei einem Sauerstoffpartialdruck von 1,4 bar erst nach 520 Minuten.

Die weitaus gefährlichere, da häufigere Problematik beim Einsatz von hohen Sauerstoffkonzentrationen ist eine Belastung des Zentralen Nervensystems. Diese „neuronale Sauerstoffvergiftung" wird auch als Paul-Bert-Effekt bezeichnet. Bis zum heutigen Tag sind die Ursachen für diesen Effekt, trotz einiger schlüssiger Theorien, nicht hinlänglich bekannt. Sehr wohl bekannt sind die unter Wasser lebensbedrohlichen Auswirkungen einer neuronalen Sauerstoffvergiftung. Der Taucher erleidet unter Wasser einen Krampfanfall und ist nicht mehr in der Lage, den Lungenautomaten im Mund zu fixieren – schlimmstenfalls ertrinkt er. Das tückische am Paul-Bert-Effekt ist, dass er oft ohne erkennbare Anzeichen auftritt, also schlagartig, der Taucher völlig unvorbereitet getroffen wird. Folgende Anzeichen können den Taucher warnen, müssen aber, wie gesagt, nicht zwangsläufig auftreten: Tunnelblick, Schwindel, Übelkeit, Zittern, Ohrenläuten, Müdigkeit, schwerfällige Atmung.

Beim Auftreten dieser Symptome unter der Wirkung eines hohen Sauerstoffpartialdrucks, sollte der Taucher auf ein Gemisch mit niedrigerem Sauerstoffanteil wechseln - und unbedingt das Wasser verlassen. Leider ist dies bei dekompressionspflichtigen Wracktauchgängen nicht jederzeit möglich.

Um den Paul-Bert-Effekt zu vermeiden, gibt es ebenfalls Tabellen, mit denen sich sichere Tauchprofile ausrechnen lassen. Sie sind aufgeteilt in Maximalzeit pro Tauchgang beziehungsweise pro Tauchtag. Für obiges Beispiel, Sauerstoffpartialdruck von 1,4 bar, bedeutet dies eine maximale Einwirkzeit von 150 Minuten.

Tauchcomputer und Planungsprogramme arbeiten mit einer so genannten CNS-Clock, einer Uhr, die die Sauerstoffeinwirkung auf das Zentrale Nervensystem (englisch: CNS) anzeigt. Dieser Wert wird in Prozent angegeben und darf 100 nicht überschreiten.

Doch nicht nur die zeitliche Komponente stellt eine Einschränkung dar, auch bestimmte Maximalwerte dürfen nicht überschritten werden. Inzwischen wird ein Sauerstoffpartialdruck von 1.6 bar allgemein als zulässiger Maximalwert angesehen. Sollte der Tauchgang besondere Schwierigkeiten aufweisen, herrscht zum Beispiel starke Strömung, so ist es empfehlenswert, diesen Wert nochmals, am besten auf 1,4 bar pPO2 zu reduzieren. Technische Tauchgänge sollen grundsätzlich mit einem Partialdruck von maximal 1,4 Bar geplant werden.

Auch wenn die neuronale Sauerstoffvergiftung wissenschaftlich nicht vollständig erforscht ist, und ihre Wirkung, selbst wenn die zulässigen Grenzwerte überschritten werden, nicht immer auftritt, sollte der Taucher nicht leichtsinnig mit dem Problem umgehen. Eine neuronale Sauerstoffvergiftung trifft den Taucher unvorbereitet. Ihr Auftreten endet meistens tödlich, da Hilfsmaßnahmen nur schwer einzuleiten sind. Inzwischen führen Mediziner immer häufiger Tauchunfälle auf den Paul-Bert-Effekt zurück. Noch eine Warnung für Pressluft-Tieftauch-Fanatiker: Ordinäre Pressluft erreicht den kritischen pPO2 Wert von 1,6 bar schon bei 66 Metern. Weil dazu noch eine starke Stickstoffnarkose eintritt, können solche Praktiken keinesfalls mehr als sicher bezeichnet werden.

Die Sicherheit geht immer vor

■ Trotz der friedlichen Stimmung - Wracktauchen birgt Gefahren. Foto: Hans-Peter Schmid

Kapitel 3
Die Sicherheit geht immer vor!

Tauchgang in den Tod

Was sollte ihnen schon zustoßen? Die Amerikaner Chris Rouse (39) und sein Sohn Chrissy (21) waren erfahrene Höhlentaucher, hatten gemeinsam die Andrea Doria betaucht – für US-Taucher der Mount Everest –, und es war nicht ihr erster Abstieg zu dem Wrack, das sie nun erkunden wollten: ein geheimnisvolles deutsches U-Boot aus dem Zweiten Weltkrieg. In keinem Archiv hatten sich Anhaltspunkte dafür ergeben, um welches U-Boot es sich handeln könnte. Später konnte das Schiff identifiziert werden: U-869, das den Verlustlisten zufolge bei Afrika versenkt wurde, in Wahrheit aber rund 110 Kilometer vor der Hafeneinfahrt von New York wahrscheinlich von einem eigenen, defekten Torpedo zerstört wurde und seitdem auf Grund in 70 Meter ruhte.

Doch die Geschichte war an jenem 12. Oktober 1992 noch nicht bekannt. Entsprechend groß war die Spannung der Taucher, die das Rätsel lösen wollten, wie Bernie Chowdhury in seinem Buch „Der letzte Tauchgang" berichtet. Womöglich war das U-Boot auf Spionage-Fahrt gesunken, vielleicht waren Nazi-Schätze an Bord. Das einzige, was den Ausflug störte, war die Wetterlage: Die See war recht rau, und schlechteres Wetter wurde vorhergesagt. Die beiden wollten mit Pressluft tauchen – sie hatten schon 90 Meter und damit verbundene Tiefen-

rausch-Erscheinungen bewältigt. Das Helium für einen Trimix-Tauchgang war ihnen zu teuer. Die Dekompression sollte an der Ankerleine des Expeditionsschiffes erfolgen; das dicke Seil war direkt am U-Boot festgemacht. 20 Minuten Grundzeit waren geplant. Ein Taucher, der vor den Rouses allein unten gewesen war, sah sie bei einer Station seines schrittweisen Aufstiegs an sich vorbei in die Tiefe gleiten. Wassertemperatur: eisige fünf Grad Celsius.

Unten angekommen, schwebte Chrissy Rouse über dem U-Boot und versuchte sich darauf zu konzentrieren, was er als nächstes tun musste: die beiden Reserveflaschen, die er links und rechts eingeklinkt hatte, losmachen und sie auf dem Deck des U-Bootes verstauen. Abgesprochen war, dass er drinnen nach dem Logbuch suchen sollte, während sein Vater draußen warten sollte, um notfalls Hilfe leisten zu können. Der Einstieg war mittschiffs möglich; der Turm des U-Boots ist abgerissen. Der junge Mann drückte dem Älteren den Messing-Clip in die Hand, der am Ende seiner Sicherungsleine befestigt war und stieg ein.

Ins Wrack konnte er nur kriechend gelangen – vorbei an scharfkantigem Metall, zerschmetterten Instrumententafeln und verrosteten Apparaturen. „Chrissy fantasierte später, dass er in den Schlund eines Monsters geschwommen sei, hinab in seinen Magen – ein sicheres Anzeichen für Tiefenrausch", berichtet Chowdhury. Die aufsteigenden Luftblasen lösten feine Rostpartikel von der Decke; die Sicht betrug allenfalls einen halben Meter. Chrissy Rouse, der die Erfahrung von 600 Tauchgängen hatte, tastete sich voran. Und gelangte in einen Innenraum, knapp zwei Meter hoch und weniger als drei Meter breit.

Um in den Teil des Bootes zu gelangen, in dem er nach Fundstücken suchen wollte, musste er sich durch ein enges Schott quetschen. Dahinter wurde es geräumiger, der Boden war jedoch mit Ellebogen-tiefem Schlick bedeckt. In dem grub er. Die Sicht sank auf Null. Er fühlte einen größeren Gegenstand. Und zerrte daran. Was er nicht sehen konnte: Ein Regal links von ihm sank langsam um. Er spürte nur, wie ihn etwas niederdrückte und zu Boden presste. Er war eingeklemmt. „Der plötzliche Schreck wird die Bewusstseinseintrübung noch einmal verstärkt haben", mutmaßt Chowdhury. Wahrscheinlich halluzinierte der junge Taucher bereits.

Chris Rouse, der Wache hielt, wurde von hämmernden Geräuschen alarmiert. Er schwamm in das Wrack, folgte der Leine, die er draußen befestigt hatte. Hinter dem Schott bekam er seinen Sohn zu fassen, der in Panik um sich schlug und schrie. Taucher, die später in das Wrack tauchten, stießen auf Fetzen gummierter Leinwand – womöglich hatte sich ein altes Rettungsfloß selbst aufgeblasen und Chrissy Rouse samt Regal auf den Boden gepresst.

Wie eine spätere Untersuchung der Ausrüstung ergab, hatten sich in seinem Atemregler Rostpartikel festgesetzt: Er saugte mit jedem Atemzug auch Wasser an. Trotz des Tiefenrausches schaffte er es aber offenbar, den defekten Lungenautomaten durch einen zweiten Atemregler zu ersetzen. Chris Rouse gelang es, seinen Sohn zu befreien. Da tat sich ein neues Problem auf: Die Sicherungsleine, die sie auf direktem Weg aus dem U-Boot führen sollte, war kreuz und quer durch das Wrack gespannt. Die zurückgelassene Leine zeigte später, dass die beiden das U-Boot auf anderem Wege verließen als sie eingestiegen waren.

Das alles kostete Zeit. Der Tauchgang, der für 20 Minuten geplant war, dauerte nun schon eine halbe Stunde. Und trotzdem: Sie waren der Enge entronnen; die unmittelbare Gefahr schien gebannt. Jetzt mussten sie die Flaschen finden, die sie auf dem Deck des U-Bootes deponiert hatten und für die mittlerweile auf drei Stunden angewachsene Dekompressionszeit brauchten. Chrissy Rouse erzählte später, sie hätten elf Minuten verzweifelt das Deck abgesucht – vergeblich. „In ihrem Rauschzustand müssen die beiden Taucher die Orientierung auf dem an sich sehr übersichtlichen Boot verloren habe", meint Chowdhury. Schließlich fand Chris Rouse die eine Flasche, die er vor dem Einstieg ins U-Boot abgelegt hatte. Er wusste, dass für beide die Luft nicht genügen würde und befestigte sie an den Gurten seines Sohnes.

Dann suchten sie die Ankerleine – wiederum vergeblich. Sie begannen den freien Aufstieg, aber dürften sich der Gefahr, weit abgetrieben und bei dem schlechten Wetter von der Mannschaft an Bord des Expeditionsschiffes übersehen zu werden, durchaus bewusst gewesen sein. Chrissy Rouse wechselte nun zu der Flasche, die ihm sein Vater gegeben hatte. Doch anstatt Luft kam nur Wasser aus dem Mundstück. Wie die Untersuchung der Ausrüstung später ergab, war das Mundstück defekt. Notgedrungen stiegen beide ohne Dekompression auf. An der Oberfläche angekommen, wurden sie gleich entdeckt. Der Aufforderung, rasch wieder abzutauchen und auf einen Sicherheitstaucher zu warten, konnten sie nicht mehr Folge leisten. Sie hätte ohnehin um einiges länger gedauert und deshalb die gesamte Mannschaft gefährdet: Ein Sturm zog herauf.

Chris Rouse starb, wenige Minuten nachdem ihn die Mannschaft bei schwerer See an Bord gezogen hatte. Sein Sohn, der bei dem Wellengang noch mit voller Wucht vom Heck des Expeditionsbootes getroffen wurde, lebte noch einen Tag lang. Eine Deko-Kammer gab es an Bord nicht. Im Krankenhaus, in das ihn ein Rettungshubschrauber geflogen hatte, versuchte ein Arzt, ihm Blut abzunehmen: Die Spritze füllte sich mit Schaum.

Sicherheitsreserven: Gasmanagement und Dekozeiten

Absolut unverzichtbare Sicherheitsreserven bieten Gasmanagement und Dekozeiten. Der tödliche Unfall der beiden Amerikaner Rouse (siehe Kapitel Tauchgang in den Tod) zeigt eines: Tiefe Wracktauchgänge erfordern eine präzise Planung. Viele Umstände müssen bedacht werden, und der Tauchgang beginnt, lange bevor man ins Wasser steigt. Auch sollte jedem Taucher klar sein, dass Technisches Tauchen mit hohen Kosten verbunden ist. Verständlicherweise versucht jeder Taucher, diese Ausgaben so gering wie

möglich zu halten, doch wer an der falschen Stelle spart, auch das zeigt der Tauchgang der Rouses, zahlt vielleicht mit seinem Leben. Die Rouses glaubten, auf das teure Helium verzichten zu können. Doch ein Wracktauchgang auf eine Tiefe von 70 Metern, dazu noch unter den rauen Bedingungen im Atlantik, ist mit Pressluft, und der damit zwangsläufig verbundenen Stickstoffnarkose, unverantwortlich. Das war der Einstieg in den Tod. Dazu kam etliche kleine Fehler, die in der Summe jedoch drastische Folgen hatten. Die Rouses legten ihre Dekompressionsflaschen ab, um sich im engen Wrack besser bewegen zu können. Eine fragliche Methode. Denn wer wie die Rouses aufgrund einer schlecht verlegten Sicherungsleine den Weg zurück nicht mehr findet, sieht sich schnell einer lebensbedrohlichen Ohne-Luft-Situation ausgesetzt. Wenn sich dann noch das Material als schlecht gewartet und deshalb funktionsunfähig erweist, ist der Tod programmiert.

Das Beispiel belegt: Die Planung gehört zu den wichtigsten Vorbereitungen eines Tauchgangs, und hierbei kommt dem Gasmanagement eine besondere Bedeutung zu.

Drittel-Regel

Die beim Tauchgang mitgeführte Gasmenge muss auf jeden Fall ausreichen, um den Tauchgang selbst unter widrigsten Umständen sicher zu beenden. In der Praxis hat sich die sich die so genannte Drittel-Regel bewährt. Einfach ausgedrückt, besagt sie folgendes: ein Drittel des Gases für die Grundzeit, ein Drittel für den Rückweg und ein Drittel als Notfallreserve. Doch so einfach ist es in der Praxis nicht. Die Drittel-Regel ist nur ein Teil der Gasplanung und selbst in der Fachliteratur erfährt diese Regel zahlreiche Interpretationen. Grundsätzlich muss die Frage geklärt sein, ob der Taucher als autarke, also von seinem möglichen Partner unabhängige Einheit gesehen wird, oder ob er Teil eines Teams ist. Je nach Betrachtungsweise ergeben sich unterschiedliche Auslegungen der Drittel-Regel.

Arbeitet der Taucher als autarkes System – plant er also, alleine in ein Wrack einzusteigen - muss er die Drittelregel sehr eng auslegen, denn zusätzliche Sicherheitsreserven sind zunächst nicht vorhanden. Die Drittel-Regel ist ungenau, denn sie arbeitet mit einem variablen Faktor: dem Gasverbrauch des Tauchers. Dieser ist von Taucher zu Taucher unterschiedlich, abhängig etwa von Faktoren wie Geschlecht, Alter oder Trainingszustand. Das heißt, ein Taucher muss sein individuelles AMV (Atem-Minuten-Volumen) bestimmen. Das Problem ist, dieses AMV ist nicht nur von Mensch zu Mensch unterschiedlich, sondern auch situationsabhängig. Stress und Panik können ein AMV auf über 50 Liter pro Minute treiben. Dieser Wert kann aber bei den Berechnungen nicht zugrunde gelegt werden, da ansonsten unrealistisch große Flaschenvolumina benötigt werden.

Ein Beispiel aus der Praxis. Das Wrack der Markgraf im schottischen Scapa Flow liegt auf einer Tiefe von rund 40 Metern. Dank großer Öffnungen kann ein Taucher leicht ins Innere des riesigen Schiffes eindringen. Der Einfachheit halber planen wir den Tauchgang mit Pressluft. Bei einer Grundzeit von 30 Minuten ergeben sich drei Dekompressionstopps:

■ Taucher an der Einstiegsluke der Rubis. U-Boote sind besonders eng, ein Einstieg deshalb gefährlich. Foto: Hans-Peter Schmid

9 Meter: 5 Minuten, 6 Meter: 10 Minuten und 3 Meter: 22 Minuten

Wird ein AMV von 15 Minuten zugrunde gelegt kann der Gasbedarf wie folgt berechnet werden:

40 Meter / 5 bar => 5 bar x 15 L / Min x 30 Min = 2250 bar / Liter

9 Meter / 1,9 bar => 1,9 bar x 15 L / Min x 5 Min = 142,5 bar / Liter

6 Meter / 1,6 bar => 1,6 bar x 15 L / Min x 10 = 240 bar / Liter

3 Meter / 1,3 bar => 1,3 bar x 15 Liter / Min x 22 = 429 bar Liter

Die tatsächlich benötigte Gasmenge beläuft sich also auf 3061,5 bar Liter.

Nach der Drittel-Regel ergibt sich daraus ein Bedarfsvolumen von 4592 Litern. Realistischerweise kommt schon bei diesem

■ Das bis knapp an die Wasseroberfläche reichende Deckgeschütz der Hino Maru in der Truk Lagoon. Foto: Hans-Peter Schmid

Tauchgang ein 12-Liter-Doppelgerät zum Einsatz, denn bei einem Fülldruck von 200 bar verfügt dieses Gerät über 4800 bar / Liter Volumen (Flaschendruck x Flaschengröße). Eine andere Möglichkeit wäre, ein 10-Liter-Doppelgerät mit 230 bar zu füllen.

Dass dies keine theoretische Spielerei ist, zeigt sich schnell, wenn man von einer Notsituation am Ende der geplanten Grundzeit ausgeht (zum Beispiel, wenn sich ein Taucher im Wrack verfängt oder verirrt – wodurch sich das Atemvolumen des Tauchers für zehn Minuten auf 40 Liter pro Minute erhöht.

40 Meter / 5 bar => 5 bar x 15 L / Min x 20 Min = 1500 bar / Liter

40 Meter / 5 bar => 5 bar x 40 L x 10 Min = 2000 bar Liter

9 Meter / 1,9 bar => 1,9 bar x 15 L/ Min x

5 Min = 142,5 bar / Liter

6 Meter / 1,6 bar => 1,6 bar x 15 L / Min x 10 = 240 bar / Liter

3 Meter / 1,3 bar => 1,3 bar x 15 Liter / Min x 22 = 429 bar Liter

Jetzt beläuft sich die real benötigte Gasmenge auf 4311,5 Liter

Wenn der Tauchgang nach der Drittel-Regel geplant ist, steht dem Taucher ausreichend Gas zur Verfügung. Er kann den Tauchgang also sicher beenden. Doch damit wäre die Sicherheitsreserve der Drittel-Regel für einen autarken Taucher schon ausgereizt. Ein Überschreiten der geplanten Grundzeit um fünf Minuten, hätte eine Verlängerung der Dekompressionszeit um 15 Minuten zur Folge, was bedeutet würde, dass der Taucher aufgrund Gasmangels nicht alle Dekompressionsstopps durchführen könnten.

Hieraus ergibt sich zweierlei: Der Solotaucher erreicht sehr schnell Sicherheitsgrenzen, und die Drittel-Regel - wenn sie so angewandt wird wie oben beschrieben - bringt nur eine begrenzte Sicherheitsreserve. Zwar kann auch der autarke Solotaucher weitere Reserven einplanen, zum Beispiel mit einem Notfallplan für das Überschreiten der geplanten Tiefe oder der geplanten Grundzeit, und diese Überlegungen in seine Planung für die Drittel-Regelung mit einbeziehen, doch hierdurch wird die benötigte Ausrüstung, insbesondere die Flaschengröße, nochmals extrem erhöht.

Auch wenn einige Spezialisten meinen, in einem Wrack alleine besser klarzukommen - mehr Sicherheit erlangt der Taucher, wenn er sich als Teil eines Teams begreift. Auf den nächsten Seiten werden viele Argumente für die Notwendigkeit eines funktionierenden Tauchteams kommen, aber auch die Drittel-Regel liefert schlagkräftige Argumente hierfür. Zurück zum obigen Beispiel, stellt sich der Zusammenhang wie folgt dar: Ein Zweier-Team plant den Tauchgang an der Markgraf. Beide haben ein ähnliches AMV und wollen deshalb mit 12-Liter-Doppelgeräten tauchen. Die Drittel-Regel im Team wird genauso angewandt wie für einen autarken Taucher. Gehen wir jetzt vom schlimmsten Fall aus: Die Grundzeit wird um fünf Minuten überschritten, und die Dekompressionszeit erhöht sich deshalb um 15 Minuten

40 Meter / 5 bar => 5 bar x 15 L / Min x 20 Min = 1500 bar / Liter

40 Meter / 5 bar => 5 bar x 40 L x 15 Min = 3000 bar Liter

12 Meter / 2,2 bar => 2,2 bar x 15 L / Min x 1 Min = 33 bar Liter

9 Meter / 1,9 bar => 1,9 bar x 15 L/ Min x 7 Min = 199,5 bar / Liter

6 Meter / 1,6 bar => 1,6 bar x 15 L / Min x 13 Min = 312 bar Liter

3 Meter / 1,3 bar => 1,3 bar x 15 Liter / Min x 29 Min = 565,5 bar Liter

Der Taucher, der einem Problem ausgesetzt ist, benötigt also 5610 Liter. Ihm stehen allerdings nur 4800 Liter zur Verfügung. Sein Partner, der mit ihm die gleiche Grundzeit verbringt, aber nicht demselben Stress ausgesetzt ist, und somit auch nicht soviel Luft verbraucht, benötigt für den Tauchgang 3735 Liter. Seine unverbrauchte Luft deckt den Bedarf seines Tauchpartners. Beide können, selbst nach dieser Verkettung unglücklicher Umstände, alle Dekompressionsstopps absolvieren, und verlassen sicher, wenn auch mit leeren Flaschen, das Wasser.

Dieses Beispiel zeigt deutlich, dass extremes Tauchen einer intensiven Planung und theoretischen Vorbereitung bedarf. Sicherlich kann nicht jeder Ernstfall an Land durchgespielt werden, doch sollte immer der Versuch unternommen werden, mit dem Schlimmsten zu rechnen, um für den Notfall gerüstet zu sein. Kommen mehrere Tauchgase zum Einsatz, zum Beispiel bei tiefen Trimix-Tauchgängen, versteht es sich von selbst, dass jedes einzelne Gas nach der Drittel-Regel geplant werden muss.

Unterschiedliche Voraussetzungen führen also zu unterschiedlichen Überlegungen. Der Solotaucher muss seinen Tauchgang anders planen als der Taucher im Buddy-Team. Und eine Gruppe kann wiederum anders planen, wenn sie etwa mit Sicherungs-

■ Der Gasvorrat muss immer so geplant sein, dass der Weg an die Wasseroberfläche gesichert ist. Foto: Hans-Peter Schmid

tauchern arbeitet – was an dieser Stelle dringend empfohlen wird: Zumindest der Tod von Chrissy Rousse hätte vielleicht verhindert werden können, wenn ein Sicherungstaucher im Wasser gewesen wäre.

Best Mix

Ein Tauchgang sollte immer mir dem optimalen Gas durchgeführt werden, doch gibt es viele Faktoren, die sich gegenseitig beeinflussen. Eines steht jedoch von Anfang an fest: Die Kosten für ein Gas dürfen bei allen Überlegungen nur an letzter Stelle stehen. Tiefe Tauchgänge mit Pressluft sollten der Vergangenheit angehören. Das Risiko von Tiefenrausch und Sauerstoffvergiftung ist viel zu groß, und das „Taucherlebnis"

aufgrund der narkotischen Wirkung des Stickstoffs nur etwas für Alkoholiker.

Bei der Suche nach dem richtigen Gas muss der Taucher folgendes Bedenken: Der Sauerstoffanteil sollte möglichst hoch gewählt werden, der Partialdruck (pPO2) jedoch 1,6 bar nicht überschreiten. Wenn ein Tauchgang mit erhöhter Belastung geplant wird, sollte der pPO2 nicht über 1,4 bar liegen. Der Sauerstoffpartialdruck darf auch nicht unterhalb von 0,16 bar liegen, weil sonst die ausreichende Versorgung des Körpers mit Sauerstoff nicht mehr gewährleistet ist. Aufgrund der narkotischen Wirkung des Stickstoff muss auch dieser Wert beachtet werden. Allgemein gilt heute, dass der Stickstoffpartialdruck nicht über 3,95 bar liegen sollte. Das entspricht einer narkotischen Wirkung von Pressluft auf 40 Meter. Da Wracktauchen eine anstrengende Tätigkeit ist, setzen erfahrene Taucher den Stikkstoffanteil im Gas sogar auf 3,16 bar, was einer Tauchtiefe von 30 Metern beim Einsatz von Pressluft entspricht.

Wie lässt sich das optimale Tauchgas berechnen?

Bei einem Tauchgang mit Nitrox ist dies relativ einfach, denn hierbei hilft die „best-mix"-Formel. Die lautet:

fO2 = pPO2 / (D/10 + 1)
fO2 = der gesuchte Anteil Sauerstoff
pPO2 = der maximale Sauerstoffpartialdruck, in der Regel 1,4 bar
D = Tauchtiefe

Das Wrack der Thistlegorm im Roten Meer zum Beispiel liegt in einer Maximaltiefe von 31 Metern. Für den „best mix" bedeutet dies folgendes:

fO2 = 1,4 / (31/10 +1)
fO2 = 0,34

Zum Einsatz kommt also ein Atemgas mit einem Sauerstoffanteil von 34 Prozent, also ein EAN34 (Enriched Air Nitrox).

Mit Hilfe des Prinzips der äquivalenten Lufttiefe (EAD = equivalent air depth) kann man auch die narkotische Wirkung dieses Gases berechnen, was bei einem Tauchgang auf 31 Meter mit einem sauerstoffangereicherten Gemisch zwar nicht nötig, aber für tiefere Tauchgänge zwingend erforderlich und deshalb eine gute Übung ist.

Für das EAD Prinzip gilt folgende Formel:

$$EAD = (fN2 \times (D + 10) / 0{,}79) - 10$$

Für unser Beispiel gilt also folgendes:

$$EAD = (0{,}66 \times (31+10) / 0{,}79) - 10$$
$$EAD = 24{,}25$$

Von der narkotischen Seite entspricht der Tauchgang also einer Tiefe von 24,25 Metern. Ein weiterer Vorteil des EAD-Prinzips ist die Möglichkeit der Tauchgangsplanung anhand von Standard-Luft-Tabellen.

Für den Tauchgang an der Thistlegorm steht dem Taucher also eine Nullzeit von 29 Minuten zur Verfügung. Nicht wenig, wenn man bedenkt, dass der gleiche Tauchgang mit Luft schon nach 14 Minuten zu Ende wäre.

Die Dekompressionsplanung nach dem EAD-Prinzip funktioniert allerdings nur bei Nitroxtauchgängen. Kommt Helium ins Spiel, wird die narkotische Wirkung immer noch nach diesem Prinzip berechnet. Eine Dekompressionsplanung nach diesem Prinzip ist dann allerdings nicht mehr möglich. Es ist also besser in diesem Zusammenhang, von END („equivalent narcosis depth" oder „equivalent nitrogen depth") zu sprechen.

Wer einen Tauchgang jenseits der 40-Meter-Marke plant, muss, wenn die Grund-

■ Je tiefer ein Wrack liegt, desto umfangreicher und präziser muss die Vorbereitung sein. Wrack der USS Anderson im Bikini Atoll. Foto: Hans-Peter Schmid

regeln berücksichtigt werden (pPO2 < 1,6 / pPN2 < 3,95), ein drittes Gas zum Einsatz bringen: Helium.

Helium hat in der Tiefe weder die giftige Wirkung von Sauerstoff noch die narkotische Wirkung von Stickstoff. Folglich sollte ein Atemgemisch aus Sauerstoff und Helium, also Heliox, das ideale Gas für Tauchgänge jenseits der 40 Meter Marke sein. Leider hat auch das Helium Nachteile, die es zu bedenken gilt.

Bei Tauchgängen jenseits der 100 Meter Marke kann es zudem zum so genannten HPNS-Syndrom kommen, einer Nervüberreizung, die zu Zittern und Krämpfen führen kann. Das HPNS-Syndrom hat ursächlich nichts mit dem Helium zu tun, sondern mit dem Druck, der auf dem Körper lastet.

Stickstoff allerdings wirkt der Überreizung der Nerven durch seine narkotische Wirkung entgegen. Auch die Dekompressionszeiten sind bei einem Gemisch aus Helium und Sauerstoff erheblich länger, als beim Einsatz anderer Gase. Zu guter Letzt: Helium ist ein ausgesprochen teures Gas ist und treibt die Kosten für Tauchgänge in die Höhe.

Aufgrund der aufgeführten Nachteile ist das gängigste Atemgemisch für Tieftauchgänge eine Mischung aus Sauerstoff, Helium und Stickstoff, also ein Trimix.

Zurück in die Praxis. Ein Tauchgang zum Wrack der Hampshire führt den Taucher in eine Tiefe von 80 Metern. Zunächst einmal muss der Sauerstoffanteil bestimmt werden und hierfür greift natürlich wiederum die „best-mix"-Formel:

$fO2 = pPO2 / (D/10 + 1)$
$fO2 = 1,4 / (80/10+1)$
$fO2 = 0,15$

Der Sauerstoffanteil im Gas darf also nicht mehr als 15 % betragen.

Wer in 80 Meter Tiefe ins Wrack eindringen will, sollte einen möglichst klaren Kopf haben. Anders ausgedrückt: Die narkotische Wirkung des Atemgemisches muss möglichst gering sein. Deshalb arbeiten wir in diesem Beispiel mit einer END von 30 Metern.

Zur Berechnung des Stickstoffanteils benötigen wir folgende Formel

$fN2 = ((END+10)x0.79) / (D+10)$
$fn2 = (40+10)x0.79) / (80+10)$
$fN2 = 0,43$

Somit ergibt sich ein Trimix mit folgenden Bestandteilen:

15 % O2 / 42 % He / 43 % N2

Dies ist das optimale Gas für den Tauchgang.

Dekompressions-planung

Für Wracktauchgänge jenseits der klassischen Sporttauchgrenze gilt: Gute Planung garantiert das Überleben. Wer sich unvorbereitet auf ein solches Abenteurer einlässt, riskiert alles. Neben der Gasplanung ist die Dekompressionsplanung ein weiterer wichtiger Faktor.

Zum Glück gibt es mittlerweile ein Vielzahl an Computer-Software, die das Taucherleben leichter macht. Viele dieser Programme sind in der Lage, neben einer detaillierten Dekompressionsplanung Gasart, Gasmenge, CNS- und OTU-Werte und noch etliches mehr zu berechnen. Kurzum, diese Programme gehören heute um Handwerkszeug eines technischen Tauchers. Hinzu kommt, dass professionelle Programme, wie zum Beispiel die Abyss-Software, sehr viel Spielraum für individuelle, bzw. Tauchgangsspezifische Faktoren lassen. So kann unter anderem mit unterschiedlichsten pPO2-Werten, Wassertemperaturen oder Belastungsgrenzen geplant und kalkuliert werden.

Run-Time-Tabellen, Tauchgangs-Tabellen zum Mitführen also, werden in der Regel auf speziellen Haltern befestigt. Wird mit Tabellen gearbeitet kommen meist so genannte Bottom Timer zum Einsatz, die nur in der Lage sind, Tauchtiefe und Tauchzeit zu messen. Natürlich wird auch hierbei der Redundanzgedanke berücksichtigt, das heißt: Es werden auf jedenfall zwei Geräte dieser Art eingesetzt. Inzwischen sind jedoch auch die ersten trimix-tauglichen Tauchcomputer erhältlich. Diese Computer bieten dem Taucher eine höhere Flexibilität und damit auch mehr Sicherheit. Denn im Falle des Überschreitens von geplanten Tiefen und Zeitgrenzen würde der Computer seine Berechnung der jeweiligen Situation anpassen und somit immer aktuelle Dekompressionszeiten anzeigen. Sicherlich ein wünschenswerter Vorteil. Doch wie gesagt, Tauchgänge dieser Art sind von vielen Faktoren abhängig, und die Dekompressionsplanung ist nur eine davon. Die Gasplanung ist, wie beschrieben, ein weiterer wichtiger Faktor. Und trotz Sicherheitsreserven bietet der Gasvorrat keine unendliche Flexibilität. Egal, was die Zukunft bringt: Technische Tauchgänge bedürfen einer exakten Vorab-Planung, und nur ein echter Notfall sollte ein Grund sein, unter Wasser von dieser Planung abzuweichen. Es versteht sich nahezu von selbst, dass

auch beim Einsatz von Bottom Timern der Taucher über Notfallpläne verfügen sollte. Weitere Run-Time-Tabellen, die in ihrer Planung sowohl eine größere Tauchtiefe als auch eine längere Tauchzeit berücksichtigen, ermöglichen im Notfall eine angemessene Reaktion. Planungen in Fünfer-Schritten, also jeweils fünf Meter tiefer bzw. fünf Minuten länger, bieten sich hierfür an. Dabei sollte kontrolliert werden, ob die Gaslogistik auch für den extremsten Fall, also maximale Tiefe und maximale Zeit, ausreicht. Ob die Drittel-Regel dann auch für diesen Tauchgang zu Grunde ge-legt wird, bleibt dem Taucher und seinem individuellen Sicherheitsbedürfnis überlassen. Auf alle Fälle muss die absolute Gasmenge ausreichend sein, so dass der Tauchgang im Notfall auch ohne fremde Hilfe sicher beendet werden kann.

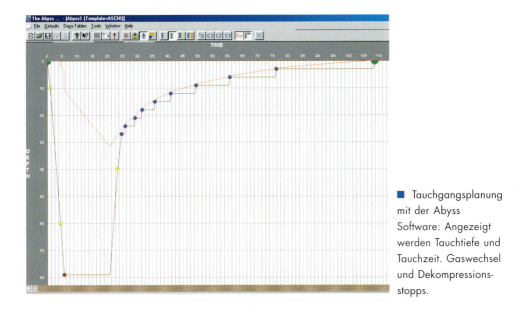

■ Tauchgangsplanung mit der Abyss Software: Angezeigt werden Tauchtiefe und Tauchzeit. Gaswechsel und Dekompressionsstopps.

```
Abyss, Advanced Dive Planning Software
Tabelle für: Bernd Aspacher on May 28, 2002
Höhe 0 m, Abyss 150 Algorithmus
Profile DEDERICH.DPD [Template=ASPACHER]
J-Faktoren Tiefe=0%, Grundzeit=0% O=0%, N=0%, He=0%, Ne=0%, H=0%, Ar=0%
```

Tiefe (m)	Zeit bei	Gesamt Zeit	Gas & Prozent	Volumen (litres)	Status
0	0.0	0.0	O15.0%,N40.0%,He45.0%	394.72	Oberfläche
79	15.0	20.3	O15.0%,N40.0%,He45.0%	2234.90	Eingegeben
50	0.0	22.2	O15.0%,N40.0%,He45.0%	150.92	Änderung Geschwindigkeit
30	2.0	26.0	O15.0%,N40.0%,He45.0%	138.23	DEKO
27	2.0	28.3	O15.0%,N40.0%,He45.0%	127.83	DEKO
24	4.0	32.6	O15.0%,N40.0%,He45.0%	220.14	DEKO
21	0.0	32.9	O50.0%,N50.0%,	0.00	Gaswechsel
21	2.0	34.9	O50.0%,N50.0%,	107.04	DEKO
18	3.0	38.2	O50.0%,N50.0%,	138.96	DEKO
15	5.0	43.5	O50.0%,N50.0%,	199.64	DEKO
12	7.0	50.8	O50.0%,N50.0%,	242.24	DEKO
9	11.0	62.1	O50.0%,N50.0%,	324.28	DEKO
6	0.0	62.4	O100.0%,	-0.00	Gaswechsel
6	0.0	62.4	O100.0%,	0.00	Änderung Geschwindigkeit
6	13.0	75.4	O100.0%,	326.08	DEKO
3	31.0	106.9	O100.0%,	619.99	DEKO
0	0.3	107.7	O15.0%,N40.0%,He45.0%	3.80	Oberfläche

DEKO Stops.

Tiefe (m)	Zeit bei	Gesamt Zeit	Gas & Prozent	Volumen (litres)	Status
30	2.0	26.0	O15.0%,N40.0%,He45.0%	138.23	DEKO
27	2.0	28.3	O15.0%,N40.0%,He45.0%	127.83	DEKO
24	4.0	32.6	O15.0%,N40.0%,He45.0%	220.14	DEKO
21	2.0	34.9	O50.0%, N50.0% 107.04		DEKO
18	3.0	38.2	O50.0%, N50.0% 138.96		DEKO
15	5.0	43.5	O50.0%, N50.0% 199.64		DEKO
12	7.0	50.8	O50.0%, N50.0% 242.24		DEKO
9	11.0	62.1	O50.0%, N50.0% 324.28		DEKO
6	13.0	75.4	O100.0% 326.08		DEKO
3	31.0	106.9	O100.0% 619.99		DEKO

```
Gesamtgasverbrauch        5228.77 (litres)
Benötigte Reserve         Drittel
Gesamtreserve                                2614.46 (litres)
Gas erforderlich                             7843.23 (litres)

Gas gesamt
O15.0%,N40.0%,He45.0%     3270.54 (liter) + 1635.32 (liter) Reserve
O50.0%,N50.0%             1012.16 (liter) +  506.09 (liter) Reserve
O100.0%                    946.07 (liter) +  473.05 (liter) Reserve
                          5228.77 (liter) + 2614.46 (liter)
```

ÜBERBLICK

Gesamtzeit	108 Minuten	Deko-Zeit	80 Minuten
CNS Uhr	75.47%	OTUs	137.14
Max PPO2	1.64 (bar)	Min PPO2	0.15 (bar)
Max END	38.99 (m)	Max Aufwand	Ruhe
RMV	15.00 (liter/Min	Max Tiefe	79.14 (m)
Gasverbrauch	5228.77 (liter)		

■ Eine Tauchtabelle erstellt mit der Abyss Software. Somit
stehen dem Taucher alle wichtigen Daten zur Verfügung.

■ Propeller der Nagato im Bikini Atoll. Foto: Hans-Peter Schmid

In die ewige Nacht: Der Einstieg

Das Hineintauchen in ein Wrack, die so genannte Penetration, ist Abenteuer pur. In jeder Ecke eines versunkenen Schiffes kann der Taucher neue Entdeckungen machen, seien es Tiere, die im Wrack eine neue Heimat gefunden haben, oder Gegenstände, die etwas über das Wrack, seinen Untergang, oder über die Menschen an Bord erzählen. Selbst erforschte und häufig heimgesuchte Wracks bieten immer wieder neue Perspektiven. Der Reiz, Unentdecktes zu erforschen, ist vielleicht das, was das Wracktauchen ausmacht.

Doch egal, wie groß die Neugier ist, ein Taucher sollte nie unüberlegt oder unvorbereitet in ein Wrack eindringen. Mit dem Einstieg überschreitet ein Taucher die Grenze des herkömmlichen Sporttauchens. Der Taucher bewegt sich in einem „Overhead Environment", einer Umgebung also, die er im Notfall nicht sofort verlassen kann. Der direkte Weg zur Oberfläche ist versperrt.

Die Gefahren beim Wracktauchen sind vielfältig, und der Taucher sollte sich im Vorfeld mit ihnen auseinandersetzen – um notwendige Sicherheitsmaßnahmen treffen zu können.

Ein Wrack ist ein künstlicher, von Menschen geschaffener Korpus, der einer Konstruktionslogik folgt, und dessen Aufbau Tauchern vertraut sein sollte. Trotzdem kann die Orientierung in einem Wrack ausgesprochen schwierig sein. Viele versunkene Schiffe liegen schon Jahrzehnte unter Wasser, die Natur hat längst Besitz von ihnen ergriffen und das menschliche Bauwerk verändert. Bewuchs und Verfall können die Orientierung zum Problem machen. Hinzu kommt, dass viele Schiffe auf der Seite oder kieloben auf dem Meeresgrund ruhen. „Natürliche" Orientierungspunkte, wie zum Beispiel Treppen oder Türen, geben der menschlichen Psyche Anhaltspunkte – die dann aber aus den Fugen geraten, was die Orientierung erschwert. Das gleiche gilt für Verformungen, die nahezu jedes Schiff während seines Untergangs erfahren hat. Es kann vorkommen, dass hierdurch neue Wege entstanden sind, die ursprünglich keine waren, und Gänge, die einst zu einem Ausgang führten, nun versperrt sind.

Oft ist auch mangelnde Sicht der Grund für einen Orientierungsverlust im Wrack. Umgebungslicht dringt selten in ein Wrack ein - es sei denn man betaucht ein Schiff, dessen Rumpf löchrig ist wie ein Schweizer Käse. Der Taucher muss sich also auf sein künstliches Licht verlassen können. Aber im Laufe der Jahrzehnte lagern sich Sedimentschichten, Dreck und Sand, überall im Wrack ab, und der Taucher bewegt sich in einem engen Raum. Durch die Bewegung der Flossen, schlechte Tarierung oder auch durch die eigene Ausatemluft, können Sedimentschichten aufgewirbelt werden – was die Sicht innerhalb von Sekunden auf Null reduziert.

Wenn keine Sicht mehr vorhanden ist, ist ein kontaktloses dahinschweben nicht mehr möglich. Obwohl moderne Tauchausrüstungen robust und strapazierfähig sind, kann es durch scharfkantige Wrackteile zu Beschädigungen kommen, die dramatisch sind, wenn zum Beispiel das Jacket oder der Trockentauchanzug betroffen sind. Daneben

■ Torpedos auf dem Deck der USS Saratoga. Foto: Hans-Peter Schmid

drohen in den meisten Wracks auch Gefahren durch Leinen, Leitungen, Kabel und verbogene Metallteile, in denen der Taucher sich leicht verfangen oder verheddern kann.

Auch kann es vorkommen, dass durch Bewegungen des Tauchers Gegenstände ihre Position verändern, zum Beispiel Luken die plötzlich zufallen – wodurch der Weg zurück auf einmal versperrt ist.

Diese Gefahren sollten jedem Taucher bewusst sein, bevor er sich auf das Abenteuer Wrackpenetration einlässt. Ansonsten

kann aus der Freizeitbeschäftigung Wracktauchen, ein dramatisches, vielleicht sogar tödliches Erlebnis werden. Eine gut gepflegte und der Aktivität angepasste Tauchausrüstung ist die Grundvoraussetzung für einen sicheren Einstieg (vergleiche Kapitel zwei). Doch eine gute Ausrüstung ist nicht alles.

Wie gesagt, die Orientierung in einem Wrack ist nicht einfach, aber doch zwingend notwendig, um ein Schiff wieder sicher verlassen zu können. Auch in diesem Punkt

■ Orientierung ist im Inneren eines Wracks lebenswichtig. Foto: Hans-Peter Schmid

kann eine detaillierte Planung von Nutzen sein. Für die meisten bekannten Wracks und Wracktauchgebiete gibt es Tauchführer, die anhand von Fotos und Grafiken Lage und Besonderheiten der Schiffe detailliert beschreiben. Auch Konstruktionspläne, die gelegentlich von Werften zu beziehen sind, sind hilfreich. Wenn schon vor dem Einstieg ins Wasser der Tauchgang geistig durchge-

spielt wurde, fällt die Orientierung im Wrack nachher umso leichter.

Die beste Möglichkeit, sich vor Orientierungsverlust zu schützen, ist das Verlegen einer Sicherungsleine. Höhlentauchgänge ohne Sicherungsleinen sind unvorstellbar, und gleiches sollte auch für Wrackpenetrationen gelten. Die Vorgehensweise ist einfach: An der Einstiegsstelle wird die Leine

■ Manche Wracks sind aufgrund ihres Zustandes leicht
von innen zu betauchen. Foto: Hans-Peter Schmid

an zwei voneinander unabhängigen Punkten
befestigt. Sollte sich das Seil an einer Stelle
lösen, ist dann immer noch gewährleistet,
dass der Rückweg markiert ist. Der Taucher
muss unbedingt darauf achten, dass die
Leine „frei" liegt, sie sich also nicht an
einem Wrackteil durchscheuern kann. Allerdings sollte das Sicherungsseil so verlegt
sein, dass der Taucher oder sein Partner sich
nicht darin verfängt. Bei jedem Raumwech-
sel sollte ein neuer Fixpunkt gewählt werden, denn so führt das Reißen einer Leine
nicht zu ihrem völligen Verlust. Der führende Taucher verlegt die Leine, sein Buddy
folgt ihm – die Hand stets an der Leine.
Größere Teams mit mehr als zwei Personen
können sich im Wrack gegenseitig behindern, abhängig vom zu betauchenden Ob-
jekt ist dies mitunter gefährlich. Ist der Um-
kehrpunkt erreicht, übernimmt der führende

Taucher das Aufrollen der Leine, ist also jetzt „letzter Mann."

Das Arbeiten mit einer Leine bietet ein hohes Maß an Sicherheit, auf ihren Einsatz sollte auf keinen Fall verzichtet werden – obwohl dies immer noch von Unbelehrbaren empfohlen wird. Richtig allerdings ist: Wer sich nur auf seine Leine verlässt, kann ein Problem bekommen. Nämlich dann, wenn der Weg zurück, aus welchem Grund auch immer versperrt ist. Oder wenn die Leine verloren geht, weil sie sich zum Beispiel an einem Wrackteil durchgerieben hat. Der Taucher muss versuchen, wie bei jedem normalen Tauchgang auch, sich markante Punkte einzuprägen, vor allen dann, wenn an solchen Stellen Richtungswechsel vorgenommen werden. Ein Tauchgang muss also bewusst, das heißt mit voller Konzentration erfolgen. Wer gemütlich dahinschweben möchte und Entspannung sucht, sollte nicht in ein Wrack eindringen. Wrackpenetrationen sind spannend, selten entspannend.

Ein Verlust der Sicht erhöht das Risiko eines Wracktauchgangs immens. Ohne Sicht ist es ausgesprochen schwer, den Weg zurück zu finden. Sollte dann auch noch die Leine verloren gehen, ist Panik zu erwarten. Um das zu vermeiden, muss sich der Taucher um eine perfekte Tarierung bemühen. Des weiteren sollte er sich langsam im Wrack bewegen, Schritt für Schritt vorgehen und hektische Bewegungen vermeiden. Auch die Flossentechnik sollte dem Tauchen im Wrack angepasst sein. Die übliche Flossenschlagtechnik bringt den Taucher zwar am schnellsten voran, aber Geschwindigkeit spielt im Wrack eine nebensächliche, wenn nicht nachteilige Rolle. Das Problem bei der herkömmlichen Flossentechnik

liegt darin, dass durch das nach unten gedrückte Wasser Sediment aufgewirbelt wird, oder es sogar zu direktem Kontakt zwischen Flossen und Boden kommen kann. Besser geeignet ist der so genannte Frog Kick, der ziemlich exakt dem Beinschlag beim Brustschwimmen entspricht. Dieser Schwimmstil erfordert jedoch gewisses Training, damit er effizient und über einen längeren Zeitraum angewandt werden kann.

Das Verfangen oder Hängenbleiben gehört zu den gefährlichsten Situationen, die während eines Wracktauchgangs auftreten können. Der Taucher gerät dann schnell in Panik - was er aber unbedingt vermeiden sollte, um sein Problem überhaupt noch lösen zu können. Oberste Priorität ist es also, Ruhe zu bewahren. Sich notfalls dazu zu zwingen. Der Betroffene sollte sich zunächst auf die eigene Atmung konzentrieren. Mehrfaches tiefes und bewusstes Durchatmen führt meist dazu, dass Körper und Geist sich beruhigen. Danach sollte die Situation analysiert und mögliche Wege hinaus überlegt werden. Keinesfalls darf der Taucher intuitiv und spontan handeln. Ein nicht durchdachter Versuch, der scheitert, wird die Situation deutlich verschlimmern. „Stoppe! Denke! Handle!" So lautet das Schema, nach dem vorgegangen werden sollte. Grundsätzlich sind heftige Bewegungen zu vermeiden, bevor der Taucher nicht weiß, worin er sich verfangen hat. Hierbei kann der Tauchpartner helfen. Ihm fällt es deutlich leichter, die Situation zu überschauen und die richtigen Schritte einzuleiten, da er in der Regel deutlich mehr sieht als der unmittelbar Betroffene. Die Vorgehensweise hängt natürlich immer von der jeweiligen Situation ab, und Wracks bieten nahezu unzählige Möglichkeiten sich zu verfangen. Auch außen: Nicht selten haben sich Fischernetze an Wracks verfangen, die für Taucher zu Fallen werden können.

Sicher zurück

Es ist also nicht nur das Eindringen in ein Wrack, welches mit Risiken verbunden ist. Viele andere Faktoren bestimmen die Art und Weise, wie ein Wrack zu betauchen ist. Tiefe, Strömungen und Wellengang. All dies sind Umstände, die bedacht werden sollen. Schließlich geht es nicht nur darum, wieder sicher aus einem Wrack herauszukommen, sondern gesund auf das Tauchboot zurück zu gelangen. Tiefe Wracktauchgänge in rauem Gewässer sind nur im Rahmen eines gut aufeinander eingespielten und trainierten Teams sicher durchzuführen. Zwar wurden viele Wracks, auch weit jenseits der klassischen Sporttauchgrenze, zu zweit oder sogar alleine betaucht - doch nicht nur die Rousses wären wahrscheinlich noch am Leben, wenn sie den Tauchgang nicht alleine, sondern mit Hilfe eines größeren Teams absolviert hätten. Einzelne können dabei Aufgaben übernehmen, die alle dem einem Ziel dienen: den Tauchgang für alle Beteiligten so sicher wie möglich zu machen.

Nachfolgend der mögliche Ablauf eines Wracktauchgangs unter erschwerten Bedingungen. Das Wrack liegt auf 100 Meter Tiefe vor der irischen Küste. Starke Gezeitenströmungen kommen erschwerend hinzu. Das Wetter wechselt oft und schnell. Wirklich ruhig ist das Meer selten, Wellen zwischen ein und drei Meter sind die Regel.

■ Tiefer gelegene Wracks sind oft noch nicht geplündert. Foto: Fiedler

Neben der üblichen Planung muss bei diesem Tauchgang eine präzise Zeitplanung erfolgen. Denn der einzige Zeitpunkt, das Wrack betauchen zu können, liegt im Gezeitenfenster, also im Strömungsstillstand zwischen Ebbe und Flut. Es ist bei solchen Tauchgängen immer ratsam, mit ortsansässigen Tauchern und Fischern zusammenzuarbeiten, denn diese sind mit den Verhältnissen vertraut und kennen in der Regel die

■ Sichere Dekompression am Rigg. Foto: Hans-Peter Schmid

Positionen der interessantesten Wracks. Eine Gezeitentabelle gehört zu ihrem Handwerk, aber natürlich sollte auch ein ambitionierter Taucher in der Lage sein, diese zu lesen. In Küstenregionen befinden sich Gezeitentabellen oft in den lokalen Tageszeitungen, es ist also nicht schwierig an die gewünschte Information zu gelangen.

Sobald die Position des Wracks erreicht ist, wird die Shot Line gesetzt, die Abstiegsleine also. Ein erfahrener Kapitän ist in der Lage, ein Abstiegsseil genau auf dem Wrack zu platzieren - wenn es sich um ein großes Wrack handelt, sogar auf eine gewünschte Position. Das Shot sollte am Ende eine weitere, stabile Befestigungsmöglichkeit besitzen, womit es gesichert werden kann, am besten eine Kette samt Schekel. Die Sicherung übernimmt das erste Tieftauchteam. Außerdem kontrollieren die ersten beiden Taucher, ob das Shot in der gewünschten Position liegt. Sollte dies nicht der Fall sein, muss die Lage wenn möglich korrigiert werden. Dann wird das Abstiegsseil gesichert und eine Signalboje an die Oberfläche geschickt, das Abtauchsignal für das zweite Team. Zeit ist bei solchen Tauchgängen ein wichtiger Faktor. Nicht nur das Gezeitenfenster stellt eine massive Einschränkung dar, auch die Grundzeiten in solchen Tiefen sind beschränkt. Schon bei einer 25-minütigen Grundzeit liegt die Gesamttauchzeit bei bis zu drei Stunden. Es wäre daher unsinnig, dem eigentlich Wracktauchteam auch noch die Aufgabe der Positionierung und Sicherung des Shots zu übergeben.

Auf 100 Meter gibt es, wenn überhaupt, nur wenig Tageslicht. Zwar ist die Orientierung an Wracks oft relativ einfach, doch ist das Wiederauffinden der Shotline von enormer Bedeutung. Denn die Leine führt die Taucher auch wieder an die Wasseroberfläche. Deshalb sollte bei schlechter Sicht ein Führungsseil zwischen Shot und Einstiegsstelle ins Wrack gelegt werden. Manchem mag dies als übertriebene Vorsicht erscheinen, doch im Falle einer echten Notsituation können wertvolle Minuten gewonnen werden, weil niemand nach dem Aufstiegsseil suchen muss. Es sollte immer versucht werden, zum Shot zurückzukehren und daran aufzutauchen. Ein freier Aufstieg aus dieser Tiefe sollte immer nur als allerletzte Möglichkeit erwogen werden.

Das Tieftauchteam sollte das Gas für den gesamten Tauchgang, also einschließlich der Dekompression ständig mit sich führen. Zwar hindern die Flaschen beim Eindringen ins Wrack und machen das Durchtauchen enger Passagen schwierig, manchmal sogar unmöglich - doch nicht zwangsläufig müssen Ein- und Ausstiegspunkt identisch sein. Bei einer Verkettung unglücklicher Umstände ist es möglich, dass Taucher nicht mehr in der Lage sind, abgelegte Flaschen zu erreichen. Auch hierfür ist der Tauchgang der Rousses ein trauriges Beispiel.

Sollte der Tauchgang ohne Zwischenfälle verlaufen, kehrt das Tieftauchteam genau in der geplanten Zeit zum Shot zurück und beginnt mit dem Aufstieg. Die Tiefenstopps können, da sie nur kurz sind und die Taucher sich gegenseitig nicht behindern, problemlos am Shot durchgeführt werden. An der Position des ersten Gaswechsels wartet ein Sicherheitstaucher, ausgestattet mit einer Reserveflasche, die das Gas enthält, auf welches die Taucher an dieser Stelle wechseln müssen. Dieser Safety Diver übernimmt mehrere Aufgaben: Er führt die Gas-Sicherheitsreserve mit sich. Darüber hinaus ist er aber auch Bindeglied zwischen den Tauchern und dem Boot, denn der Safety Diver kann, da er nicht dekompressionspflichtig ist, jederzeit auftauchen. Somit wird im Notfall wertvolle Zeit gewonnen, Rettungsmaßnahmen können früh eingeleitet werden. Es ist, wenn mit mehreren Tieftauchteams gearbeitet wird, auch Aufgabe des Sicherheitstauchers zu kontrollieren, ob alle Taucher wieder zurückgekehrt sind. Haben alle ihn passiert, löst der Sicherungstaucher die Verbindungsleine zwischen dem Floating Deko und der Shot Line. Ein Floating Deko, ein an Bojen befestigtes Trapez, erleichtert die lange Dekompressionsphase ungemein. Je nach Planung werden die Stopps ab 18 Meter Tiefe aufwärts immer länger, und je mehr Taucher im Wasser sind, desto enger wird es am Aufstiegsseil. Natürlich könnten die Taucher frei an einer selbst gesetzten Leine dekomprimieren, doch diese Vorgehensweise ist vor allen Dingen bei größeren Gruppen, starken Strömungen und möglicherweise noch starkem Wellengang ausgesprochen risikoreich. Das Floating Deko ist über ein Seil mit der Shot Line verbunden. Die Tieftaucher müssen also nur dieser Führungsleine folgen, um ihre Deko-Station zu erreichen. Das Floating Deko sieht aus wie eine überdimensionale Strikkleiter. Die Verbindungsstangen werden durch stabile Seile gehalten, und große Bojen halten die gesamte Station auf Position. Zwischen der letzten Dekostange, in rauem Gewässern meist auf sechs Metern, werden zwischen Seil und Boje starke, aber dennoch elastische Gummibänder eingesetzt. Auf diese Weise wird verhindert, dass die Schläge der Wellen sich durch die gesamte Deko-Station fortsetzen und die Taucher durchschütteln. Eine Art Stoßdämpfer also. Das Floating Deko, und daher auch der Name, treibt frei im Wasser. Zumindest am Schluss, wenn der Sicherungstaucher die Verbindungsleine zwischen Shot und Deko Station löst. Dies behebt das Problem der starken Gezeitenströmung, weil die Taucher mit der Strömung treiben. Auch das Tauchboot kann sich treiben lassen und folgt dem aufgrund der großen Bojen leicht zu erkennenden Floating Deko. Weiterer Vorteil: Alle Taucher sind an einem Platz und nicht über das offene Meer verteilt – so kann keiner verloren gehen. Die Vorteile dieser Vorgehensweise sind offensichtlich, trotzdem

sollte jeder Taucher in der Lage sein, eine Freiwasser-Dekompression mit selbst gesetzter Leine durchzuführen. Das beherrschen dieser Technik ist unabdingbar für den Fall, dass er gezwungen wird, ohne Hilfe der Shot Line zur Wasseroberfläche zurückzukehren. In der Praxis hat es sich bewährt, sowohl einen roten wie auch einen gelben Hebesack mit ausreichend Kapazität einzusetzen. 25 Kilogramm sollten das Minimum sein, um eine ausreichende Stabilität an der Wasseroberfläche zu gewährleisten. Wenn die rote Boje zum Einsatz kommt, signalisiert dies der Oberflächencrew, dass alles in Ordnung ist und der Taucher sich in der Dekompressionsphase befindet. Wird hingegen die gelbe Boje gesetzt, liegt ein Problem vor. Dann sollte schleunigst ein Sicherheitstaucher ins Wasser gehen und feststellen ,mit welchen Schwierigkeiten der Taucher zu kämpfen hat. Eines sollte jedem klar sein: Ein Restrisiko bleibt immer. Tauchgänge dieser Art sind keine Spaziergänge. Sie erfordern intensive Ausbildung, umfangreiches Training, eine Ausrüstung im Wert eines gebrauchten Kleinwagens und eine sportliche Konstitution. Und bei perfekter Planung ist das Risiko kalkulierbar.

Wie lerne ich Wracktauchen? Ausbildung und Training

Eine perfekte Ausrüstung macht noch keinen guten Taucher. Am Anfang steht immer eine fundierte Ausbildung. Und diese sollte dem Niveau des geplanten Wracktauchgangs entsprechen. Doch was ist eine fundierte Ausbildung, und wo kann diese ab-

■ Taucher am Deckgeschütz der USS Gilliam im Bikini-Atoll. Foto: Hans-Peter Schmid

solviert werden? Nahezu alle Tauchschulen bieten Spezialkurse Wracktauchen an. Aber die Ausbildungsrichtlinien sind von Verband zu Verband unterschiedlich. Es bietet sich also zunächst einmal an, sich über die Richtlinien des jeweiligen Verbandes zu informieren.

Padi ist weltweit der größte Ausbildungsverband und bietet einen „Wreck Diver Specialty Course" an. Um an einem solchen teilnehmen zu dürfen, muss der Taucher ein brevetierter Padi Adventure Diver sein (oder eine Äquivalenz zum Padi Advanced Open Water Diver besitzen) sowie das 15. Le-

■ Nahezu alle Tauchverbände haben einen „Wrack-Kurs" im Programm. Bei Padi nennt er sich „Wreck diver specialty course"

bensjahr erreicht haben. Der Kurs ist konzipiert worden, dem Taucher Planung, Organisation, Prozeduren, Techniken und Gefahren des Wracktauchens beizubringen. Theoretische und praktische Lektionen reichen von der Vorbereitung und Benutzung der Lampen, über Luftversorgung, spezielles Material, Leinen und Reels. Es werden auch

■ Tiefe Wracktauchgänge erfordern ein vielfaches an Kenntnissen und Fertigkeiten TDi gehört zu den bekanntesten technischen Ausbildungsverbänden und bietet ein umfangreiches Ausbildungsprogramm

Abläufe und Besonderheiten der jeweiligen Tauchumgebung diskutiert. Außerdem stehen Notfall-Prozeduren auf dem Programm, um mit verminderter Sicht und oder plötzlich auftretender Strömung fertig werden zu können. Das Lehrmaterial ist wie bei allen Padi Kursen umfassend. Neben einem Lehrbuch gibt es ein Video, das sich auch erfahrene Wracktaucher mit Gewinn anschauen können. Der praktische Teils des Kurses umfasst vier Freiwasser-Tauchgänge: Der erste Tauchgang dient dazu, den Schüler ans Wrack zu gewöhnen und sich richtig am Wrack zu orientieren. Während des zweiten Tauchgangs werden die Fertigkeiten ausgebaut, indem der Schüler eine Karte des Wracks zeichnet und eine Stelle sucht, wo man eventuell in das Wrack eindringen könnte. Beim dritten Tauchgang befinden sich die Schüler immer noch außerhalb des Wracks, planen und simulieren jedoch schon den Einstieg. Erst im Abschlusstauchgang steigen die Taucher ins Wrack ein, wobei maximal zwei Schüler zur selben Zeit im Inneren sind. Der Tauchlehrer überwacht die Szene.

Dieser Kurs sollte nicht mit Technical Wreck Diving Kursen verglichen werden, welche hauptsächlich dazu konzipiert wurden, um das Tauchen in geschlossenen Wracks zu lernen, ähnlich wie Höhlentauchen.

Vergleichbar ist das Programm der Kurse, die der Kieler Wrackspezialist Joachim Warner und sein Verein „Fördetaucher" anbieten. Die Ostsee ist ihr Revier. Warner leitet Wrackkurse nach den Richtlinie des VIST (Verband Internationaler Sporttaucher). Das Programm umfasst vier Tauchgänge, je zwei an zwei verschiedenen

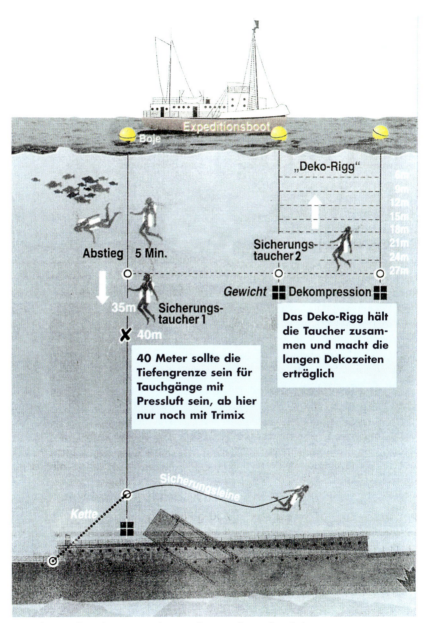

Tiefe Wracktauchgänge sind Teamarbeit. Und grundsätzlich
gilt: Je besser die Planung, desto sicherer der Tauchgang.

Wracks – etwa der Inger Klit oder der Sten Trans:

1. Tauchgang: Am Wrack orientieren - wo ist die Boje, der Anker, wo das Grundgewicht? Gefahrenpunkte sollen erkannt werden.

2. Tauchgang: Das Wrack wird komplett umrundet. Hinterher sollen die Schüler eine möglichst detailgenaue Zeichnung anfertigen. Warner: „Dabei kommt alles mögliche raus".

3. Tauchgang: Jeder Schüler muss eine Gruppe ums Wrack herum führen.

4. Tauchgang: Die Leinenhandhabung wird geübt. Schließlich steht das Eindringen auf dem Programm.

Wer den Rahmen der normalen Sporttaucherei verlassen möchte, sollte sich bei den Technischen Tauchverbänden informieren. PATD (Professional Accosiation for Technical Diving) hat zum Beispiel den „Technical Wreck Diver" im Programm, einen Kurs, der sich speziell an den Bedürfnissen des ambitionierten Tauchers orientiert. Aufgrund des hohen Anforderungsprofils sind die Kursorausetzungen hoch. Neben einem Fortgeschrittenen Brevet (Advanced Open Water oder ein verleichbarer Abschluss) sind Wracktauch- und Technical Nitrox Grundkenntnisse zwingend erforderlich. 75 Tauchgänge werden als Minimum angesehen. Die Tiefengrenze liegt auch beim PATD Kurs bei 40 Metern, doch gehören sowohl Dekompressionstauchgänge, als auch tiefes Eindringen zum Kursprogramm. Das Ausbildungsprogramm beinhaltet sechs Tauchgänge, von denen vier ins Wrack hineinführen. Die Übungen sind den entsprechenden Erfordernissen angepasst. Leinen und Sicherheitsübungen

stehen im Mittelpunkt. Der Taucher lernt und übt Sicherheitsprozeduren, die ihn auf die Gefahren des Wracktauchens vorbereiten.

Um Wracks zu betauchen, die jenseits der 40 Meter Grenze liegen, bedarf es viele weiter Kenntnisse, die nicht in direkter Verbindung zum Wracktauchen stehen. Die nachstehende Kursbeschreibung informiert über den mitunter langen Weg, der aber nötig ist um sichere Tauchgänge in extreme Tiefen durchzuführen. TDI (Technical Diving International) wurde 1994 von Bret Gilliam und Mitch Skaggs gegründet und gehört seit Jahren zu den besten Ausbildungsorganisationen im technischen Tauchbereich. Das Kursprogramm bedient alle Bereiche des technischen Tauchens und wurde in der Vergangenheit immer wieder an den neuesten Entwicklungen und Erkenntnisse angepasst.

Nitrox Diver

Der Kurs beschäftigt sich mit den Einsatz sauerstoffangereicherter Luft. Die Vor- und Nachteile von Gasgemischen mit einem Sauerstoffanteil von 22 bis 40 Prozent werden erklärt. Der Nitrox Diver schafft die ersten theoretischen Grundlagen für alle technischen Tauchkurse. Reiner Theoriekurs – keine Freiwassertauchgänge. Kursvoraussetzungen: Mindestalter 15 Jahre, zertifizierter Taucher, Minimum: zehn Tauchgänge

Advanced Nitrox Diver

Nitrox als Dekompressionsgas steht im Mittelpunkt dieses Kurses. Gasgemische bis zu 100 Prozent Sauerstoffanteil kommen zum Einsatz. Innerhalb der vier Freiwassertauchgänge wird auch auf die Gefahren beim Umgang mit reinem Sauerstoff eingegangen. Kursvoraussetzungen: Mindestalter 15 Jahre, zertifizierter Nitrox Taucher, Minimum 25 Tauchgänge

Decompression Procedures Diver

Tauchgangsplanung und Durchführung dekompressionspflichtiger Tauchgänge stehen im Mittelpunkt dieses Kursprogrammes. Der Umgang mit speziellen Ausrüstungsteilen wie „Stage-Flaschen", Reels und Hebesäcken wird gelehrt und geübt.
Kursvoraussetzungen: Mindestalter 18 Jahre, zertifizierter Advanced-Nitrox Taucher, Minimum 25 Tauchgänge unter den Bedingungen, in denen der Kurs stattfindet.

Extended Range Diver

Der Extended Range Diver durchbricht die klassische Sporttauchtiefengrenze von 40 Metern. Trainiert werden dekompressionpflichtige Tauchgänge bis in eine Tiefe von 55 Metern. Konfiguration und Umgang mit der umfangreichen Ausrüstung stehen im Mittelpunkt des praktischen Teils. Die Theorie beschäftigt sich neben der Tauchgangsplanung auch mit den physiologischen und physischen Anforderungen solcher Tauchgänge. Kursvoraussetzungen: Mindestalter 18 Jahre, zertifizierter Decompression Procedures Divers, Minimum 100 Tauchgänge, davon 25 tiefer als 30 Meter

Entry Level Trimix

Tauchgänge in Tiefen bis zu 60 Metern ohne die gefährliche Stickstoffnarkose. Tauchgansplanung mit unterschiedlichen Trimix- und Nitroxgemischen. Kursvoraussetzun-

gen: Mindestalter 18 Jahre, Zertifizierter Extended Range Diver, Minimum 100 Tauchgänge. Der Tauchlehrer entscheidet in einem Check-Tauchgang über die Qualifikation des Schülers.

Advanced Trimix

Sowohl in Theorie als auch in der Praxis werden im Rahmen dieses Kurses Tauchgänge bis zu 90 Metern geplant und durchgeführt. Auf alle Problematiken und Risiken solcher Tauchgänge wird intensiv eingegangen. Kursvoraussetzungen: Mindestalter 18 Jahre, zertifizierter Extended Range Diver, Minimum 100 Tauchgänge. Der Tauchlehrer entscheidet in einem Check-Tauchgang über die Qualifikation des Schülers.

Kontakte:

www.foerdetaucher.info/
(Joachim Warner: foerdetaucher@t-online, Tel. 04308/183990).
Tauch- und Reisewelt Mönchengladbach
Sternstr.8
Tel.: 02161/353950
www.tauch-reisewelt.com
www.padi.com

Expertenmeinung:
Neue Freiheiten durch Nitrox und Trimix

Bernd Aspacher, Jahrgang 1962, gehörte zu den Tauchern, die Technical Diving in Deutschland eingeführt haben. 1993 leitete er den ersten Nitrox-Kurs für Sporttaucher in Deutschland. Bekannt wurde Aspacher durch zahlreiche Veröffentlichungen in Fachzeitschriften, aber auch als Organisator und Referent der G-Tech-Konferenzen. Neben seiner Tä-

■ Bernd Aspacher

tigkeit als Cave-, Trimix Instruktor und PATD Training Director war Aspacher an einigen der aufregendsten deutschen Tech-Expeditionen beteiligt, zum Beispiel der Expedition zum Roten See. Seine Enzyklopädie des Technischen Tauchens ist eines der informativsten und umfangreichsten Nachschlagewerke zu diesem Thema.

Es ist schon einige Jahre her, dass Sie in Deutschland den ersten Nitrox-Kurs für Sporttaucher gegeben hast. Was sind für Sie die wichtigsten Veränderungen seitdem?

Aspacher: Ich denke, dass das Sporttauchen in den letzten 15 Jahren zwei ganz entscheidende Schritte gemacht hat. Der erste Schritt war die Einführung der kleinen Computer, die einem weit mehr Freiheit, Sicherheit und Kontrolle gaben wie zuvor die Tabellen. Dadurch war es möglich, längere Tauchgänge durchzuführen – einschließlich Tiefenwechsel. Der zweite große Schritt war der Start vom „Technical Diving", vom sicheren Tauchen über die klassischen Sporttauchergrenzen hinaus. Betrachtet man die Geschichte, so sieht man, dass Taucher wie Hasenmaier, Keller oder Bühlmann Mischgastauchen schon in den 60er, 70er und 80er Jahren betrieben haben – nur der gewöhnliche Sporttaucher hat davon nie etwas erfahren. Trimix war ein Begriff, aber niemand kam ernsthaft auf die Idee, dieses zu Tauchen. Nitrox wurde von Bühlmann erwähnt, aber benutzt haben es nur die Militärs und einige

Wissenschaftler. Das einzige, was es gab und worüber man sprach, war sehr tiefes Tauchen mit Pressluft - ein Thema das mittlerweile der Vergangenheit angehören sollte.

Als ich Ende 1991 für drei Jahre in die USA ging, tat ich das in dem naiven Glauben, mir als Tauchlehrer könne kaum noch jemand etwas beibringen. In Florida angekommen, bin ich sozusagen in die Geburtsstunde des „Technical Diving" gestolpert. Bei vielen Tauchern gehörte Nitrox zum Alltag, und ich hatte diese Wort zuvor noch nicht einmal gehört. Einige Taucher benutzten sogar regelmäßig jenes sagenumwobene Trimix. Und ein paar Verrückt gingen sogar in Höhlen tauchen. Nun, da hat es mich eben erwischt – und zwar volle Breitseite. Ich war hellauf begeistert von den neuen Techniken und den neuen Horizonten, zu denen man damit aufbrechen konnte. Auch das geistige Niveau, auf dem das Tauchen betrieben wurde, gefiel mir. Am Beeindruckensten war jedoch, dass sich mit dieser Art zu Tauchen keine Halbstarken profilieren wollten. Es waren sehr besonne Menschen, die sich viele Gedanken gemacht haben. Man spürte eine große Sicherheit trotz der offensichtlich gefährlicheren Grundsituationen.

In den letzten Jahren scheint es immer mehr zu einer Standardisierung zumindest bei den Dekompressionsgasen zu kommen. Worin liegen die Vorteile?

Aspacher: Zuerst dekomprimierte man mit Luft oder Sauerstoff, dann waren Nitrox 32 und vor allen Nitrox 36 Standardgemische zum Dekomprimieren, neuerdings setzt sich Nitrox 50 durch. Die Vorteile von Standardgemischen liegen auf der Hand: Man kann sich Run-Time-Tabellen machen, die man immer wieder verwenden kann. Man bekommt ein Gefühl für Deko-Zeiten und kann im Notfall improvisieren. Man hat ständig gleiche Mischvorgänge und Flaschenbeschriftungen. Sollte einem ein Dekogemisch ausfallen, so hat der Partner dasselbe Standardgemisch im Tank und liegt somit auf derselbe Dekostufe, man kann dessen Gas benutzten und muss nicht umrechen. Diese Entwicklung schließt auch eine Art Optimierung mit ein: Man benutzt das Gas, welches einem einen hohen Inertgasgradienten bzw. ein großes Oxgyen-Window liefert, sinnvoll adaptiert an normalerweise vorkommende Deko-Stop-Tiefen.

Als einen gewissen Nachteil sehe ich, dass die Taucher sich keine Gedanken mehr machen über Gasoptimierung, weil das „optimale" Standardgas ja vorgegeben ist. Der Spieltrieb und Forschergeist geht verloren, wenn man nur noch nachplappert, was andere für richtig deklariert und zum Standard erhoben haben. Ich persönlich sehe die Standardgase für nicht so extrem wichtig an. Wenn ich einen Tauchgang mache, der mit Nitrox 50 eine Stunde dauert, mit Nitrox 36 dagegen 65 Minuten, ich aber noch viel Nitrox 36 in den Flaschen habe, dann bin ich der Meinung, dass sich der Aufwand des Ablassens und Neumischens nicht lohnt – vielleicht spricht hier aber auch nur der sparsame Schwabe in mir. Der Vorteil von Dekompressionssoftware ist es ja gerade, dass man eben nicht auf Standardgemische angewiesen ist, sondern dass man jedes Gemisch einberechnen kann. Unabhängig davon glaube ich jedoch, dass die Standardgemische weiter auf dem Vormarsch sein werden. Und die Vorteil überwiegen ja schließlich auch.

CNS, also die neuronale Sauerstoffvergiftung, scheint für Taucher bei der Planung ein sekundärer Faktor zur sein. Oft werden beim Tauchgang CNS-Clock-Werte von weit über 100 Prozent in Kauf genommen. Darf man Ihrer Meinung nach so leichtfertig mit dem Problem umgehen?

Aspacher: Nun, das ist ein alter Streit. Zunächst einmal muss man wissen, dass dieser CNS-Prozent-Wert eine rein statistisch ermittelte Größe ist, die auf die wirklichen Vorgängen im Körper in keiner Weise eingeht. Wenn Männer im Durchschnitt 1,80 Meter groß sind, bedeutet dies nicht, dass es nicht auch Männer mit 1,95 Körpergröße gibt. Es gibt aber eben auch welche, die nur 1,65 Meter messen. Die CNS% sind nun keine Durchschnittswerte, sonst würde es ja 50 Prozent aller Taucher, die bis 100 CNS-Prozent gehen, erwischen. Eine Sauerstoffvergiftung kann einen im Prinzip auch mit weniger als 100 CNS% treffen, statistisch gesehen ist aber nach oben sehr viel Sicherheit drin, sonst wäre diese Prinzip zu gefährlich. Zunächst einmal gilt, dass, wer sich an diese Regeln hält, relativ sicher dran ist. Auch wenn diese Regeln wenig fundiert sind, so funktionieren sie

dennoch. What works, works. Ferner muss man sagen, dass es kaum andere veröffentlichte Regeln gibt, die mehr Sicherheit bieten oder wissenschaftlich besser gesichert sind. Es gibt also im Moment keine ernsthafte Alternative, außer eben, sich nicht an diese Regeln zu halten – und es gibt Tauchgänge mit weit über 1000 CNS%, die überlebt wurden; nur zum Nachmachen möchte ich nicht raten.

Geht man über die Grenze hinaus, was ich persönlich bisher immer vermieden habe, so muss man einige Dinge wissen, um in dem nun beginnende Roulette gute Chancen zu haben. Wer im Habitat sitzt, ist gut dran. Zum einen tritt die neuronale Sauerstoffvergiftung im Wasser viel eher auf als im Trockenen. Weshalb, weiß man nicht. Zum anderen ist es natürlich so, dass man im Habitat nicht ertrinkt, sollte es einen dennoch erwischen. Vollgesichtsmasken bieten eventuell auch einen Schutz; dieser erscheint mir jedoch immer fragwürdiger. Kälte scheint auch ein Faktor zu sein, der eine Sauerstoffvergiftung fördert, auch hier beugt ein Habitat vor; ansonsten gilt eben: warm anziehen oder Heizung einbauen. Ferner ist Anstrengung zu vermeiden, denn CO_2 fördert die Vergiftung ebenfalls und gelegentliche „Air Breaks" sollten sicherlich auch kein Schaden sein.

Die CNS% beinhalten sicherlich eine große Sicherheitsreserve. Niemand weiss jedoch, wann diese ausgeschöpft ist und wie anfällig man am jeweiligen Tag ist. Ich überlasse es gerne den mutigeren Tauchern, hier Meerschweinchen für Versuchszwecke zu spielen und bin gerne bereit, von deren Erfahrungen zu lernen. Als Tauchlehrer mit Verantwortung für Schüler werde ich weiterhin CNS% lehren, bis man etwas sichereres, besseres oder fundierteres gefunden hat.

Isobare Gegendiffusion - ein Schlagwort, das inzwischen jedem technischen Taucher bekannt ist. Können Sie uns den Begriff und seine Bedeutung für die Praxis erklären?

Aspacher: Gegendiffusion bedeutet, dass ein Gas in ein Gewebe eindiffundiert, während ein anderes ausdiffundiert. Dies ist nichts schlimmes, denn schließlich leben wir davon: Sauerstoff diffundiert in unser Blut ein und Kohlendioxid diffundiert aus. Beim Tauchen betrachtet man beim Schlagwort Gegendiffusion jedoch nur die Inertgase; und dabei ist insbesondere die Diffusionsgeschwindigkeit wichtig. Helium diffundiert rund zweieinhalb mal schneller als Stickstoff. Ist ein Taucher mit Helium beladen und wechselt während der Dekompression auf Nitrox (und somit Stickstoff), so diffundiert das Helium schneller aus, als dass der Stickstoff eindiffundieren kann. Die Summe der Gase ist damit immer niedriger. Ist man dagegen mit Stickstoff beladen und wechselt auf ein heliumhaltiges Gemisch, nimmt man dieses Helium schneller auf, als dass man den Stickstoff abgeben könnte. Es kommt somit kurzfristig zu einer Erhöhung der Gesamtgasladung. Findet dieser Vorgang unter gleichbleibendem Druck statt, so kommt es zu einer Übersättigung, die von einigen Tauchern gefürchtet wird. Das ganze Thema wird jedoch heißer gekocht,

als dass man es isst. Zum einen muss die entstehende Übersättigung ja keine kritische Übersättigung sein, es muss also nicht zur Blasenbildung kommen. Zum anderen findet der Wechsel von Stickstoff auf Helium beim Abtauchen statt, wobei der Druck zunimmt und der Körper somit auch mehr Gas verträgt und zuletzt ist man am Anfang des Tauchgangs mit Stickstoff auch noch nicht voll beladen, das heißt man ist weit von einer Sättigung entfernt.

Physikalisch gesehen, könnte nur beim Auftauchen durch die isobare Gegendiffusion etwas geschehen, nämlich dann, wenn man während der Dekompression von Nitrox wieder auf ein heliumhaltiges Bottom-Mix umsteigt. Aber in der Realität scheint auch dies nichts auszumachen, denn viele Taucher führen ihre „Air-Breaks" ohne Schäden mit dem heliumhaltigen Bottom-Mix aus, da dieses den geringsten Sauerstoffgehalt hat. Entweder ist die Zeit dieser „Air-Breaks" zu kurz, um eine kritische Übersättigung herbeizuführen, oder aber es kommt gar überhaupt nie zu einer kritischen Übersättigung.

Das Thema isobare Gegendiffusion ist eigentlich ein Thema aus der Berufstaucherei. Beim Schweißen benutzt man Argon als Schutzgas und dieses Gas sammelt sich in der Umgebungsluft der Taucherglocke an und diffundiert in den Körper der Taucher. Beim Wechsel auf heliumhaltige Gase kommt es dann zu Problemen, da das Argon noch langsamer als der Stickstoff diffundiert. Für uns Sport-Tech-Taucher ist isobare Gegendiffusion also eigentlich gar kein Thema, es sei denn, jemand füllt seinen Trockentauchanzug erst mit Argon und später dann mit Bottom-Mix.

„Deep Stops", also Deko-Stopps schon in der Tiefe, gehören mittlerweile zum Standard bei allen technischen Tauchgängen. Warum sind sie so wichtig?

Aspacher: Am Anfang stand eine ganz witzige Geschichte. Richard Pyle ist ein Biologe, der Fische für Aquarien in Tiefen weit jenseits von 100 Metern Tiefe fing. Nach den Tauchgängen verspürte er gelegentlich Kopfschmerzen und Mattigkeit, eben Anzeichen einer leichten Deko-Krankheit. Er analysierte die Tauchgänge, um herauszubekommen, wann die Probleme auftraten und wann nicht, konnte jedoch keinen der klassischen Gründe festmachen. Nur eine Gemeinsamkeit galt für alle Fälle: Immer wenn er ohne Beute nach Hause kam, hatte er Kopfschmerzen, mit gefangenem Fisch fühlte er sich anschließend wohl. Der Unterschied zwischen den Tauchgängen war folgender: Um ein Bersten der Schwimmblase der Fische zu verhindern, mussten beim Auftauchen Stopps eingelegt werden, um diese Schwimmblase zu entleeren. Diese Stopps mussten einige Male wiederholt werden. Offensichtlich verbesserten die Stopps in großer Tiefe die Dekompression ganz entscheidend.

Deep Stops sind wichtig, um Mikro-Bubbles zu vernichten. Die kleinen Blasen entstehen bei jedem Tauchgang und dehnen sich beim Auftauchen aus. Die Deko-Stopps werden so gelegt, dass die Blasen klein genug bleiben, um keinen merkbaren Schaden anzurichten. De Facto sind sie aber da und richten eventuell einen nicht spürbaren Schaden an. Nun muss man wissen, dass Gasblasen im Wasser instabil sind, sofern sie sich durch Druckreduktion nicht ausdehnen können. Je kleiner eine Blase ist, desto schneller vernichtet sie sich selbst, in dem durch ihren Oberflächendruck das Gas wieder in Lösung gedrückt wird. Genau dies nutzt man bei Deep-Stops aus. Man verweilt in der Tiefe bei gleichbleibendem Druck. Die Blasen sind noch sehr klein und dehnen sich nicht aus, dadurch schrumpfen sie und verschwinden. Beim weiteren Auftauchen bilden sich wieder neue Blasen, die dann auf dem nächsten Deep-Stopp erneut vernichtet werden.

Unabhängig davon kann man generell beobachten, dass moderne Tauchtabellen in größeren Tiefen mit den Deko-Stopps beginnen, einige Taucher benutzen auch Tabellen, die mit Pseudo-Blasenmodellen gerechnet sind, welche sehr tiefe Deko-Stopps zur Folge haben, den Taucher aber dennoch früher an die Oberfläche lassen. Andere Taucher wenden die 1-2-3-Regel für vorgezogene Deko-Stops an. Letzten Endes ist der klassische Sicherheitsstopp zwischen sechs und drei Meter für drei Minuten nichts anderes als ein kleiner Deep-Stopp für Nullzeittauchgänge.

Was versteht man unter einem „Travel Mix", und wann macht Deiner Meinung der Einsatz einer weiteren Flasche wirklich Sinn?

Aspacher: Ein Travel-Mix benutzt man aus zwei möglichen Gründen: erstens, der

■ Solch eine Farbenpracht erfeut das Taucherherz. Foto: Ivana Ostoic

Bottom-Mix hat einen Sauerstoffgehalt von weniger als 16 Prozent und sollte somit an der Oberfläche nicht geatmet werden. Oder zweitens, die Abstiegsphase dauert sehr lange und man will diese Zeit nicht schon mit einem Gas verbringen, das einen hohen Heliumgehalt hat. In wie weit dies sinnvoll ist, hängt von der Tauchsituation ab. Gehen wir von einem normalen Tauchgang aus, der sich aus Abstieg, Zeit in der Tiefe und Aufstieg zusammensetzt und nehmen wir mal an, dass in der Tiefe ein pPO2 von 1,5 bar und eine END von 40m akzeptiert wird, so könnte man mit einem Trimix 16/48 bis auf 85m vordringen und das Bottom-Mix ab der Oberfläche an atmen – ein Travel-Mix ist hier überflüssig, und die zusätzliche Flasche wäre nur ein unnützer Ballast. Taucht man tiefer oder will man nur einen geringeren pPO2 akzeptieren, so muss das Bottom-Mix einen Sauerstoffgehalt von weniger als 16 Prozent haben. Doch auch dies ist noch lange kein Grund, ein weiteres Trimix als Travel-Mix einzusetzen, da man ja zur Dekompression ein Nitrox dabei hat. Man taucht dann eben mit einem Deko-Mix bis zu dessen MOD ab und steigt dort auf das Bottom-Mix um – und man müßte schon Tauchgänge weit jenseits der 200m machen, wenn ein Bottom-Mix in 20m Tiefe noch immer nicht die 0.16 bar Partialdruck für den Sauerstoff liefern würde, die der menschliche Körper benötigt. Damit fällt Grund eins für ein Travel-Mix eigentlich weg, zumindest wenn man von einem Trimix-Travel-Mix ausgeht. Natürlich ist das Deko-Nitrox auch ein Tra-vel-Mix, aber das hat man ja sowieso dabei.

Nun gilt noch zu untersuchen, in wie weit die Ab- und Aufstiegsphase ein weiteres Trimix, also den Travel-Mix, sinnvoll machen würde. Man muss sich darüber im Klaren sein, dass bei einem echten Bounce Dive - „runter-dagewesen-hoch" - die Zeit für Ab- und Aufstieg um ein vielfaches länger sein kann als die Zeit in der Tiefe, und somit tragen auch diese Tauchphasen stark zur Aufsättigung bei. Nehmen wir eine Tauchgang auf 130m mit Trimix 10/65, eine Ab- und Aufsteigsrate von 15m/min, einen Abyss-150-Algorithmus und Standard-Deko mit Nitrox 50 und Reinsauerstoff. Der Tauchgang würde insgesamt 107 Minuten dauern. Benutzt man ein Trimix 16/50 bis 80 Meter Tiefe, wechselt dort erst auf Trimix 10/65 und wechselt beim Auftauchen wieder zurück auf das Travel-mix, so könnte der Tauchgang, durchgeführt nach den oben angegebenen Bedingungen, nach 93 Minuten beendet sein. Das ist ein viertel Stunde weniger im Wasser bzw. eine Verkürzung um 13%. Ob es sich lohnt, hierfür eine weitere Flasche mitzuführen ist für mich auch noch fraglich. Wenn man aber Aufgrund der Flaschengrößen sowieso drei Flaschen mit Trimix mitführen müßte, dann würde ich diese Optimierung natürlich durchführen. Je ungünstiger (d.h. langsamer) die Abstiegsgeschwindigkeit ist, um so wichtiger könnte ein Travel-Mix werden. Nimmt man die Beispiele von oben, so würde sich bei einer Abstiegsgeschwindigkeit von nur 5 m/min, wie ihn z.B. der Verlauf einer Höhle vorgeben könnte, ohne Travel-Mix ein Tauchzeit von 495 Minuten und mit Travel-Mix von 364 Minuten ergeben - das wäre immerhin eine Einsparung von einem Viertel der Zeit. Logischerweise müsste man an diesem Tauchgang noch einiges optimieren.

In Summe zeigt sich also, dass ein Trimix-Travel-Mix für die meisten Tauchgänge keinen Sinn ergeben, und schon gar nicht um den Preis, eine weitere Flaschen mitnehmen zu müssen. Ein Nitrox-Travel-Mix, welches man für die Deko dabei hat, ist dagegen ein oft benutztes Mittel. Ein Trimix-Travel-Mix ist nur sinnvoll für extrem tiefe Tauchgänge oder für sehr lange Tauchgänge, die einem sowieso weitere Flaschen mit Trimix aufzwingen oder eben wenn die Umgebung dem Taucher langsame Auf- und Abstiegsgeschwindigkeiten vorgibt.

Wo liegt die Zukunft? Gibt's Innovationen, die ihre Schatten voraus werfen?

Aspacher: Im Moment sehe ich leider nichts, was uns den nächsten Quantensprung bringen könnte. Rebreather sind die einzige Sparte, die zur Zeit eine weitere „Horizonterweiterung" versprechen könnte. Diese Geräte sind jedoch viel zu teuer, um wirklich groß in Gebrauch zu kommen. Betrachtet man die Geräte für die Sporttaucher, so muss man fragen: „Welchen Vorteil habe ich im Vergleich zu meiner Doppel-18er-Flasche?" Länger tauchen kann ich mit dem Gerät nicht, tiefer schon gar nicht. Dass der Rebreather weniger wiegt, kümmert mich unter Wasser auch

nicht, und ob die wärmere Luft dann 3000 bis 4000 Euro wert sind, bei einem Materialwert von rund 500 Euro, ist für mich sehr fraglich – und die Kosten für den benötigten Atemkalk frisst das beim Gas gesparte Geld auf. Teurere elektronische Rebreather - bis zu 25000 Euro einschließlich Schulung muss man da schon anlegen - bieten den Vorteil, dass sie auch für Trimix ausgelegt sind, was in der Tat ein weiterer Schritt ist. Deren Bedienung und Wartung ist jedoch nicht besonders einfach und hat schon zu einigen Unfällen geführt. Schließlich bleiben noch die Top-Modelle der mechanischen Rebreather, mit denen man deutliche Fortschritte erzielen kann. Aber wer hat schon 16000 Euro für ein redundantes Gerät, dessen Materialwert vielleicht bei 2500 Euro liegt. Rebreather werden nur dann eine Verbreitung finden, wenn Nachbauten zu vernünftigen Preisen auf den Markt kommen.

Eine weitere Chance für einen entscheidenden Schritt wären leichte Ein-Atmosphären-Anzüge à la Phil Nuytten, die im Wasser neutral sind und mit Kreislaufgeräten betrieben werden. Das würde in der Tat lange warme Tauchaufenthalte in großen Tiefen und ohne Dekompression ermöglichen. Auch Sättigungstauchen für Sport-Tech-Taucher wäre noch Neuland. Dies ist jedoch sehr aufwändig, sehr teuer und auch ziemlich riskant. Ich persönlich warte lieber, ob mir nicht eines Tages doch noch Kiemen wachsen.

Die spannendsten Wrack-tauchgänge der Welt

■ Wrack mit welthistorischer Bedeutung: die Lusitania
Illustration: Stuart Williamson

Erhöhter Adrenalinspiegel: Die spannendste

Lusitania. Härter geht's kaum: 93 Meter in der Irischen See, bei starken Gezeitenströmungen, acht Grad Wassertemperatur und Sichtweiten von fünf bis 10 Metern. Ein Schiff mit weltgeschichtlicher Bedeutung – sein Untergang beeinflusste den Eintritt der USA in den Ersten Weltkrieg. S 123

Britannic. Tiefer geht's kaum: 122 Meter in der Ägäis. Dort herrschen beste Sichtverhältnisse – bis zu 50 Meter. So kann der Blick über den größten Liner aller Zeiten schweifen, etwas größer noch als das Schwesterschiff Titanic. S.127

Andrea Doria. Schöner geht's kaum: Der italienische Luxusliner, der in 72 Meter Tiefe vor der amerikanischen Küste liegt, galt als das eleganteste Schiff, das je gebaut wurde. S. 149

Haven. Das größte betauchbare Wrack der Welt: ein Supertanker, der vor Genua in 80 Meter Tiefe liegt – die Aufbauten des Giganten reichen allerdings bis auf 30 Meter hinauf. S.131

USS Saratoga. Das größte Wrack eines Flugzeugträgers, das für Sporttaucher erreichbar ist, steht aufrecht auf Grund in 52 Meter - im Bikini-Atoll, dem ehemaligen Atombomben-Testgebiet. Haie kreisen über dem Flugdeck. S.171

Vracktauchgänge der Welt

Umbria. Abgelegen vor der Küste des Sudan, ruht das italienische Fracht- und Passagierschiff mit vollen Laderäumen seit 1940 nahezu unberührt – ein Geheimtipp. Das Wrack ist von Korallen bewachsen und von riesigen bunten Fischschwärmen bevölkert. S.140

Seattle. Ein 140-Meter-Frachter im glasklaren Wasser an der südnorwegischen Küste, der Rumpf ist steil nach unten geneigt. Üppige Meeresflora und -fauna besiedeln das Wrack. S.106

Empress of Ireland. Der K2 unter den versunkenen Schiffen – wie der Himalaja-Gipfel eine Herausforderung, der nur die Besten der Welt gewachsen sind: Reißende Strömung und eiskalte Wassertemperaturen machen den Tauchgang im Sankt-Lorenz-Strom zum Abenteuer. S.151

Thistlegorm. Ein riesiger Frachter voll mit Material für die britischen Afrika-Truppen – samt zwei Lokomotiven. Dazu die tropische Artenvielfalt des Roten Meeres. Leider mitunter überlaufen. S.145

Jura. Ein Schaufelrad-Dampfer im besonderen Licht des Bodensees – eines der atmosphärisch eindrucksvollsten Wracks überhaupt. S.98

Kapitel 4:
Hintergrundinformationen zu den beliebtesten Wrackplätzen der Welt

Raddampfer im mystischen Halbdunkel: im Bodensee

„Wenn die Sicht sehr gut ist, sieht man sie beim Abtauchen schon ab 15 Metern unter sich liegen" - 23 Meter tiefer im mystischen Halbdunkel auf dem Grund des Bodensees, berichtet der Taucher Michael Schätzle. Wer dann sanft unten ankommt, kann das Schiff in seiner ganzen Länge von rund 40 Metern überblicken. An trüben Tagen allerdings ist wenig zu sehen; in Zeiten der Schneeschmelze etwa betrage die Sicht kaum mehr als einen halben Meter. Ähnlich das Bild, wenn ein schlecht tarierter Taucher in die Seekreide einschlägt und den weißen Lehmgrund aufwirbelt. Dann ließen sich mit Mühe noch die Planken an Deck ausmachen. Mehr aber auch nicht. Die Rede ist vom wohl meistbetauchten Wrack Europas: der »Jura«.

Der Raddampfer wurde am 12. Februar 1864 im Nebel knapp einen Kilometer vor Bottinghofen von einem Schweizer Schiff, der »Stadt Zürich«, gerammt. Bei dem Unglück riss der Bug weit auf. Die »Jura«, die als Lastkahn wie als Passagierschiff diente, sank innerhalb von Minuten. Die Tochter eines Servierers kam ums Leben. Das Wrack geriet in Vergessenheit, bis Taucher alten Erzählungen nachspürten und es gut erhalten in aufrechter Lage entdeckten. Heutzutage sind Tausende von Tauchern alljährlich am Schiff. So unversehrt wie noch vor einigen Jahren ist die »Jura« mittlerweile nicht mehr. Die Anker von Ausflugsbooten, die Tauchtouristen zum Wrack bringen, hätten schon einiges zerstört, weiß Schätzle. Dennoch: Das massiv-hölzerne Schiff, dessen Maserung gut zu erkennen ist, gilt auch unter erfahrenen Tauchern immer noch als eines der beeindruckendsten Wracks überhaupt – aufgrund der düsteren Atmosphäre im Bodensee.

Schätzle empfiehlt die Wintermonate für einen Besuch. Ab Ostern störten die Algenblüte, die Badegäste und der Schiffsverkehr. Und im November werde die Sicht dann wieder klar. Und das Wasser werde auch kaum kälter: Im Sommer herrschten an der »Jura« bestenfalls sechs bis sieben Grad. Im Winter vier. Schätzle empfiehlt, bei diesen Temperaturen nie mit Nassanzügen zu tauchen. Er muss es wissen: Als Chef der „Lake divers" organisiert er Touren mit seinem Schiff, der „Concrete Lady", von Meersburg aus. Außerdem war er selbst bislang rund 50 Mal am Wrack. Und entdeckt nach eigenem Bekunden immer noch etwas Neues. Drei bis vier Tauchgänge seien auf alle Fälle lohnend. Der Schriftzug »Jura« ist gut am Bug zu erkennen. Das Schiff hatte bis auf Radhäuser, in denen auch die Toiletten waren, keinerlei Aufbauten – die Plumpsklos waren also über den Schaufelrädern. Der Steuerstand am Heck ist im Freien; der Kapitän stand damals bei Wind und Wetter draußen. Über eine Treppe gelangt man in Innere der »Jura«, was allerdings nur sehr erfahrenen Tauchern empfohlen wird: Der Raum ist bestenfalls noch anderthalb Meter hoch; dicker Schlick bedeckt den Boden. Ohnehin sollten Taucher Erfahrung im kalten Wasser haben, bevor sie sich an einen Tauchgang zur »Jura« wagen. Dafür nötige Tauchgänge in allen Schwierigkeitsstufen ließen sich aber leicht an einem langen Wochenende am Bodensee machen, sagt Schätzle.

Kontakt: http://www.itd-tek.de/schulen/lakedivers.htm

Das Grab der »Wilhelm Gustloff«: die Ostsee

Taucher, die in polnischen Häfen einen Skipper suchen, der sie zur Slupska Sandbank bringt, müssen in der Regel genau erklären, was sie dort wollen. Auf Pietät wird Wert gelegt. Denn in dem Seegebiet, das heute zu Polen gehört, liegt die »Wilhelm Gustloff« – ein Schiffsname, der für die größte Seekatastrophe der Geschichte des Zweiten Weltkriegs steht. Rund 9000 Menschen starben, als das ehemalige deutsche Kreuzfahrtschiff sank, sechsmal so viele wie beim Untergang der Titanic. Die Menschen waren auf der Flucht vor der nahenden Front.

Dass die Tragödie der »Wilhelm Gustloff« jahrzehntelang vergleichsweise wenig Aufmerksamkeit erfuhr, liegt an den Umständen: Die »Wilhelm Gustloff« wurde in den letzten Tagen des Zweiten Weltkriegs von einem sowjetischen U-Boot versenkt - voll besetzt mit Flüchtlingen aus dem damaligen Ostdeutschland, vor allem Frauen und Kinder. Keine Tat, auf die die Siegermächte stolz sein konnten. So stößt das Ansinnen, das Wrack zu betauchen, auch heute noch in Kolberg oder Danzig (von dort aus ist die Position am schnellsten zu erreichen) auf Argwohn. Die deutsche Regierung setzte nach dem Ende des Kalten Krieges alles daran, das Wrack unter Schutz stellen zu lassen. Einer Bitte der deutschen Botschaft, die Bergung von Wrackteilen zu verbieten und dem Schiffskörper den Status eines Massengrabs zu verleihen, wurde 1992 von den polnischen Marinebehörden entsprochen. Menschliche Überreste seien in dem Wrack und drumherum noch immer zu finden, hieß es. So wurden in der Folge Tauchexpeditionen, auch deutsche, von der polnischen Marine gestoppt und aufgefordert, das Seegebiet zu verlassen. Offiziell erhielt nicht einmal die britische Royal Navy die Erlaubnis, ins Wrack einzudringen.

Mittlerweile sind Tauchgänge möglich, Genehmigungen werden erteilt. Der Ostsee-Taucher Bernd Reißland war am Wrack, das auf Grund in 46 Metern liegt. Seine Beobachtungen liefern eine weitere Erklärung, warum allzu viel Öffentlichkeit um das Wrack der »Wilhelm Gustloff« lange Zeit offenbar nicht willkommen war: Es gab wenig pietätvolle Bergungsversuche. „Mittschiffs ist alles zerstört", berichtet Reißland. Nur noch der Bug und das Heck sind vollständig erhalten. Suchten die Sowjets im leicht nach Steuerbord gekippten Wrack nach dem legendären Bernsteinzimmer? Reißland erklärt, die nachträglich entstandenen Schäden seien weitaus größer als die Lecks, die die Torpedos in die Bordwand der »Wilhelm Gustloff« rissen, am Abend des 30. Januar 1945, der für so viele Menschen den Tod bringen sollte.

Der ehemalige „Kraft-durch-Freude"-Dampfer, der während des Krieges als schwimmende Kaserne gedient hatte, stampfte mit seinen 208 Meter Länge und 24 Meter Breite bei minus 18 Grad Lufttemperatur durch die aufgewühlte Ostsee Richtung Westen. 21.16 Uhr, drei Schläge ließen den Riesen erzittern – das zweite der Torpedos traf die »Wilhelm Gustloff« auf dem tiefsten Deck, einige Meter unter der Wasserlinie, ins Schwimmbad, wo einige Dutzend Marinehelferinnen untergebracht waren. Die Mädchen gehörten zu den ersten, die starben. Das Bad war gekachelt, von Säulen umstanden und mit einem Mosaik verziert.

Mehr als 50 Jahre später wird der Taucher Reißland Kacheln des Beckens am Wrack der »Wilhelm Gustloff« finden.

An Bord des überfüllten Schiffes brach nach den Torpedo-Treffern Panik aus. Mütter verloren ihre Kinder, Alte blieben zurück. Tausende ertranken in den Kabinen, Hunderte allein im unteren Promenadendeck mit seinen Panzerglasfronten. Plötzlich flammten alle Lichter der »Wilhelm Gustloff« auf – mit voller Beleuchtung und heulenden Sirenen sank der Gigant, der 1937 als damals größtes Kreuzfahrtschiff der Welt gebaut worden war. In der eisigen See überlebten die meisten nur wenige Minuten.

Ein deutsches Kriegsschiff, der Kreuzer »Admiral Hipper«, lief an den im Wasser Treibenden vorbei, ohne zu stoppen – das U-Boot sei ja noch in der Nähe gewesen, so rechtfertigte sich sein Kapitän später. Andere waren mutiger: Die Torpedoboote »Löwe« und »T36« konnten mehr als 1000 Schiffbrüchige lebend aus dem Meer ziehen. »T36« musste während der Rettungsaktion allerdings tatsächlich zwei Torpedos des sowjetischen Angreifers ausweichen.

Reißland stößt bei seinen kurzen, maximal 25-minütigen Tauchgängen auf zahlreiche Spuren der Tragödie: Löffel, Gabeln, Messer und Teller; Koffer und Taschen liegen noch immer über ein vergleichsweise großes Seegebiet verteilt. Die »Wilhelm Gustloff«, die sich aufgrund ihrer enormen Ausmaße am besten mit einem Scooter erkunden lasse, biete etliche Einstiegsmöglichkeiten, berichtet der Taucher. Am Bug sei der Schriftzug des Namens noch zu erkennen, spärlich bewachsen mit Miesmuscheln

In der recht flachen Ostsee - mittlere Tiefe: 52 Meter - gibt es unzählige Spuren der Vergangenheit. Die Ostsee, zwischen Skandinavien, dem Baltikum und Mitteleuropa gelegen, war von je her stark befahren und hart umkämpft. Sie gilt als das wrackhaltigste Meer; wohl nirgends sonst liegen derart viele untergegangene Schiffe auf so engem Raum beieinander. Das Seegebiet um Rügen etwa ist als gewaltiger Schiffsfriedhof bekannt. Allerdings sind die zum Teil jahrhundertealten Überreste in der Regel nur für Archäologen interessant. Zu klein sind die Schiffe, zu wenig ist von ihnen übrig. Eine Ausnahme: die 1993 rund 20 Seemeilen nordöstlich der Insel gesunkene »Jan Heweliusz«.

Dass die Heckklappe der Fähre gut 100 Meter vom übrigen Wrack entfernt im Sand liegt, lässt durchaus Rückschlüsse auf die Ursache ihres Untergangs zu: Kurz vor dem Unglück hatte die »Jan Heweliusz« mit ihrem Hinterteil die Kaimauer im schwedischen Hafen gerammt, war aber wohl nur unzureichend repariert worden. Dann geriet das Schiff, das für eine polnische Reederei zwischen Polen und Schweden pendelte und bereits durch eine Reihe von kleineren Unfällen ins Gerede gekommen war, in einen Orkan. Wasser dürfte eingedrungen sein. Beim verzweifelten Versuch des Kapitäns, die 170 Meter lange Fähre in den Wind zu drehen, verrutschte offenbar schlecht vertäute Ladung.

Es war der 14. Januar 1993, 5 Uhr morgens, als die »Jan Heweliusz« kenterte. 55 Menschen starben, vor allem schwedische Lastwagenfahrer und polnische Besatzungsmitglieder. Bevor das Schiff sank, trieb es noch einige Zeit kieloben im Meer. Die Folgen sind noch heute zu erkennen: Wer in den Maschinenraum eindringe, müsse sich vor losen Teilen hüten, sagt Taucher Reißland: „Es kann immer etwas einstürzen." Das gelte auch für das obere Ladedeck, das durch Bergungsarbeiten aufgerissen wurde. Ansonsten aber sei die »Jan Heweliusz« vergleichsweise leicht zu betauchen. Sie liegt in 26 Metern auf Grund und reicht bis auf zehn Meter hinauf. Das Wrack ist mittlerweile eines der beliebtesten Tauchziele in der Ostsee.

Reißland, der von Potsdam aus Touren organisiert, nutzt das auf seiner Backbord-Seite liegende, dicht mit Miesmuscheln bewachsene Schiff zu Ausbildungszwecken. Das Bugstrahlruder ist imposant. Das Oberdeck wurde bei den Bergungsarbeiten zerstört. Der untere Laderaum ist geräumig und fast bis zum Bug zu betauchen. Durch die Bullaugen auf Steuerbord schimmert Licht herein. Ladung liegt herum, Container und Lkw sind zu erkennen. „Man kann sich als Team gut darin bewegen", erklärt Reißland. Hüten sollten sich Taucher allerdings davor, in den Luftblasen im Wrack aufzutauchen: Der Ölfilm, der sich dabei auf die Maske lege, mache den Rückweg zum Blindflug.

Die Ostsee als Binnenmeer hat nur einen geringen Austausch von Wasser aus der Nordsee. Nur selten gelangt Nordseewasser auch in die tiefen Zonen der zentralen Ostsee. Eine Folge: Der Salzgehalt nimmt von der westlichen bis zur östlichen Ostsee kontinuierlich von 1,7 Prozent bis etwa 0,5 Prozent ab – was erklärt, dass Wracks im Osten wie die »Wilhelm Gustloff« außer von Miesmuscheln und Seepocken kaum Bewuchs aufweisen, Wracks im Westen hingegen stark mit Seenelken bewachsen sind. Im Sommer bildet sich in der Ostsee in elf bis zwölf Metern eine thermische Sprungschicht. Darunter ändern sich häufig die Sichtverhältnisse und die Strömung, die sogar entgegengesetzt laufen kann. Wer durchgedrungen ist, hat über sich einen grünen Baldachin, während unten langsam die Konturen des zu betauchenden Wracks erkennbar werden.

Wann ist die beste Zeit fürs Wracktauchen in der Ostsee? Früher hieß es: im Winter, weil dann das Wasser am klarsten sei. „Das stimmt aber seit einigen Jahren nicht mehr", sagt der Kieler Joachim Warner. Immer öfter erlebe er bei Tauchgängen in den kalten Monaten, dass die Sichtweite nur einen Meter betrage – während im Sommer, wenn durch Algenblüte und rieselndes Plankton eine trübe Brühe zu erwarten sei, an manchen Tagen zehn Meter unter Wasser überblickt werden könnten. „Es gibt keine Möglichkeit, Sichtweiten vorherzusagen", sagt Warner, „das ist Glückssache". Und von der Position abhängig: Wenn an der einen Stelle die Sicht bei nahe Null liege, könne schon zwei Seemeilen weiter die Sichtweite bei fünf bis sechs Metern liegen.

Warner muss es wissen: Er ist für die „Förde Taucher" regelmäßig mit dem Tauchboot des Vereins von Kiel aus in der westlichen Ostsee unterwegs. Als eines der reizvollsten Wracks bezeichnet er die »Inger Klit«, ein dänisches Küstenmotorschiff, das 1980 nach einem Zusammenstoß mit einem deutschen Frachter in der Flensburger Außenförde sank. Mit seiner Länge von 57 Metern zählt es schon zu den größeren Wracks in der westlichen Ostsee. Warner nutzt das versunkene Schiff, das üppig mit Seenelken bewachsen ist, für seine Wracktauch-Ausbildungskurse. Nicht nur, weil die Aufbauten bereits in einer Tiefe von 16 Metern beginnen (maximale Tiefe: 25 Meter). Sondern auch, weil das Wrack übersichtlich ist. Es steht auf ebenem Kiel. „Man taucht einmal drum herum und weiß sofort, wo man ist", sagt Warner. Die gut erhaltene Brücke könne für erste Lektionen in Sachen Wrack-Penetration genutzt werden. „Wer mit den Flossenspitzen drin ist, ist mit dem Kopf schon fast wieder draußen", sagt Warner. Auch der Laderaum liegt offen. Schrott, den die »Inger Klit« geladen hatte, liegt noch darin. Auch ein V-förmiger Riss, den sich das Schiff bei der Kollision in dichtem Nebel zuzog, kann am hinteren Ende des

Laderaumes begutachtet werden – warum allerdings an der Backbordseite, dies lässt Warner rätseln. Denn die »Inger Klit« sei von Flensburg aus in Richtung Norden gefahren, der deutsche Frachter von Osten gekommen. Also, sagt Warner, hätte der Zusammenprall an Steuerbord erfolgen müssen. Ein Wendemanöver bei Null-Sicht? Die Frage wird wohl auf ewig ungeklärt bleiben.

Während die »Inger Klit« für Wracktauch-Anfänger jedenfalls mit professioneller Begleitung geeignet ist, gilt ein Abstieg zum »VS-54« als kalkulierbar allein für Fortgeschrittene. Es liegt im Fehmarnbelt mit 20 Grad Schlagseite auf Grund in 29 Metern – dort ist es kalt, dämmerig, und mit einer starken Strömung von bis zu drei Knoten müsse immer gerechnet werden, sagt Warner. Auch mit zwei Sprungschichten: einer ersten, üblichen, in elf Metern. Und einer zweiten, ungewöhnlichen, in 21 bis 22 Metern, unter der kaltes Nordsee-Wasser schwappe. Ein Ärgernis vor allem für Unterwasser-Fotografen: Die Schlierenschicht verhindert so manchen Blick aufs Wrack. Das Vorpostensicherungsschiff, 1937 als Hochsee-Trawler »Burg« gebaut, wurde drei Jahre später von der deutschen Kriegsmarine übernommen und mit stattlichen Flugabwehr-Kanonen und Maschinengewehren bestückt. Das Leck, das am 15. März 1944 eine Mine in den Rumpf riss - und damit das Schicksal von »VS-54« besiegelte -, ist mittschiffs an Backbord zu sehen. Der Einstieg ist möglich. Auffällig unter Deck: eine große Netzwinde. „Der Weg in die Kombüse ist nicht kritisch", meint Warner. Durch die Brücke, in der das eiserne Steuerrad noch hängt, gelangt der Taucher dorthin. Porzellan, das die Mann-

Munition ist auch nach mehr als 50 Jahren eine Gefahr. Foto: Fiedler

schaft kurz vor dem Untergang des Schiffes nutzte, liegt noch herum.

„Das", so Warner, „berühmteste Wrack in der westlichen Ostsee" ist die »Sten Trans«, ein dänisches Kies- und Sandschiff, dem am 13. März 1975 ein Sturm zum Verhängnis wurde. Die Ladung verrutschte, das Schiff geriet in Schräglage, die Besatzung setzte einen Seenotruf ab. Als der Seenotrettungskreuzer »Theodor Heuss« gegen 5.15 Uhr eintraf, hatten zwölf der insgesamt 15 Mann die »Sten Trans« bereits verlassen und trieben in einer Rettungsinsel in der aufgepeitschten See. Sie wurden von der »Theodor Heuss« aufgenommen. Der Kapitän und die zwei Steuerleute befanden sich zunächst

noch an Bord des Frachters. Sie wurden dann von einem Hubschrauber der Seenotrettungsstaffel gerettet. Keine Minute zu früh: Um 6.31 Uhr kenterte die »Sten Trans« und sank, wie Stefan Baehr in seinem Buch „Wracktauchen in der Ostsee" berichtet. Das Schiff liegt 21 Meter tief auf der Backbord-Seite. Und ist mit Seenelken bewachsen. „Es sieht da unten aus wie auf einer Blumenwiese", meint Warner. Die Orientierung falle schwer, aber ein Tauchgang an der Sten Trans sei „sehr spannend". In die Brücke („ein großes schwarzes Loch") könne ein Taucher sich vom Eingang an der oben liegenden Steuerbord-Seite fallen lassen. Vor der Brücke ist der

Eingang zum Pumpenraum. Auch der Laderaum sei zugänglich; in der Nähe finden sich noch einige Winschen und ein Saugrohr – das Schiff, auch als „Saugbagger" bekannt, zog sich seine Ladung selbst an Bord.

Ein weiteres Weltkrieg-II-Wrack in der westlichen Ostsee: das deutsche Schnellboot 103 – ein 40 Knoten schnelles, überaus wendiges Kampfgefährt, das mit Torpedos, Minen und Wasserbomben ausgestattet war und sogar bei Angriffen auf Zerstörer und Kreuzer eingesetzt wurde. Der letzte Befehl kam angesichts der Lufthoheit der Alliierten kurz vor Kriegsende einem Himmelfahrtskommando gleich, wie Baehr berichtet: »S 103« sollte von Svendborg aus nach Flensburg laufen, um zu erkunden, wie weit die britischen Streitkräfte bereits über die Eider hinaus vorgerückt waren. Außerdem sollte das 35 Meter lange Boot so viele Flüchtlinge wie möglich aufnehmen. Dafür wurde ein großer Zusatztank auf dem Deck installiert. Tatsächlich wurde das Schnellboot von einem britischen Geschwader entdeckt. Vier

Mustangs und zwei Lightnings stürzten sich aus dem wolkenverhangenen Himmel und schossen mit Raketen und Maschinenkanonen. Haken schlagend und aus seinen Flak feuernd versuchte »S 103« mit Höchstgeschwindigkeit zu entkommen. Seine Manövrierfähigkeit war aber durch die Überladung mit Menschen eingeschränkt. Marinesoldaten, die nach Flensburg wollten, kauerten an Deck. So wurde das Schnellboot zu einem leichten Ziel. 20 Menschen starben, zwölf wurden von einem dänischen Fischerboot gerettet. Nun ruht »S 103« südöstlich von Mommark in 34 Metern auf Grund – aufgerissen durch einen Bombentreffer in die Mitte, wie Warner berichtet. Die Bugkanone habe ein Tauchclub geborgen und sich vors Vereinsheim gestellt, sagt er. Das Geschütz am Heck zielt aber noch immer in die Richtung, aus der einst die britischen Flugzeuge kamen.

Die Torpedos und Wasserbomben, die am Boot verblieben waren, wurden vor kurzem vom Kampfmittelräumdienst geborgen. An

Ostsee

Wracktauchzeit: ganzjährig

Wassertemperatur: am Grund vier bis zehn Grad

Sicht: ein bis zehn Meter - Glückssache

Strömung: zumeist schwach

Fauna und Flora: Seenelken, Miesmuscheln, Seepocken, Strandkrabben und Seescheiden

Schwierigkeitsgrad: ★★ bis ★★★★

★	= Schnorchler,
★★	= Anfänger mit Begleitung,
★★★	= erfahrene Taucher,
★★★★	= erfahrene Wracktaucher,
★★★★★	= Technical Divers

Literatur: Stefan Baehr, Wracktauchen in der Ostsee, Hamburg 1995
Die letzte Fahrt der „»Wilhelm Gustloff«", Der Spiegel, 6/2002
Max McLeod: „Germany Calling", Diver, Juli 1998

Kontakte:
http://www.tauchsportservice.de/wir.php
http://www.ostsee-wracktauchen.de/

anderen Wracks in der Ostsee müssen Taucher dagegen immer damit rechnen, auf Munition zu stoßen. Auch nach mehr als 50 Jahren eine Gefahr. Insbesondere Munition vom Kaliber zwei Zentimeter gilt als unberechenbar. „Das Zeug ist unter Wasser nicht immer gleich zu erkennen", warnt Warner. So habe ein Freund unlängst unter Wasser mit seinem Messer in einer merkwürdigen Struktur herumgekratzt – bis er darin den Dorn einer Landmine erkannte. Warner rät: „Finger weg von Dingen, die man nicht kennt." Vor allem auch von weich aussehenden Teilchen, die immer wieder in der Ostsee auf Grund liegen: Flocken von Giftgas, die aus korrodierter Giftgas-Munition stammen. Nach dem Zweiten Weltkrieg seien solche Altlasten bei Bornholm verklappt worden, allerdings hätten Besatzungen ihre tödliche Fracht nicht selten schon vorher über Bord geworfen – so dass der gesamte Seeweg von den ostdeutschen Häfen bis Bornholm mit Giftgas-Munition verseucht sei, berichtet Baehr. Taucher sollten sich nicht auf den Schutz ihres Neopren-Anzuges verlassen: Ein Gummistiefel schütze seinen Träger bei Kontakt etwa drei bis fünf Minuten – ein Taucheranzug halte nicht länger.

Der Untergang der kaiserlichen Flotte: Skagerrak, Nordsee und Scapa Flow

Das Wrack ist leicht zu finden, noch immer treibt ein Ölfleck darüber. Seit allerdings 1994–54 Jahre nach dem Untergang – ein Bergungsunternehmen 1300 Tonnen Bunker-Öl aus dem Rumpf pumpte, stellt das versunkene Schiff nach Angaben der norwegischen Regierung keine Umweltgefahr mehr da. Die Rede ist von der »Blücher«, einer der mächtigsten Einheiten der deutschen Kriegsmarine. Der damals nagelneue Schwere Kreuzer, mit 208 Meter Länge kaum kleiner als die berühmt-berüchtigte Bismarck (252 Meter), wurde am 9. April 1940 bei der Besetzung Oslos im Oslofjord versenkt. Eines der zahllosen Beispiele für den Größenwahn Hitlers: Die Kanonen waren nicht eingeschossen, die Besatzung mit dem Schiff nicht vertraut. Trotzdem legte der „Führer" Wert darauf, dass der repräsentative Kreuzer sich an der „Weserübung" beteiligt, so lautete der Name der Militäroperation. Die »Blücher« hätte in der Wochenschau wohl gut ausgesehen. Mit Gegenwehr der Norweger rechnete offenbar niemand. So genügten zwei Torpedos aus einer unterirdischen Batterie auf der Festungsinsel Kaholm, um den sich durch den engen Fjord tastenden Riesen zu versenken. Die Geschosse trafen ins Herz: in den Maschinenraum. Rund 1400 deutsche Soldaten starben im eiskalten Wasser. Das Wrack gilt heute als eine der größten Herausforderungen weltweit für technical divers. Es liegt in etwa 90 Meter Tiefe inmitten der viel befahrenen Schifffahrtsstraße. Seit Jahren war offenbar kein Taucher mehr dort unten.

Weitaus idyllischer in norwegischen Gewässern liegt die »Seattle« – für den Kieler Wracktauch-Ausbilder Joachim Warner eines der schönsten Wracks in Europa. Die Bedingungen im Skagerrak sind für Taucher weitaus besser als in der angrenzenden Nordsee: Die Ausläufer des warmen Golfstromes umspülen ganzjährig die malerische Felsküste und sorgen für angenehme Temperaturen sowie Artenreichtum in dem glasklaren Wasser. Dichte Wälder aus Braunalgen, Palmen- und Fingertang schwanken im Meer. Die »Seattle«, ein am Ende des Zweiten Weltkriegs ohne Zeugen gesunkener 140-Meter-Frachter, ist vom kleinen Hafen Skottevig gut mit dem Boot zu erreichen. Zwei Bojen markieren den steil nach unten geneigten Rumpf; eine führt zum Heck in 22 Meter Tiefe, die zweite zum Schornstein, dessen Spitze auf 42 Meter ragt. Der Bug

liegt in 77 Metern. Die üppige Meeresflora und -fauna des norwegischen Südens macht sich auch am Wrack breit: Am Heck haben sich Röhrenwürmer, Wasserscheiden, fußballgroße Seeigel und Seesterne mit einem Umfang von Esstellern angesiedelt. Angetroffen wurden dort auch schon Schollen, Zergdorsche, Taschenkrebse und Kuckucks-Lippfische. Weil das Schiff vor dem Untergang tagelang brennend an der Küste trieb, ist das Holzdeck des ansonsten gut erhaltenen Wracks zerstört. Was war geschehen? Im April 1945 geriet das Schiff ins Kreuzfeuer zwischen Deutschen und Norwegern. Granaten schlugen ein, die Mannschaft und der deutsche Kapitän konnten sich retten. Das Schicksal der MS »Seattle«, die zunächst nicht untergegangen war, galt als ungeklärt. Bis norwegische Taucher es vor einigen Jahren entdeckten.

Kaltes Wasser, hundsmiserable Sichtverhältnisse, drei bis vier Knoten Gezeitenströmung und ein Sandgrund, der in kürzester Zeit vieles verschluckt – die Nordsee ist eines der rauesten Wracktauch-Gebiete der Welt, also Spezialisten vorbehalten. Dafür ist sie vergleichsweise wenig erkundet. Noch immer scheinen dort spektakuläre Funde möglich zu sein. Wie die Entdeckung der lange verschollenen »Cimbria« belegt. Der 1883 nach einem Zusammenstoß mit dem englischen Kohlenschiff »Sultan« gesunkene deutsche Passagierdampfer liegt 37 Kilometer nördlich von Borkum. Das Unglück gilt bis heute als größte zivile Schiffskatastrophe in deutschen Gewässern. 437 Menschen, vor allem Auswanderer, starben. Das Schiff liegt in einer Tiefe von nur 30 Metern. Aber dorthin dringt schon kein Tageslicht mehr. Die Sicht beträgt lediglich ein bis zwei Meter. Und die Strömung ist reißend. Das Schiff wurde unlängst von den Profis des Kölner Bergungsunternehmens „Sea Explorer AG" ausgeräumt. Die Beute: Porzellan und Schmuck im Wert von mehreren Millionen Euro.

Auch das Wrack der »Tubantia« hat die Fantasie von Schatzsuchern beflügelt. An Bord des versunkenen Schiffes wurde Gold vermutet, das aus dem kriegsgeschüttelten Europa geschmuggelt werden sollte. Das bis dato größte jemals versenkte niederländische Passagierschiff war mit rund 1500 Passagieren auf dem Weg von Amsterdam nach Buenos Aires. Es war der 16. März 1916. Dichter Nebel lag über der südlichen Nordsee. Fünf Seemeilen vor dem holländischen Leuchtschiff »Noord Hinder« befahl Captain Wytsma deshalb, die Maschinen zu stoppen und Anker zu werfen. Die »Tubantia« blieb trotz der schlechten Sichtverhältnisse nicht lange unbemerkt: Das deutsche U-Boot UB 13 erkannte in dem 180 Meter langen und 22 Meter breiten 14 000-Tonnen-Schiff eine fette Beute. Aus unmittelbarer Nähe feuerte es einen Torpedo auf das unbewegte Ziel. Das Geschoss traf den Maschinenraum. Vier Stunden dauerte der Todeskampf der »Tubantia«. Dann sank der Liner. Zuvor hatten niederländische Torpedoboote alle Passagiere und Besatzungsmitglieder aufnehmen können.

Das Wrack ist heute dicht begrünt und mit Anemonen bewachsen. Tauchschiffe steuern die Position von Nieuwpoort und Oostende aus an. Die »Tubantia« liegt auf Grund in 40 Metern, ein gutes Stück im Sand begraben. Der Rumpf ist in Höhe des vorderen Laderaum gebrochen. Der Bug steht aufrecht mit einer leichten Neigung nach Backbord, das Heckteil liegt auf seiner Backbordseite. Im Inneren sind die Seitenwände bis auf die eisernen Stützbalken weggerostet. Mittschiffs ist ein Trümmerfeld, aus dem die großen Dampfkessel herausragen. Mehrere Bergungsmannschaften bahnten sich in den 20er Jahren mit Dynamit ihren Weg, um das Gold zu finden. Eine französische Expedition soll 1922 im Laderaum Nummer vier auf 300 Käse-Laibe gestoßen sein und achtlos liegen gelassen haben. Neun Jahre später wagte sich angeblich ein britisches Team von Helmtauchern hinunter, um eben diesen Käse zu suchen.

Die Briten vermuteten, dass das Schmuggel-Gold in den Laiben versteckt worden war. Doch: Vom Käse und vom Schatz fanden sie keine Spur mehr.

UB 13 sollte die Versenkung der »Tubantia« kein Glück bringen. Nur fünf Wochen danach, am 23. April 1916, geriet das Unterseeboot der kaiserlichen Kriegsmarine in ein Seeminen-Feld. Das Wrack liegt heute vor der Westerschelde auf Grund in 21 Metern – kaum 30 Kilometer von der Position der »Tubantia« entfernt.

An der Nordspitze Schottlands. Wir müssen uns konzentrieren, um in dem gekippten Schiff unsere Orientierung nicht zu verlieren: Boden und Decke stehen fast senkrecht. Dunkelgrünes Licht schimmert durch Bullaugen herein. Nach fünf Metern ist Schluss: Der Gang ist durch Schutt blockiert. Über eine nach unten führende Verbindung gelangen wir beide quer durch das Wrack in den Seitengang auf Steuerbord. Hier herrscht ewige Nacht. Mein Partner Edmund Engler, ein ehemaliger Marinetaucher, und ich tasten uns voran. Durch vier enge Schotts, die einst die Abteilungen des Kriegsschiffs trennten, zwängen wir uns mit unserer sperrigen Ausrüstung – 80 Meter arbeiten wir uns durch das Innere des gesunkenen Stahlkolosses. Dann gelangen wir überraschend zu einer Öffnung, durch die wir das Wrack verlassen können.

„Das Schiff ist gewaltig", berichte ich, Horst Dederichs, der Crew und wische mir das Salzwasser aus dem Gesicht. Ich stehe im Taucheranzug auf dem Deck des Expeditionsschiffes »Loyal Mediator«, zurückgekehrt von einem Abstieg in die Vergangenheit: Auf Grund in 36 Metern liegt die »Brummer«, ein 150 Meter langer deutscher Kreuzer aus dem Ersten Weltkrieg. Ort des Geschehens: Scapa Flow, eine rund 20 Kilometer breite Bucht zwischen den britischen Orkney-Inseln. Hier versenkte sich nach Kriegsende die komplette Hochsee-Flotte der Kaiserlichen Marine selbst. Sieben der deutschen Schiffe, jedes so groß wie ein flach gelegter Wolkenkratzer, ruhen noch hier. Als ein deutsch-britisches Team – acht Männer und eine Frau – waren wir in den Gewässern von Orkney unterwegs, um in der Tiefe des Nordatlantiks nach Spuren des Seekriegs zwischen 1914 und 1918 zu suchen.

Wegen ihrer schweren Aufbauten kippten alle der deutschen Schiffe beim Untergang; sie liegen entweder auf der Seite oder auf dem Kopf. Tauchgänge sind in Scapa Flow angesichts der rauen Bedingungen und der Tiefen - die Wracks der kaiserlichen Marine liegen zwischen 30 und 45 Metern - kein Kinderspiel, aber für erfahrenere Sporttaucher durchaus zu machen. Die Sicht beträgt im Schnitt zehn Meter. Das Wasser ist kalt, neun Grad selbst im Sommer. Gleichwohl besuchen mittlerweile jährlich einige tausend Taucher die Wracks, die meisten davon sind Briten; tödliche Unfälle ereignen sich jede Saison. Die dauert dank der geschützten Lage in Bucht von April bis Oktober. Etwa 15 Tauchschiffe wurden professionell auf die Bedürfnisse von Tauch-Touristen eingerichtet.

Es war der 21. Juni 1919, und bereits seit mehr als einem halben Jahr lag die einst stolze Hochsee-Flotte in Scapa Flow vor Anker. Formell noch unter deutschem Kommando und mit reduzierten deutschen Besatzungen an Bord, dümpelten die insgesamt 74 Schiffe unter Bewachung der Briten im Hauptstützpunkt der feindlichen Grand Fleet. Plötzlich ein Flaggensignal, das in der weiten Bucht von Schiff zu Schiff weitergegeben wurde: Konteradmiral Ludwig von Reuter befahl die zuvor verabredete Selbstzerstörung. Bei den Friedensverhandlungen in Versailles hatte sich scheinbar abgezeichnet, dass die Alliierten die Flotte annektieren würden.

Das technische Personal drehte die Flutventile auf und zertrümmerte vorher bestimmte Rohrleitungen, wie später der Marinehistoriker Gerd Ruge berichtete, damals ein junger Offizier an Bord eines Torpedobootes. Die Seeleute setzten Kriegsflagge, dann öffneten sie die Kammertüren und Bullaugen, machten das Ankerspill unbrauchbar und warfen alles Werkzeug ins Wasser, um den Briten keine Gelegenheit zu geben, die Schiffe noch in letzter Minute zu retten. „Wer mit seiner Arbeit fertig war, packte seine Sachen und machte sich bereit zum Aussteigen", erzählte Ruge. „Jetzt wurde die Schlagseite so stark, dass es an der Zeit war, das Boot zu räumen." Frikadellen, die auf dem Herd in der Kombüse

■ Die Kronprinz Wilhelm, das Schwesternschiff der Markgraf, liegt in der Bucht Scapa Flow.

von Ruges Boot bruzzelten, fanden Abnehmer im Vorübergehen. Die Mannschaft kletterte in die Rettungsboote – um sich in Kriegsgefangenschaft zu ergeben.

Schulkinder von den Orkney-Inseln, die einen Bootsausflug unternahmen, um die internierte Flotte aus der Nähe zu betrachten, wurden unvermutet zu Augenzeugen der größten Selbstversenkung in der Geschichte der Seefahrt. „Uns war schon aufgefallen, dass die Schiffe merkwürdig tief im Wasser zu liegen schienen", so erinnerte sich später eine zum Zeitpunkt des Geschehens Zwölfjährige. „Plötzlich legte sich direkt vor unseren Augen ein Schlachtkreuzer auf die Seite, kenterte und ging kieloben unter." Die Hölle schien auszubrechen: „Gurgelnd und knisternd sanken überall Schiffe ab, während britische Patrouillen-

fahrzeuge aufgeregt das Chaos durchquerten."

Die britische Marinewache schoss ohne Warnung auf die unbewaffneten Deutschen. Insgesamt acht Seeleute wurden getötet, darunter Walther Schumann, Kommandant der »Markgraf«, sowie sein Oberbootsmannsmaat Hermann Dittmann. Schumann schwenkte ein weißes Tuch, als britische Soldaten mit ihrem Boot heranfuhren, an Bord des sinkenden Schiffes kletterten und verlangten, dass sofort versucht werden solle, die »Markgraf« noch vor dem Untergang zu bewahren. In einem Handgemenge an Deck starben der Korvettenkapitän und der Oberbootsmannsmaat durch Kopfschüsse. Die »Markgraf« sank um 16.45 Uhr als letztes der großen Linienschiffe. Die Toten wurden auf Orkney begraben.

Ich lasse mich an der Sicherungsleine hinab in die Tiefe. Vier meiner Kameraden sind bereits unten. Ihre Aufgabe: Sich im mittleren Bereich der kopfüber auf Grund in 45 Metern liegenden »Markgraf« zu orientieren – und für den nächsten Tauchgang nach Öffnungen zu suchen, die einen Einstieg ermöglichen. Ab 26 Metern erkenne ich schemenhaft Umrisse des Wracks. Wenige Sekunden später stehe ich auf dem Kiel der »Markgraf«. Mehr als 1100 Männer gehörten einst zur Besatzung. Jetzt haben Meeresbewohner von dem stählernen Koloss Besitz ergriffen: Seespinnen, jede so groß wie eine Männerfaust, huschen im Licht der Scheinwerfer davon. Ein Taschenkrebs hat sich im Rohr einer der Kanonen eingenistet.

Ich tauche den Rumpf entlang, entdecke den gebrochenen Mast des Schiffs. Antennen sind zu sehen, das Krähennest ist erhalten. Mein Tauchpartner und ich kehren zur Gruppe zurück. Ich gleite in eine etwa 1,50 Meter hohe Öffnung am Grund, die sich rasch verjüngt. Es wird zu eng, ein weiteres Vordringen ist nicht möglich. In der Mitte des Wracks macht einer der Taucher eine offen stehende Tür aus. Er streckt einen Daumen nach oben: Das schwarze Loch erscheint groß genug für uns, obwohl wir zusätzlich zu unserem Tauchgerät am Rücken an den Seiten jeweils zwei sperrige Luftflaschen à 20 Kilogramm zu tragen haben. Hier will das Team am nächsten Tag eindringen.

Gemeinsam mit ihren Schwesternschiffen »König« und »Kronprinz Wilhelm« hatte die »Markgraf (eine erst nach Kriegsausbruch in Bremen fertiggestellte Kampf-Plattform mit fünf Geschütztürmen und Tor-pedo-Rohren an Bug und Heck) einst die Flanken der kaiserlichen Flotte in Schlachtordnung zu schützen. In der größten Seeschlacht des Ersten Weltkriegs, der unentschieden endenden Schlacht vor dem Skagerrak 1916, musste die 21 Knoten schnelle »Markgraf« etliche Treffer hinnehmen: Der britischen Grand Fleet war es gelungen, sich annähernd rechtwinklig vor der Kiellinie der Deutschen zu positionieren – ein Manöver, dass den Briten erlaubte, volle Breitseiten zu feuern, während die deutschen Schiffe nur mit ihren vergleichsweise leichten Bug-Geschützen antworten konnten.

Heute liegt die »Markgraf« kopfüber auf Grund in 42 Meter. Der nahezu unbeschädigte Rumpf reicht hinauf bis auf 24 Meter Meerestiefe. Der schlammbedeckte Schiffsboden scheint waagerecht, fällt aber tatsächlich leicht nach Backbord hin ab. Wer am Bug den Abgrund hinabtaucht, kann auf ein Loch stoßen, das einst von Bergungstauchern in den Rumpf gesprengt wurde. Mittschiffs wurde ein 15 mal 15 Meter großes Stück herausgesprengt, um die Maschinen bergen zu können – ein Tor in die ewige Nacht im Inneren der »Markgraf«. An der Steuerbord-Seite des Schiffes ist zwischen Deck und Grund eine etwa sieben Meter hohe Spalte, die zu den Aufbauten führt. Mittschiffs ist eine Bordkanone zu erkennen. Große Dorsche sind gelegentlich am Wrack anzutreffen.

Unsere Mannschaft verfehlt die ausgemachte Öffnung. „Es ist nahezu unmöglich, sich an diesem Monstrum exakt zu orientieren", stelle ich später fest. Das Schiff ist knapp 200 Meter lang. Die Sicht beträgt hier bestenfalls acht Meter. Edmund Engler findet gleichwohl den Zugang ins Innere des

Konzentration vor dem Abstieg (rechts: Horst Dederichs). Foto: Andrej Priboschek

versunkenen Riesen. „Das Schiff ist innen in hervorragendem Zustand", so wird er uns später berichten. Die Wände sind zwar rostig braun, doch liegt kein Schutt herum. Als hätte die Besatzung 1919 noch aufgeräumt, bevor sie von Bord in die Rettungsboote ging.

Tatsächlich waren bereits in den 20er Jahren Helmtaucher an den Wracks; ein Unternehmen barg die meisten der deutschen Schiffe ihres Schrottwerts wegen mit einem damals beispiellosen technischen Aufwand: Bei den großen Schiffen wie der 26 000 Tonnen verdrängenden »Hindenburg« verschlossen Arbeiter unter Wasser sämtliche Öffnungen, dann wurde Pressluft in die zumeist kopfüber liegenden Wracks

gepumpt, bis sie an die Oberfläche kamen und zum Abwracken in Docks geschleppt werden konnten. Den sieben Schiffen, die für eine Bergung zu tief lagen, sprengten die Trupps kupferne Teile heraus; sämtliche Fundstücke wurden eingesammelt. Ironie der Geschichte: Der aus der deutschen Hochsee-Flotte gewonnene Stahl wurde noch in den 30er Jahren verkauft – auch nach Deutschland, wo er beim Aufbau der Kriegsmarine des „Dritten Reiches" Verwendung fand (und etwa mit dem Schlachtschiff »Tirpitz« im Zweiten Weltkrieg ein zweites Mal unterging).

An der »Karlsruhe«, einem leichten Kreuzer, der kaum zwei Kilometer von der »Markgraf« entfernt versank: Wir Taucher gelangen durch ein offenes Schott ins Innere des Wracks. Grünes Licht, das durch die Bullaugen fällt, erleichtert die Orientierung in einem größeren Raum an der Steuerbordseite des Schiffes, die jetzt oben liegt. „Die Atmosphäre ist mystisch", sagt Engler später. Er taucht einen Gang entlang in Richtung Heck des Schiffes. Nach 20 Metern gelangt er wieder nach außen: Ein Anker hängt dort mit angezogenen Ketten. Vor 82 Jahren war er von den Männern der »Karlsruhe« das letzte Mal eingeholt worden. An Backbord: eine dicke Seitenkanone.

Zurück an Bord des Expeditionsschiffes. Mark Reeves, britischer Kapitän der »Loyal Mediator«, hat die Mannschaft zu einer Versammlung gebeten. Mit feierlicher Mine verkündet er: Er habe soeben vom Verteidigungsministerium in London die Erlaubnis übermittelt bekommen, das Wrack der HMS »Hampshire« zu erkunden. Eine kleine Sensation. Denn noch nie durften Deutsche zu dem versunkenen Kriegsschiff hinabsteigen. Die »Hampshire«, 1916 unter dramatischen Umständen vor den Orkney-Inseln gesunken, gilt als Kriegsgrab. Die Regierung hat strenge Auflagen erteilt: nichts anfassen, nichts bergen. Und sie hat von uns Hilfe erbeten: Wir sollen unten filmen, damit sich die Behörden einen Eindruck vom Zustand des Wracks machen können.

Doch der erste Versuch, zur »Hampshire« zu gelangen, scheitert. Das Expeditionsschiff gerät in drei Meter hohe Wellen, nachdem es die schützende Bucht verlässt. Wasser schäumt über die Reling. In der Kombüse reißt der Kühlschrank aus seiner Verankerung. Einige Mannschaftsmitglieder kämpfen mit Übelkeit. Wir brechen ab. Kapitän Reeves, selbst ein erfahrener Taucher,

dreht bei. Enttäuschung bei den Mitgliedern der Crew. Die Stimmung an Bord ist wie das Wetter: trübe. Reeves vermag die Mannschaft jedoch aufzuheitern. Er steuert einen Felsen in Scapa Flow an, auf dem sich eine Robbenkolonie tummelt. Wir streifen unsere Anzüge über und schwimmen den Seehunden bis auf wenige Meter entgegen, die uns neugierig beäugten.

Am nächsten Morgen eine kaum bessere Wetterlage: schwerer Wellengang außerhalb von Scapa Flow. Einer der Männer, bislang an allen Tauchgängen beteiligt, schüttelt den Kopf: „Ohne mich." Wenn Wind und Wellen nicht deutlich nachließen – und dafür gebe es keine Anzeichen -, werde er nicht zur Hampshire tauchen. Auf dem Grund sei das Rollen des Meeres oben kein Problem, erklärt er. Wer allerdings beim Auftauchen mit voller Ausrüstung von den Wellen an die Bordwand des Expeditionsschiffes geschleudert werde, dem drohten schwere Verletzungen, wenn nicht Schlimmeres. Der Deutsche geht in Stromness von Bord. Die »Loyal Mediator« sticht in See.

Kurz darauf der nächste Ausfall: Ein Taucher stößt beim Hantieren mit 20 Kilogramm schweren Luftflaschen mit dem Kopf an die Reling. Auch wenn sich später im Krankenhaus ein Verdacht auf Gehirnerschütterung nicht bestätigt, ist für ihn aufgrund einer geschwollenen Wange die Expedition zu Ende.

Das Schiff nähert sich der Position, in der die »Hampshire« vermutet wird. Die Mannschaft ist auf der Brücke des Expeditionsschiffs versammelt. 68 Meter Meerestiefe, so wird angezeigt. Plötzlich jagt die Fieberkurve des Echolots senkrecht nach oben. Wie ein Gebirge türmt sich das Wrack der

■ Über der Hampshire, im Hintergrund: Steilküste von Orkney, darauf
das Denkmal für die Opfer des Untergangs. Foto: Andrej Priboschek

»Hampshire« in der Tiefsee auf, anderthalb Seemeilen vor Marwick Head, einer Steilküste im Westen der Orkney-Inseln. Und nun direkt unterhalb des Expeditionsschiffes. Ein Ausstieg erscheint möglich, aber riskant. Weil der Wetterbericht für die nächsten zwölf Stunden endlich abflauenden Wind in Aussicht stellt, entscheidet das Team, das nächste Gezeitenfenster abzuwarten (den kurzen Zeitraum also, in dem sich die Kräfte von Ebbe und Flut aufheben). Am Abend, um 17.30 Uhr, soll der Abstieg endlich gelingen.

17.45 Uhr. „Es wird knapp", stelle ich nach einem Blick auf die Uhr fest. Der immer noch raue Wellengang erschwert das Ausbringen der Abstiegsleine. Jetzt rennt die Zeit davon: Nur eine Stunde bleibt uns, bis die Flut mit ihrer reißenden Strömung einsetzt. Die einzige Frau im Team, eine Profi-Taucherin, winkt ab. Zu riskant. Vier Männer wagen den Abstieg in die Tiefsee. Drei davon, der Kapitän des Expeditionsschiffes, Mark Reeves, der Ex-Marinetaucher Engler und ich, gelangen schließlich unbeschadet zu dem versunkenen britischen Kriegsschiff. Ein Kamerad muss den Tauchgang wegen starker Schmerzen im rechten Ohr abbrechen. „Eine Erkältung", so wird er später erklären. Ihm sei kein Druckausgleich möglich gewesen.

Das Wasser ist klarer als das innerhalb des Flows. Sicht: vielleicht 15 bis 20 Meter. Die Temperatur beträgt neun Grad. In knapp

70 Meter Tiefe dringt kein Tageslicht mehr. Es herrscht ein Druck von acht bar, fast viermal so viel wie in einem Autoreifen. Um dort unten den berüchtigten Tiefenrausch zu vermeiden, atmen wir Nitrox, ein Helium-Luft-Gemisch. Das im Körper gelöste Gas muss bei der Dekompression, dem schrittweisen Aufstieg also, abgebaut werden. Uns ist klar: Ein Notaufstieg wäre tödlich.

Reeves ist nach zwei Minuten freiem Fall als erster unten; er sichert die Leine, an der wir wieder aufsteigen wollen. Engler und ich gelangen auf den Rumpf der kieloben liegenden »Hampshire«. Unser Ziel: uns zum Bug vorzuarbeiten, zum Leck also, das für die schwimmende Festung den Untergang bedeutete. Reeves beginnt bereits mit dem Aufstieg. Sein Job, uns beide sicher nach unten zu führen, ist getan.

Wind in der Stärke neun blies aus Nordost an jenem Abend des 5. Juni 1916, der 643 britischen Seeleuten den Tod bringen sollte. Das Meer tobte. Die HMS »Hampshire« – ein mächtiges, schlachterprobtes Schiff mit 11 000 Tonnen Verdrängung - hatte soeben Scapa Flow verlassen, als die beiden Begleit-Zerstörer »Unity« und »Victor« über Funk den Befehl erhielten, in die schützende Bucht zurückzukehren. Eine folgenschwere Order: Jetzt war die »Hampshire« auf sich allein gestellt; kein Schiff konnte ihre Besatzung mehr retten. Weshalb es dann tatsächlich nur zwölf Männern gelingen sollte, der Katastrophe zu entgehen. Sie wurden nach Stunden aus dem Meer gefischt.

Gegen 19.30 Uhr, es war taghell und die Küste in Sichtweite, erschütterte eine erste Explosion das Kriegsschiff. „Es gab eine zweite Explosion, etwas weniger gewaltig", berichtete ein Überlebender, Steuermann Samuel Sweeny, der auf der Vorderbrücke gestanden hatte. Das Schiff habe sich nach sofort vorne geneigt, sei manövrierunfähig gewesen. „Flammen schossen hoch, Rauch machte das Atmen schwer", erzählte der Maat nach seiner Rettung.

Bootsmann William Bennett war im Maschinenraum, als ihn die erste Erschütterung (die er in einem Heizraum lokalisierte) von den Beinen riss. Er konnte gleich mehrere kleinere Explosionen in der Folge ausmachen; gelber Rauch trat auf. Im vorderen Magazin brach Feuer aus. Schreie gellten. Etliche Männer brannten, wie Heizer Frederick Sims berichtete. Dann fiel der Strom aus. Das Licht unter Deck erlosch. Auch die elektrisch gesteuerten Ausleger der Rettungsboote funktionierten nicht mehr. Das Schiff wurde für die meisten der Seeleute zur Todesfalle. Innerhalb von nur 15 Minuten versank der Riese, das Heck nach oben gereckt, mit sich drehenden Schrauben, wie einer der Überlebenden im Meer schwimmend beobachtete. Die meisten derjenigen, die über Bord gesprungen waren, dürften erfroren sein: Selbst im Sommer ist das Wasser hier, wo der Nordatlantik und die Nordsee zusammentreffen, selten wärmer als zehn Grad.

Im Licht unserer Scheinwerfer begutachten wir das Wrack. Nahe der Stelle, an der das Gewicht der Schottleine gelandet ist, erlebt Engler eine Schrecksekunde. Er glaubt zunächst, er sei auf einen Berg Schädel gestoßen – tatsächlich ist es nur ein Haufen Steine, wie er sich überzeugt. Wir beiden schwimmen gegen eine starke Strömung an, gelangen an den Bug des 150 Meter langen Schiffes. Wir können ein Stück der Ankerkette erkennen. Eisenteile liegen herum. Überall zerborstener Stahl. Dazwischen: ein Stiefel.

Das Wrack liegt kopfüber auf Grund. Das Schiff wurde einst von drei mächtigen Schrauben angetrieben; die an backbord fehlt: Sie wurde 1983 bei einer ungenehmigten Bergungsaktion einer Ölförder-Gesellschaft gehoben und ist heute vor dem Marine-Museum auf der Insel Hoy zu sehen – womöglich galt die aufwändige Expedition damals dem Gold, das an Bord vermutet wird. Die Hauptmasten liegen an der Steuerbord-Seite auf Grund, im rechten Winkel zum Rumpf, die Aufbauten stecken hier jedoch im Schlamm; interessanter ist es also, an backbord auf Grund zu gehen. Mehrere Geschütztürme sind dort zu entdecken. An einigen Stellen ist der Rumpf unter der Last der Panzerplatten gebogen. Möglich, dass das Wrack in absehbarer Zeit in sich zusammenbricht.

Was fühlt ein Taucher, der sich diesem nassen Grab nähert? „Unten funktionierst du wie eine Maschine", antworte ich unmittelbar nach dem Auftauchen. Die Dimension der Tragödie werde ich wohl erst später erfassen, wenn ich meine Beobachtungen in Ruhe nachvollziehe: das Rad der Ankerbremse, das einst von jungen Matrosen gedreht wurde, die Munitionskiste oder das riesige Leck am Bug, das wirkt, als habe ein Riese seine Faust ins Schiff gegraben. Engler hingegen meint: „Die Geschichte ist immer mit dabei." Auch in der Schwärze der Tiefsee habe ihn das traurige Schicksal der zumeist jungen Männer berührt, sei ihm ihre Angst in den letzten Minuten in den Sinn gekommen („vielleicht, weil ich selbst zur See gefahren bin").

Zurück an Bord. Kapitän Reeves spricht ein Gebet. Alle Taucher sind unbeschadet wieder an Bord des Expeditionsschiffes »Loyal Mediator«. Das deutsch-britische Team überlässt einen Kranz zu Ehren der Toten dem Meer. In Sichtweite: die 70 Meter hohe Steilküste Marwicks Head, darauf das weithin erkennbare Denkmal für die Opfer von der »Hampshire«.

Was war damals geschehen? „Mine or submarine?" – Treibmine oder U-Boot? –, so fragte der britische „Guardian" in seiner Sonntags-Ausgabe vom 7. Juni 1916, also unmittelbar nach dem Unglück. „Soweit der Öffentlichkeit bekannt ist, gab es in jüngster Zeit nahe der Orkneys keine Aktivitäten von U-Booten", stellte die Tageszeitung fest. In den einsamen Buchten an der Nordküste Schottlands hätten sich in der Vergangenheit jedoch immer wieder feindliche Unterseebote getummelt – bis die Royal Navy sie mit regelmäßigen Patrouillen verscheucht habe. Seitdem machten die Deutschen vor allem die Westküsten Englands und Irlands unsicher. Es könnte aber sein, dass die »Hampshire« rein zufällig auf ein deutsches U-Boot getroffen sei, das nach Westen unterwegs war, und von einem seiner Torpedos versenkt wurde, mutmaßte das Blatt.

Die Überlebenden, sofern sie sich zur möglichen Ursache des Untergangs äußerten, teilten diese Theorie nicht. „Die erste Explosion wurde wahrscheinlich von einer Mine verursacht", meinte etwa Bootsmann Bennett. So jedenfalls habe sich das laute Krachen angehört. Die folgenden Erschütterungen seien deutlich weniger gewaltig gewesen, hätten mehr wie das Abfeuern von Schiffsgeschützen geklungen – offenbar war

Munition in einem Depot detoniert, das Feuer gefangen hatte. Eine Version, die sich die britische Admiralität schnell zu eigen machte: Ein deutsches U-Boot habe Tage vor dem Unglück in schottischen Gewässern Treibminen gelegt, hieß es in einer offiziellen Stellungnahme, und eine sei der »Hampshire« zum Verhängnis geworden. Ein direkter Angriff erschien in der Tat äußerst unwahrscheinlich. Bei dem Tageslicht an jenem Juni-Abend wäre ein deutsches U-Boot, das beim damaligen Stand der Technik nur Stunden tauchen und Torpedos lediglich von der Wasseroberfläche aus abschießen konnte, so nahe dem Hauptstütz-punkt der britischen Grand Fleet kaum unentdeckt geblieben.

Es gab allerdings Zeitgenossen, die an einen Zufallstreffer der Deutschen nicht glauben wollten. Rasch kam die Theorie auf, die Hampshire sei einem Anschlag zum Opfer gefallen. Der Anlass für solche Vermutungen: Das Schiff hatte einen überaus prominenten Passagier an Bord, nämlich den britischen Kriegsminister Lord Kitchener. Ihn sollte die Hampshire über das Nordkap von Norwegen in den russischen Hafen Archangelsk bringen, wo er mit Zar Nikolaus II. über den Fortgang des Krieges gegen die Mittelmächte beraten wollte.

Scapa Flow

Tauchsaison: Mai bis September
Wassertemperatur: 9 bis 11 Grad
Sicht: 5 bis 10 Meter
Strömung: innerhalb der Bucht
schwach
Fauna und Flora: wenig Bewuchs
Schwierigkeit:

★★★ bis ★★★★
★   = Schnorchler,
★★   = Anfänger mit Begleitung,
★★★   = erfahrene Taucher,
★★★★   = erfahrene Wracktaucher,
★★★★★   = Technical Divers

Literatur: Rod MacDonald, Dive Scapa
Flow, London 2000
Gerd Ruge: Scapa Flow 1919, Olden-
bourg 1969
Andreas Krause Scapa Flow, Die Selbst-
versenkung der Wilhelminischen Flotte,
München 2001

Feldmarschall Kitchener, ein Held der britischen Kolonialkriege, galt im Empire als
populärster Soldat seiner Zeit (mit seinem
Konterfei warb die Armee um Rekruten),
war allerdings aufgrund seiner Kriegfüh-
rung in die Kritik geraten und innerhalb des
Kabinetts von Premierminister Lloyd George isoliert. Kitchener starb nach dem Be-
richt eines Überlebenden standesgemäß: mit
Haltung. Ohne Regung soll der Feldmarschall in seinem Mantel auf der Brücke der
sinkenden »Hampshire« gestanden und den
Untergang erwartet haben. Seine Leiche
wurde nie gefunden.

Hatten innenpolitische Gegner, gar aus
Reihen der britischen Regierung, den Earl of
Karthoum beseitigen wollen und eine

Bombe auf der »Hampshire« gezündet? Einige Verdachtsmomente schienen diese Ver-
schwörungs-These zu stützen: Premierminister George hatte ursprünglich mit Kitchener
nach Russland reisen wollen, disponierte
dann aber plötzlich um. Dazu kam der ei-
gentümliche Befehl an die Begleitschiffe der
»Hampshire«, nach Scapa Flow zurückzukehren. Die spätere Begründung lautete:
Wegen des Sturms hätten die Zerstörer um-
kehren müssen. Aber »Unity« und »Viktor«
galten als ebenso seefest wie die »Hampshire« selbst. Auf den Orkney-Inseln hält sich
darüber hinaus bis heute das Gerücht, den
örtlichen Rettungsmannschaften sei erst vier
Stunden nach dem Untergang erlaubt worden, nach Überlebenden zu suchen. Versuchte die Admiralität, Spuren eines Verbrechens
zu vertuschen? Tatsächlich war zunächst Ge-
heimhaltung angeordnet worden - nicht un-
gewöhnlich jedoch zu Kriegszeiten. Hatten
dann vielleicht nordirische Radikale einen
Anschlag verübt? Immerhin, die »Hampshire« war kurz zuvor in einer Werft in Belfast
überholt worden. Oder war es vielleicht
deutschen Spionen gelungen, einen Spreng-
körper an Bord zu schmuggeln, um den populärsten Feind des Kaisers zu ermorden?

Diese Fragen, die damals aufgeworfen
wurden, können heute allesamt getrost ver-
neint werden. Nicht nur, weil es keine hi-
storischen Belege für ihre Stichhaltigkeit
gibt. Engler und ich konnten das Leck untersuchen. Der Bug ist unterhalb der Wasserlinie des Schiffes auf einer Länge von mindestens 15 Metern komplett weggerissen, als
sei die Hampshire mit voller Kraft auf ein
Hindernis gestoßen. Die Bruchkante ist
nicht nach außen gebogen, wie sie sein müsste, wäre eine Bombe an Bord explodiert.

So kann als Ursache für die Hampshire-Tragödie tatsächlich eine Treibmine aus den Beständen des Kaiserreichs angenommen werden. In den Tagen nach der Katastrophe entschärften britische Minensuch-Boote im Unglücksgebiet 21 Minen, die von einem deutschen U-Boot unmittelbar nach der Skagerrak-Schlacht wenige Tage zuvor gelegt worden sein dürften.

Der Schrecken des Krieges: der Ärmelkanal und die Irische See

Der „Dooms-Day", der Tag des Jüngsten Gerichts, begann in der Nacht zum 6. Juni 1944. Hunderte alliierte Fallschirmjäger landeten als Vorhut hinter der deutschen Frontlinie am Atlantikwall. Sie sollten Absprungzonen markieren für nachfolgende Lastensegler und Fallschirmspringer-Einheiten, die als Flankenschutz für die Landungstruppen vorgesehen waren. Eine gigantische Streitmacht, die größte Flotte der Kriegsgeschichte, baute sich vor der Normandie auf: 200.000 Mann Sturmtruppen auf 4000 Schiffe verteilt, eskortiert von 600 Kriegsschiffen und 7000 Jagdflugzeugen. Die Alliierten setzten an, Westeuropa von der deutschen Besatzungsmacht zu befreien. 2500 Bomber ließen ab 3 Uhr morgens die normannische Erde beben. Sie klinkten über der Calvados-Küste ihre tödliche Fracht aus, der Küstenstreifen verwandelte sich in ein Inferno. In der Morgendämmerung nahmen zusätzlich schwere Schiffsgeschütze die deutschen Befestigungen unter Feuer.

Trotzdem stießen die Sturmtruppen an einigen Küstenabschnitten auf heftige Gegenwehr – „der längste Tag", wie der D-Day auf deutscher Seite genannt werden sollte, wurde zum Gemetzel. Allein am „Omaha-Beach", wo eine deutsche Infanteriedivision gerade zufällig übte und deshalb sofort gefechtsbereit war, starben ab 6.30 Uhr 2200 GIs im Maschinengewehr- und Mörserfeuer. Dennoch gelang es den Alliierten, Brückenköpfe zu errichten. Schon am Abend war klar: Die Landung ist geglückt. Doch die heftigen Kämpfe hielten an. Vier Tage brauchten Amerikaner, Briten und Kanadier, um die Deutschen vom gesamten Küstenabschnitt zu verdrängen. Erst drei Wochen nach dem „D-Day" konnte Cherbourg befreit werden. In dieser Zeit wurden immer mehr Truppen über den Ärmelkanal geschafft, insgesamt 2,8 Millionen Soldaten. Gefahrlos war dieser Seeweg keineswegs: Rund 200 Schiffe gingen im Verlauf des Unternehmens „Overlord" durch deutsche Seeminen, Torpedos oder Bomben verloren.

Und diese Wracks, Landungsschiffe aller Art: von Spezialschiffen bis hin zu großen Truppentransportern, zeugen noch heute von dem Blutzoll, den der Krieg in jenen Tagen forderte. Zwischen Helmen, Munition und gelegentlich einer Pistole staksen Krabben und Hummer. Im Zwielicht des trüben Atlantiks liegt militärisches Gerät, das nie seinen Einsatzort erreichte. Wie in der LST 523 »Carbonelle«, einer Landungsfähre, die 20 Panzer auf einmal direkt am Strand absetzen konnte. Das Navy-Schiff war von Beginn der Invasion an im Einsatz gewesen und schon etliche Male übergesetzt, als sie am 19. Juni vor „Omaha-Beach" auf eine Mine fuhr und sank. Sie liegt in 29 Meter Tiefe - noch immer mit einer vollen Ladung Sherman-Tanks beschwert. Das Bugteil, leicht zu erkennen dank der imposanten Rampe, erscheint nahezu intakt. Mittschiffs ist das Wrack kollabiert. Die Panzer sind die einzigen Orientierungspunkte in dem Trümmerfeld. Das Heck der »Carbonelle« liegt samt der Panzer darin auf dem Kopf. Das kastenförmige Schiff ist vergleichsweise leicht zu durchtauchen – vorbei an Dieselmotoren und anderen Maschinenteilen.

Die »Susan B. Antony«, benannt nach einer Frauenrechtlerin, war ursprünglich als Fracht- und Passagierliner gebaut worden und lief unter dem Namen SS »Santa Clara«. Die US Navy zog das 8000-Tonnen-Schiff dann ein, taufte es um und machte daraus einen Truppentransporter. Die »Susan B. Anthony« wurde vorne und hinten jeweils mit mehreren Geschützen nachgerüstet sowie mit verstärkten Davits versehen, die Landungsfahrzeuge absetzen konnten. Die großen Fenster und Bullaugen des Schiffes wurden mit grauen Stahlplatten geschlossen. Am 7. Juni fuhr die »Susan B. Anthony« auf eine Mine, die den Boden unter Laderaum Nummer vier aufriss. Die Explosion muss gewaltig gewesen sein: Das Heck wurde fast abgerissen. Das Wrack ruht, von zahlreichen Fischernetzen umhüllt, in 29 Metern. Der Rumpf ist nach Backbord hin zusammengebrochen, das Deck samt der Geschütze und die Überreste der Aufbauten stehen aber zumeist aufrecht. Die Anker-Winsch ist abgerissen, sie liegt inmitten eines Haufens verrosteter Kettenglieder unterhalb einer Geschütz-Plattform. Die inneren Wände sind verrottet, die Stützbalken tragen die Konstruktion. Außen braucht ein Taucher bei gutem Wetter keine Lampen. Der weiße Sandgrund reflektiert das Sonnenlicht. Fischschwärme umtanzen das Wrack.

Die »Meredith III« hatte nur Stunden nach dem Untergang der »Susan B. Anthony« gleich doppeltes Pech: Erst lief der US-Zerstörer auf eine Seemine, dann griff ihn ein deutsches Jagdflugzeug an. Das hatte leichtes Spiel, die »Meredith III« war manövrierunfähig. Eine Bombe sorgte für ihren Untergang. Das Wrack ruht auf Grund in 22 Metern und ist mittlerweile zusammengebrochen, inmitten des Trümmerfelds liegen Aluminium-Kanister voller Munition. Hinter den Kanonen sind die kastenförmigen Aufbauten zu erkennen. Der Mechanismus zum Drehen der Geschütztürme offenbart imposante Zähne. Intakt scheint dagegen die HMS »Seasame« zu sein, ein bewaffneter Schlepper, der am 11. Juni 1944 von einem deutschen Torpedo versenkt wurde. Offenbar bewahrt der Rumpf, der für die überaus starken Maschinen verstärkt worden war, das Wrack vor dem Zusammenbruch.

„Das deutsche Radio hat heute Spekulationen darüber geäußert, dass die »Leopoldsville«, ein früherer belgischer Passagierliner, zwischen England und Frankreich gesunken sei. Das Schiff sei von den Alliierten als Truppentransporter genutzt worden. Berlin erklärte, dass zwei Rettungsboote mit dem Namen des Schiffes nahe der Kanal-Inseln aufgebracht worden seien. Eines der Boote habe militärische Ausrüstung enthalten. Es könne angenommen werden, dass Soldaten schiffbrüchig geworden seien. Von alliierter Seite gab es keinen Kommentar dazu.“ Die Nachrichtenagentur AP sendete diese Meldung von London aus am 14. Januar 1945 an Zeitungen und Radiostationen weltweit. Und: Sie beruhte auf Tatsachen.

Heiligabend 1944, 9 Uhr. Ein kleiner Konvoi verlässt den Hafen von Southampton in Richtung Cherbourg. Vier Kriegsschiffe und in der Mitte die »Leopoldville«. An Bord: 2235 Soldaten der 66. Infanterie Division der US-Army. Die Wehrmacht, seit dem D-Day auf dem Rückzug, hat sich mit ihrer überraschenden Ardennenoffensive etwas Luft an der Westfront verschafft. Die Alliierten brauchen neue Truppen zur Unterstützung. Schon 24 Mal war die »Leopoldville«, die vor dem Krieg zwischen Antwerpen und Belgisch-Kongo verkehrt hatte, über den Kanal an die normannische Küste gelangt. Mit ihr insgesamt 50 000 Soldaten. Nie war dem Schiff etwas zugestoßen. Heute aber fährt die Formation mit 13 Knoten einen Zickzack-Kurs. In den letzten Tagen waren verstärkt Bewegungen deutscher U-Boote im Ärmelkanal registriert worden. Trotzdem erklärt den Infanteristen niemand, wie sie sich im Notfall verhalten sollen. Die See ist rau.

14.30 Uhr. Das größte der Begleitschiffe, die HMS »Brilliant«, meldet U-Boot-Alarm. Marinesoldaten machen sich bereit zum Gefecht. Zerstörer schwärmen aus.

14.45 Uhr. Entwarnung. Kein deutsches U-Boot ist auszumachen.

15 Uhr. Erneuter Alarm. Wieder begeben sich die Kriegsschiffe auf die Suche nach einem U-Boot. Wieder ohne Erfolg.

15.10 Uhr. Entwarnung.

Fünfeinhalb Seemeilen vor Cherbourg lauert U-486.

17.54 Uhr. Die »Leopoldville« gerät ins Fadenkreuz des deutschen U-Bootes.

17.56 Uhr. U-486 feuert einen Torpedo ab und lässt sich aus Furcht vor Wasserbomben sofort auf den Grund sinken. Die deutschen Seeleute hören zwar eine Explosion, wissen aber nicht, ob sie den alliierten Truppentransporter versenkt haben.

Gleichzeitig: Die Explosion erschüttert die »Leopoldville«. Der Torpedo reißt an Steuerbord die Wand in Höhe des Laderaums Nummer vier auf. Drei Abteilungen werden geflutet. Das einströmende Wasser reißt Treppen weg. Nur wenige der dort untergebrachten 300 GIs gelangen nach oben an Deck.

18 Uhr. Geordnet, ohne Panik schreiten Infanteristen und Besatzungsmitglieder an Deck. Die Soldaten bauen sich in Reihen auf, erwarten Instruktionen. Aus den Lautsprechern des Schiffes kommen widersprüchliche Meldungen: Das Schiff sinke nicht, ein Schlepper sei unterwegs, heißt es. Dann: Alle Männer würden von anderen Schiffen aufgenommen. Die Begleitschiffe haben sich von der »Leopoldville« entfernt. Sie jagen das U-Boot.

18.25 Uhr. Der Zerstörer »Brilliant« fährt an die Seite des Transporters heran, um Soldaten zu übernehmen. Die müssen von einem Deck aufs andere springen. Immer wieder reißt der Seegang die Schiffskörper auseinander. Mehrere Männer verfehlen die rettende Reling und fallen ins Wasser. Sie werden von den wieder aneinander stoßenden Schiffen zerdrückt. Rund 500 Infanteristen gelangen an Bord der »Brilliant«. Noch immer sind die übrigen Begleitschiffe auf der Suche nach dem feindlichen U-Boot. Der Konvoi-Kommandant glaubt, sie beim Rettungseinsatz nicht zu benötigen. Ein einziges Schiff der Alliierten rückt aus Cherbourg an, um die übrigen Soldaten aufzunehmen. Weil Heiligabend ist, sind die meisten Schiffe dort nicht einsatzbereit.

20 Uhr. Die Evakuierung geht quälend langsam vonstatten. Noch immer sind 1200 Mann an Bord der »Leopoldville«.

20.27 Uhr. Zwei Explosionen zerreißen die Eingeweide des Schiffe. Schotts werden aus ihren Angeln gedrückt und fegen einige Männer von Bord. Die »Leopoldville« sackt nach hinten ab. Viele Soldaten springen mit voller Ausrüstung ins eiskalte Wasser. Wer seinen Helm am Kinn befestigt auf dem Kopf trägt, stirbt beim Aufschlagen auf die Wasseroberfläche: Genickbruch. Andere werden von ihren schweren Soldatenmänteln nach unten gezogen. Die »Leopoldville« schlägt mit dem Heck zuerst auf dem Grund auf. Rettungsschiffe suchen im Dunklen nach Menschenleibern. Etliche werden aus dem Wasser gezogen und sterben an Bord: Unterkühlung.

Zwei Tage später, am 26. Dezember 1944. U-486 versenkt zwei weitere alliierte Schiffe.

Dreieinhalb Monate später, am 12. April 1945. Ein Schnorchelschaden zwingt U-486 aufzutauchen. Das alliierte U-Boot HMS Tapir entdeckt die Deutschen. U-486 wird mit kompletter Besatzung versenkt.

Die »Leopoldville« gilt heute als das eindrucksvollste Wrack im Ärmelkanal. Ihre Dimensionen und ihr guter Zustand machen das versunkene 11 500-Tonnen-Schiff zu einem Fanal für den Schrecken des Krieges. Der Liner ruht auf seiner Backbord-Seite in rund 60 Metern. Heftiger Wellengang und Strömungen bis zu acht Knoten machen es oft unmöglich, dort zu tauchen. An Steuerbord, in Höhe von Deck F, ist das große

Leck erkennbar. Die Bilanz der Katastrophe: 808 Tote.

Szenenwechsel. Der namhafte deutsche Unterwasser-Fotograf Christoph Gerigk und ein Tauchpartner nutzen das kurze Tidefenster, die Zeit also, in der die Kräfte von Ebbe und Flut sich gegenseitig aufheben, um an einer Boje vor dem bretonischen Küstenort Portsall abzutauchen. Die Felsen dort sind schroff. Die Strömung ist stark. Ein Auftauchen an der Einstiegsstelle erscheint unmöglich. So führen die Taucher Sender mit sich, damit die Besatzung des Expeditionsschiffes sie an der Wasseroberfläche orten kann. Die beiden Männer gelangen nach kurzem Abstieg auf den Grund in 34 Meter Tiefe. Doch von ihrem Ziel ist nichts zu sehen. Das Leinengewicht liegt im Sand. Die Taucher folgen den Spuren, die das Eisen in den Sand gezogen hat. Eine Viertelstunde schwimmen sie gegen die Strömung an. Plötzlich macht Gerigk in der Ferne vermeintlich einen schwachen Schatten aus, wie eine Fata Morgana am Horizont einer Wüste. Die Kontur wird dunkler und höher. Sie ist es: die »Amoco Cadiz« - ein Schiffname, der zum Synonym für den Raubbau des Menschen an der Natur geworden ist. Rund 400 Kilometer bretonischer Küste wurden von einer Ölpest befallen, nachdem der 334 Meter lange Supertanker am 16. März 1978 auf die Felsen gelaufen und auseinander gebrochen war. Ein Teppich aus 223.000 Tonnen Rohöl trieb auf dem Meer – um solch eine Menge transportieren zu können, verfügte die »Amoco Cadiz« über das fünffache Volumen der Titanic. „Das Wrack wirkt, als hätte die Natur Rache genommen", berichtet Gerigk. Die Felsen und das Meer haben den Schiffskörper verrenkt und wie einen alten Karton in Fetzen zerrissen - ein Trümmerfeld, das sich über einen halben Kilometer in Richtung Südwest erstreckt. „Fantastische Unterwasser-Skulpturen aus rostigem Stahl, beherrscht von maritimen Leben", meint Gerigk.

Er und sein Tauchpartner gelangen ans Heck des versunkenen Riesen. Sie schwimmen hoch und können die weißen Buchstaben des Schiffsnamens entziffern. Die Reling ist mit Seegras bewachsen. Die Taucher erreichen das Deck und werden von der plötzlich aufbrandenden Strömung erfasst. Erst bläst sie ihnen entgegen, dann wechselt sie die Richtung und zieht die Männer wie Puppen auf das 45 Grad geneigte Hinterdeck. „Wir sind 30 Meter tief, aber der Atlantik-Schwall schüttelt uns durch, so dass wir fest in unsere Mundstücke beißen müssen, damit sie nicht fortgerissen werden", berichtet Gerigk. Die Taucher ziehen sich vorwärts zwischen übermenschlich großen Pollern und immensen Winden. Das Wrack ist oben mit grünbraunem Kelp bewachsen, das sich im Rhythmus der Wellen wiegt. Die Männer steigen ins Wrack ein durch eine Öffnung, die direkt in den Rudermaschinenraum führt – eine Halle, wie für Riesen gebaut. Langsam tauchen sie in die Finsternis hinein. Viele Schwebeteilchen treiben im Wasser. Eine Dunstschicht liegt unter der Decke. „Mit konventioneller Ausrüstung hätten wir innerhalb von Sekunden nichts mehr gesehen", meint Gerigk später. Die Männer tauchen mit Rebreathern, mit Atemkreislaufgeräten also, die kaum Blasen entweichen lassen. Im Rumpf des Schiffes sind keinerlei Wasserbewegungen zu spüren. Wie im Weltraum, meint Gerigk. Auf dem

Boden liegt Sand. Ein Teil der riesigen Schraube ragt aus der Dunkelheit – in den Schiffskörper eingedrungen, als der Rumpf auf den Grund schlug. Der gigantische Ruder-Mechanismus ist zu erkennen. Von Fischen hingegen keine Spur. Die beiden Taucher schwimmen hoch, gelangen an die rostige Decke, sehen elektrische Leitungen und. Sicherungen. Tote Druckanzeigen auf Kontroll-Tafeln. Einige große Sauerstoff-Zylinder liegen verstreut im Raum. Sie wurden in der letzten Phase der Rettungsoperation herbei geschafft, als Spezialisten versuchten, eine gebrochene Stange des Rudermechanismus zu schweißen. Die Bemühungen waren erfolglos. Das Schiff blieb manövrierunfähig.

Von der Ölkatastrophe ist heute keine Spur mehr zu sehen, stellt Gerigk fest. Der Sand um das Wrack herum wirkt sauber. Ein Mast reicht bei Ebbe auf bis zu zwei Meter an die Wasseroberfläche heran. Riesige Fischschwärme umtanzen die »Amoco Cadiz«, deren ursprünglich 52 Meter hoher Schiffskörper stellenweise bis zu 20 Meter in den weichen Grund eingesunken ist. Die Natur hat gesiegt.

Kaum 20 Kilometer entfernt, vor Brest. Hier liegt das Wrack der »Kléber«, eines 1902 gebauten französischen Panzerkreuzers, der im Ersten Weltkrieg sein Ende fand. Das skelettierte Schiff liegt heute kopfüber in 45 Metern, die Steuerbord-Seite lehnt gegen ein Riff. Einige der Aufbauten – darunter zwei mächtige Geschütztürme – ragen an Backbord unten heraus. Die Eisenplatten, die einst an die Konstruktion aus Teakholz geschraubt worden waren, wurden über die ganze Länge des Schiffes geborgen. So ist das Innere der »Kléber« leicht

zugänglich. Mittschiffs sind drei Dampfma-
schinen zu entdecken.

Das Schiff, benannt nach einem General
Napoleons, war während seiner gesamten
Dienstzeit vom Unglück verfolgt. Schon
beim Stapellauf wurde die Höhe der Tide
falsch berechnet, so dass der 7700-Tonner
auf den Grund schlug. Dabei wurde der Kiel
beschädigt. Im mexikanischen Veracruz
rammte und versenkte die »Kléber« dann
versehentlich das US-Dampfschiff »Hugo-
mak«. Dann, in den Dardanellen, lief die
»Kléber« auf Grund – ausgerechnet in der
Nähe einer türkischen Küstenbatterie. Die
beschoss den französischen Panzerkreuzer
so lange, bis dessen Mannschaft mehrere
Hundert Tonnen Kohle aus den Laderäumen
ins Meer gekippt und das Schiff so wieder
manövrierfähig gemacht hatte. Eine umfangreiche Reparatur war die Folge. Kaum
wieder einsatzfähig, kollidierte die »Kléber« mit einem britischen Dampfschiff im
Hafen der indischen Stadt »Madras«. Kurz
darauf rammte sie ein weiteres britisches
Dampfschiff, das sie eigentlich eskortieren
sollte. Es sank. Im Juni 1917 erwischte es
die »Kléber« dann in heimatlichen Gewässern selbst: Sie lief auf eine Mine und ging
unter.

Juli 2002, vor der irischen Südküste. Der
Abstieg in das Reich des Todes ist eine
Sache von vier Minuten. Zwei Männer lassen sich in die Tiefe fallen. Das sie umge-
bende Licht nimmt mit jedem Meter ab, die
Farbe des Meeres wechselt von Blau zu
Dunkelgrün. Ein gewaltiger Schatten tut
sich unter ihnen auf. Sie landen auf einer
Stahlfläche, die sich schier endlos nach
allen Seiten erstreckt. Dann schlingt einer
der beiden eine Kette, die die Abstiegsleine

■ Rätselhafter Untergang: Warum
stach die Lusitania überhaupt in See –
trotz einer Warnung der Deutschen?
Illustration: Stuart Williamson

sichern soll, um ein gebogenes Eisenteil.
Der andere schießt eine Boje zur Wasser-
oberfläche - das Signal für uns vier weitere
Taucher, uns am Seil herabzulassen. Das
Ziel der Expedition ist ein versunkenes
Schiff, dessen rätselhafter Untergang eine
nicht geringere welthistorische Bedeutung
hat wie das Ende der Titanic.

Die Rede ist von der »Lusitania«, einem Liner, der 1915 von einem deutschen U-Boot versenkt wurde, was die USA zum Eintritt in den Krieg gegen Deutschland trieb. War die Zerstörung des Schiffes und der Tod von rund 1200 Menschen, darunter 123 US-Bürger, womöglich von den Briten provoziert worden, um die Amerikaner als Verbündete zu gewinnen? Transportierte das Passagierschiff heimlich Waffen und Munition, wie es das Deutsche Reich behauptete? Für Taucher ist das Wrack eine der härtesten Herausforderungen der Welt. Es liegt 93 Meter tief in der kalten und trüben Irischen See. Jetzt war ein deutsch-britisches Team dort unten, darunter mein Tauchpartner Uli Rose und ich. Unser Team sammelte Informationen über den Zustand des Wracks, um eine mögliche Bergung vorzubereiten.

Es gibt ernstzunehmende Berichte, nach denen der Liner überaus wertvolle Fracht an Bord hatte: Gemälde von Rubens, Tizian und Monet im damaligen Wert von 60 Millionen Dollar soll Sir Hugh Lane, Direktor der Irischen Nationalgalerie, in wasserdichten Zinkröhren mit sich geführt haben. Gesichert ist: Lane war unter den Opfern des Untergangs. Die irische Regierung jedenfalls hält die Geschichte für so realistisch, dass sie das Tauchen an der »Lusitania« zunächst verbot. Nachdem der Eigentümer des Wracks, der amerikanische Bergungsunternehmer Gregg Bemis, dagegen klagte und Recht bekam, werden Genehmigungen erteilt – allerdings um den Preis strenger Kontrollen: Regierungsbeamte sind stets mit dabei, so auch nun an Bord unseres Expeditionsschiffes »Loyal Watcher«.

Bemis hatte die Rechte an der »Lusitania« vom Schiffsversicherer Lloyd's erworben. Noch immer tobt ein Rechtsstreit darum, wem das Inventar an Bord der »Lusitania« gehört. Irland, in dessen Hoheitsgebiet das Schiff liegt, hat Ansprüche angemeldet.

Berichte von den beiden ersten großen Tauch-Expeditionen zum Wrack, im September 1999 und im Juli 2000 jeweils unter britischer Führung, lassen ahnen, dass der Tauchgang kein Spaziergang wird. Übereinstimmend berichteten die Mannschaften von einer Sprungschicht in 30 Metern. Eine Wolke aus Plankton und Schlick hatte sich auf das dichtere kalte Wasser gesetzt. „Ich konnte meine Finger hineinhalten und sie darin verschwinden sehen. Sie wurden warm", berichtete einer der Taucher. Nun war die Sprungschicht weniger deutlich ausgeprägt, gleichwohl passierten auch wir eine Temperaturscheide. Darunter ist es eisig, im Schnitt acht Grad Wassertemperatur, und trübe. Die Sicht beträgt bestenfalls acht bis neun Meter. Auf Grund dann: eine stählerne Todeslandschaft, ein unüberschaubares Chaos. Fischernetze, die sich am vorderen Teil des Wracks verfangen haben und wie eine Wand im Wasser stehen, scheinen nach den Besuchern greifen zu wollen.

Wie eine Ameise, die über den Körper eines schlafenden Riesen läuft, so habe ich mich auf dem gewaltigen Rumpf gefühlt. Beim Untergang damals brach der Schiffskörper, der Bug wurde beim Aufprall nach oben gebogen. Wie ein gigantischer Bumerang liegt das Schiff jetzt auf seiner Steuerbord-Seite. Die Zerstörungen sind enorm. Der oberen Decks und die Aufbauten sind

weitgehend in sich zusammengefallen, ein Trümmerfeld. Dennoch, mittschiffs wirkt die »Lusitania« weitgehend intakt, so stellen wir fest. Eine Woche lang taucht unser Team täglich zum Wrack. Wir nutzen für den Abstieg stets das Gezeitenfenster, die kurze Zeit also, in der sich die Kräfte von Ebbe und Flut aufheben. Bei Strömung würden wir mit unserer jeweils mehr als 100 Kilogramm schweren Ausrüstung das Wrack kaum erreichen. Unten angekommen, machen wir überall Relikte der Vergangenheit aus: ein Bullauge der Ersten Klasse mit einem Ornament aus der Zeit König Edwards, eine Ankerkette, jedes Glied misst einen halben Meter im Durchmesser, und die vor der letzten Fahrt übermalten Messingbuchstaben des Schiffsnamens am Bug.

Die Identifizierung des Schiffes sollte damals erschwert werden. Dass die »Lusitania« überhaupt von New York aus in Richtung England in See stach, an jenem 1. Mai 1915, muss aus heutiger Sicht verwundern. Denn für diesen Abfahrtstag hatte die Botschaft des Deutschen Kaiserreiches in Washington eine Annonce aufgegeben, die in der New York Times auf der selben Seite wie die Anzeige der Cunard-Reederei mit der Startzeit des Liners erschien. Die Warnung war unmissverständlich: Zwischen Deutschland und Großbritannien herrsche Krieg. Britische Schiffe könnten zerstört werden. Wer sich trotzdem auf eine Atlantik-Überfahrt begebe, „tut dies auf eigene Gefahr".

Passagiere, die ihn darauf ansprachen, beruhigte Kapitän William Turner mit dem

Bretagne und Normandie

Wracktauchzeit: Mai bis September

Wassertemperatur: am Grund 9 bis 11 Grad

Sicht: fünf bis 15 Meter

Strömung: extrem heftig, bis zu acht Knoten

Fauna und Fora: Hummer und Krabben

Schwierigkeitsgrad: ★★★★

★ = Schnorchler,
★★ = Anfänger mit Begleitung,
★★★ = erfahrene Taucher,
★★★★ = erfahrene Wracktaucher,
★★★★★ = Technical Divers

Literatur zum Nordostatlantik:

Guido Knopp: Damals 1944, Stuttgart 1994

Max McLeod: The Longest Week – the D-Day Wrecks, in: Diver Magazine, Juli 2000

John Liddiard: Dive Brittany, in: Diver-Magazine, März 2001

Christoph Gerigk: "The Biggest Wreck In The World", Diver Magazine, Februar 2000

Robert D. Ballard: Das Geheimnis der Lusitania, Eine Schiffskatastrophe verändert die Welt. München 2000

Leigh Bishop: „Lusitania - the Liner that turned the War", in: Diver Magazine, Juni 2000

Hinweis auf die hohe Geschwindigkeit des Schiffes. Tatsächlich hätten die damals recht langsamen U-Boote einer mit Höchstgeschwindigkeit laufenden »Lusitania« (26 Knoten) nicht folgen können. Was Turner seinen Passagieren aber nicht verriet: Er war von der Reederei angewiesen worden, Kohle zu sparen und ein Viertel der Leistungskraft nicht einzusetzen. So blieben einige Kessel während der Überfahrt kalt. War beim Untergang der »Lusitania« also Leichtsinn oder gar eine Verschwörung im Spiel? Eine rätselhafte zweite Explosion, die dem Schiff endgültig den Todesstoß versetzte, nachdem es am siebten Tag seiner Reise von einem Torpedo getroffen wurde, nährt die Verschwörungstheorie. Hatte die »Lusitania« Waffen und Munition geladen, die sich entzündeten? War dem deutschen Geheimdienst gar von den Briten eine Information über die brisante Ladung zugespielt worden? Wäre dem so, müsste zumindest die Geschichte des Ersten Weltkriegs in Teilen umgeschrieben werden.

Der Titanic-Entdecker Robert D. Ballard war mit einem Forschungs-U-Boot an der »Lusitania«. Seine These: Die rätselhafte zweite Explosion sei vermutlich durch Kohlenstaub ausgelöst worden, der durch den Torpedo aufgewirbelt und entzündet wurde. Einen Beweis dafür gibt es jedoch nicht. Die Lecks an Steuerbord könnten Aufschlüsse geben. Aber zur Begutachtung müssten Taucher ins Wrackinnere eindringen, und dies ist bislang noch keinem gelungen.

Aber die Vorbereitungen laufen. Im Licht unserer Scheinwerfer inspizieren wir den vorderen Abschnitt des rostroten Rumpfes. Der Bug ist vergleichsweise gut erhalten. Ein Anker wird noch stramm von seiner Kette gehalten. Stattliche Thunfische umschwimmen den Rumpf. Kapitale Aale siedeln in Ritzen und Spalten. Von versiegelten Zinkröhren aber keine Spur; die »Lusitania« bewahrt ihr Geheimnis. Noch.

Giganten auf Grund: das Mittelmeer

Überraschend tauchte sie aus dem Nichts auf. Nick Hope hatte gerade auf sein Atemgas für die Grundzeit umgestellt, da sah er die Brücke des auf seiner Steuerbord-Seite liegenden Riesen auf sich zukommen. Im leuchtenden Azurblau des Mittelmeeres offenbarte sich der komplette Bugbereich des weltweit größten, jemals gebauten Luxusliners, abgetrennt vom Rest des Schiffes durch einen ungeheuren Riss in Höhe der Brücke. „Ich hatte in der Ägäis mit guten Sichtverhältnissen gerechnet", sagt Hope. „Was wir vorfanden, war unglaublich – wir konnten 50 Meter überblicken." Ein Gefühl, wie in 30 Meter Tiefe zu tauchen. Doch: Die »Britannic« liegt auf Grund in 122 Metern. Sie gilt als tiefste der tauchbaren Wrack-Berühmtheiten: die Königin unter den versunkenen Schiffen.

Die Sauerstoff-Armut in dieser Tiefe dürfte dazu beigetragen haben, den stählernen Riesen zu konservieren. „Trotz ihrer Zerstörungen sieht sie immer noch aus wie ein Schiff", sagt Hope, der 1998 eine Expedition zur »Britannic« leitete. Ihre vier Schlote sind abgefallen, drei bereits, als sie versank. Der vordere liegt nur wenige Meter entfernt von dem Platz, an dem er einst befestigt war. Das Wrack ist zum künstlichen Riff geworden, umtanzt von gewaltigen Schwärmen roter Cyprinus ambiguus. Hope schwamm am Vordeck entlang in Richtung des Risses, der sich beim Aufschlagen auf den Grund auftat. Dass der Schiffskörper dabei nicht in sich zusammenfiel, dürfte an der stabilen Bauweise liegen: Im Unter-

schied zur „Titanic" war die später gebaute »Britannic« durch eine zweite Außenhaut geschützt. Warum sie dennoch binnen 55 Minuten sank, dreimal so schnell wie ihre berühmte Schwester, darüber lässt sich nur spekulieren. Die Tod bringende Wunde entzieht sich einer Untersuchung: Die »Britannic« liegt auf ihrer beschädigten Seite.

Es war ein strahlender Morgen, jener 21. November 1916, der den Untergang bringen sollte. Die »Britannic« passierte mit 1125 Menschen an Bord die Meerenge von Kea, die die gleichnamige Insel vom griechischen Festland trennt. Der Liner diente in jenen Tagen des Ersten Weltkriegs als schwimmendes Lazarett; er war unmittelbar nach seiner Jungfernfahrt von der britischen Admiralität eingezogen und zum HMHS (His Royal Majesty's Hospital Ship) umgewidmet worden. Entsprechend sah das Schiff aus: blendend weiß gestrichen, mit langen grünen Streifen und großen roten Kreuzen versehen, um als Krankenhaus-Schiff von weitem erkennbar zu sein.

Plötzlich erschütterte eine gewaltige Explosion an Steuerbord die »Britannic«. Ein großes Leck tat sich zwischen der zweiten und dritten Abteilung des Schiffskörpers auf. Ein Kesselraum lief sofort voll Wasser. Spuren eines Torpedos waren nicht zu erkennen gewesen. Capitän Charles Bartlett, der schon die „Titanic" auf Probefahrten gesteuert hatte, mutmaßte, dass das Schiff gegen eine Treibmine gestoßen war.

Er hoffte gleichwohl, die »Britannic« retten zu können. Schließlich war der Liner, der sich beim Untergang seiner Schwester gerade im Bau befand, mit großem Aufwand zusätzlich gesichert worden – er bekam die zweite Außenhaut, und die wasserdichten

Abteilungen wurden bis zum B-Deck hochgezogen. Allerdings musste Bartlett schnell feststellen: Ein Schott, das die Abteilungen voneinander trennen sollte, funktionierte nicht. Unablässig strömte Wasser in den vorderen Teil des Schiffes. Das bekam Schlagseite. Doch auch diese prekäre Lage hätte die »Britannic« wohl überstehen können – wenn nicht ein eklatanter Verstoß gegen die Vorschriften dazu gekommen wäre: Die meisten Bullaugen auf den oberen Decks standen offen, um auf den stickigen Krankenstationen für frische Luft zu sorgen. Durch sie drang nun immer mehr Wasser ein.

So entschloss sich der Captain zu einem verzweifelten Rettungsversuch, der den Untergang wohl noch beschleunigte: Er steuerte die »Britannic« mit voller Kraft in Richtung der Insel Kea, die in Sichtweite war. Er hoffte, das Schiff in den flachen Küstengewässern auf Grund setzen zu können. Doch mit zunehmender Geschwindigkeit wurde immer mehr Wasser in den Körper gedrückt. Die »Britannic« neigte sich immer mehr. Bald war klar, dass sie nicht mehr zu retten war. Bartlett ließ die Maschinen stoppen. Noch bevor der Riese zum Stillstand kam, wurden die ersten Rettungsboote abgelassen. Eines geriet in den Sog der bereits aus dem Wasser ragenden Schiffsschrauben und wurde zermalmt. 26 Menschen starben. Die übrigen konnten sich retten, bevor die »Britannic« kenterte. Mit Donnerschlägen explodierten die Kessel, als sie mit Wasser in Kontakt kamen. Das Schiff, mit 269 Metern Länge und einer Verdrängung von rund 48 000 Tonnen etwas größer noch als die „Titanic", schlug mit dem Bug bereits auf dem Grund auf, als das Heck noch aus dem Wasser ragte.

Am Wrack. Trotz eines 57-prozentigen Anteils von Helium im Trimix-Atemgas habe er unten einen leichten Tiefenrausch gespürt, berichtet Expeditionsleiter Hope. Was Folgen hatte: Bei einem der Tauchgänge verlor er die Orientierung und wäre fast vom Wrack weggeschwommen. Bei einem weiteren verhedderte er sich mit seiner sperrigen Ausrüstung an seinem Scooter, der ihn mit Vollgas übers Deck der »Britannic« schleifte.

Eine Woche lang erkundete die Mannschaft den versunkenen Riesen, der einst »Gigantic« hatte heißen sollen, dann aber aufgrund der Titanic-Tragödie den weniger pompösen Namen »Britannic« bekam. Der Namenszug am Bug ist heute unter einem dichten Teppich von Verkrustungen verborgen. Auf dem Vordeck sind Winden und Ketten auszumachen. Der Vordermast ist gebrochen und liegt mit dem Krähennest, das einst durch eine Leiter im Mast erreichbar war, auf dem Grund. „Seltsam", so wundert sich Hope, „es gab in dem Ausguck offenbar keine Alarmglocke". Er gelangte zur Kapitänsbrücke, von wo aus vier Telegrafen die Kommandos einst in die Maschinenräume übermittelten. Die Signalgeber hingen noch an ihren Leitungen. Sprechrohre waren zu erkennen. Der Boden besteht aus weißem und rotem Linoleum. Die Trennwand zu den angrenzenden Offiziersquartieren ist verrottet. Das Team entdeckte eine komplett erhaltene Badewanne samt Rohren und Wasserhähnen.

Für Erkundungen am Heck setzte das Team eine zweite Shotline. Es untersuchte einen der riesigen Davits – ein elektrischer

■ Kühles und karges Mittelmeer: Wrack nahe der Ile du Levant. Foto: Hans-Peter Schmid

Kran, der nach dem Titanic-Unglück konstruiert worden war und sechs Rettungsboote auf einmal notfalls sogar von der anderen Seite des Decks holen und auch bei Schlagseite aussetzen konnte. Der Maschinen-Arm, der mit für die schnelle Evakuierung des sinkenden Schiffes sorge, ist heute stark bewachsen. Die Taucher flogen mit ihren Scootern über die »Britannic«, vorbei an den Zweite-Klasse-Unterkünften nahe der Landungsbrücke. „Das ganze Deck ist frei

und zugänglich", berichtet Hope. Die Suche nach dem Treppenhaus der Ersten Klasse endete mit einer Enttäuschung: Hinter den Türen ist ein gähnend leerer Raum; offenbar sind die Stufen in sich zusammengefallen. Das mächtige Ruder der »Britannic« ist eingeschlagen, es weist nach Backbord – in Richtung der Insel Kea, die zu erreichen die Rettung bedeutet hätte.

Trotz der kurzen Grundzeiten von maximal 14 Minuten ist eine Dekompression von drei bis vier Stunden notwendig. Bei den ersten Stopps in 84 und 72 Meter Tiefe habe er die »Britannic« überblicken können, berichtet Hope. Eine überwältigende Perspektive bei den hervorragenden Sichtverhältnissen. Seine Kameraden habe er am Wrack entlang tauchen sehen. Die Blasen ihres Atems seien erkennbar gewesen, bis sie die in Richtung Wasseroberfläche zunehmende Strömung verweht habe. Die Männer hätten im Verhältnis zur Größe des Schiffes winzig gewirkt, sagt Hope: „Wie Krabben an einem Walfisch".

Eine Sicht von 50 Metern wie an der »Britannic« ist zwar auch für Mittelmeer-Verhältnisse außergewöhnlich gut, Sichtweiten von 30 Metern sind an den mediterranen Küsten jedoch keine Seltenheit. Trotzdem ist es im Mittelmeer in der Regel schwieriger, ein Wrack zu betauchen, als in tropischen Gewässern: Das Wasser ist deutlich kälter, und versunkene Schiffe oder Flugzeuge liegen zumeist tiefer.

Vor der kroatischen Küste etwa – die als einer der lohnendsten Wracktauchreviere des Mittelmeeres gilt – im 40-Meter-Bereich, der für erfahrene Taucher noch gut zu erreichen ist. Südlich von Rovinj, einem Zentrum für Wracktauchen, liegt das bekannteste Wrack der Adria: die »Baron Gautsch«, ein österreichischer Schnelldampfer aus der k.u.k.-Zeit vor dem Ersten Weltkrieg. Damals war Österreich-Ungarn noch Großmacht, hatte Zugang zum Meer und verfügte über eine stattliche Flotte. Die »Baron Gautsch« hatte der österreichische Lloyd 1908 in Schottland bauen lassen, um die Außenposten der Monarchie anbinden zu können – schon damals erlebte der Tourismus dort seine erste Blüte („Sommerfri-

sche"). Der Standard an Bord war hoch, wie eine Speisekarte aus der 1. Klasse kurz vor Kriegsausbruch belegt. Offeriert wurde ein Menü aus acht Gängen, darunter zwei Hauptgerichten: „Paté de maccaroni à la napolitaine" und „Sauté de poulets aux champignons", dazu Makkaroni, Obst und Käse. Allen Ernstes sollte das Essen beim Untergang der »Baron Gautsch« wenig später eine gewichtige Rolle spielen: Der Erste Offizier, der den Kurs geplant hatte und zum Wachdienst eingeteilt war, delegierte die Aufgabe ohne Erlaubnis des Kapitäns an den Zweiten Offizier – um mit den Passagieren der 1. Klasse zu Mittag zu speisen. Der Hungrige vergaß dabei die Gefahr, die nahe der Küste lauerte: Treibminen, ausgelegt von der österreichischen Kriegsmarine.

Um 13.45 Uhr verließ er die Brücke. Es war der 13. August 1914, mittlerweile hatte der Krieg begonnen. Vor dem Auslaufen der »Baron Gautsch« war der Erste Offizier von den Militärbehörden über die Lage neu gelegter Minenfelder informiert worden. Nun aber geriet das Schiff mitten hinein. Warnsignale eines Minenlegers wurden nicht beachtet oder fehlgedeutet. Um 14.45 Uhr rammte das Schiff sieben Seemeilen nördlich der Brionischen Inseln mit voller Fahrt eine der Sprengfallen; eine Explosion zerriss die die Bordwand an Steuerbord unter der Wasserlinie. Kurz darauf ein zweiter Schlag: Einer der drei Kessel detonierte. Das 85 Meter lange und zwölf Meter breite Schiff sank innerhalb von sieben Minuten. Zeitgenössischen Aussagen zufolge soll sich die Besatzung ohne Rücksicht auf Frauen und Kinder in Sicherheit gebracht haben. Bilanz des Unglücks: Von 240 Passagieren und 66 Mann Besatzung, also 306 Menschen an Bord, wurden 159 von herbeieilenden österreichischen Kriegsschiffen gerettet, 68 tot geborgen. Der Rest gilt als vermisst.

Die Folgen der Kesselexplosion sind am Wrack heute unschwer zu erkennen. Der vordere Schornstein fehlt, der hintere ist umgeknickt und ragt in das Schiffsinnere hinein. Der Kessel wurde offenbar in kleine Stücke gerissen, im Maschinenraum stehen nur noch zwei der ursprünglich drei. Das Leck, das die Seemine mittschiffs an Backbord in den Rumpf gerissen hatte, entzieht sich dagegen einer Untersuchung. Der Boden des Schiffes, das in 40 Metern auf ebenem Kiel steht, steckt im Schlamm. Die Aufbauten erreicht ein Taucher bei 28 Metern. Das Wrack ist mit Gorgonien, Schwämmen, Muscheln und Algen bewachsen. An einigen Stellen hängen Fischernetze. Gabeldorsche und große Congeraale bevölkern das Schiff. Der vordere Mast ist abgerissen und liegt quer über den Aufbauten, der hintere liegt an Steuerbord neben dem Wrack auf Grund. Von der Brücke ist nichts mehr zu sehen. Die Holzplanken zwischen den drei Decks sind verrottet. So ist es möglich, kreuz und quer durch das Wrack zu tauchen. Die Davits der Rettungsboote an Backbord weisen nach außen – offenbar konnten auf dieser Seite die Rettungsboote vor dem Untergang noch zu Wasser gelassen werden.

Wer Tiefen von mehr als 40 Metern nicht scheut (und entsprechende Eignungsnachweise vorweisen kann), für den bietet sich eine dreiviertel Stunde Bootsfahrt vor Genua ein gesunkenes Schiff, dessen Volumen das der »Britannic« um das fünffache übertrifft: die »Haven« – sie gilt als das

■ Wie Kapitän Nemos Nautilus ruht die Rubis auf Grund in 40 Metern.
Foto: Hans-Peter Schmid

größte Wrack der Welt. Den Titel muss sich der zypriotische Supertanker allerdings mit seinem Schwesterschiff teilen, der Amoco Cadiz, die seit 1978 vor der Küste der Bretagne liegt. Beide Ungetüme waren ursprünglich 334 Meter lang und 52 Meter breit. Angesichts der Dimensionen gerät auch ein so erfahrener Taucher wie Michael Waldbrenner ins Schwärmen. „Gigantisch", sagt er. Waldbrenner gehörte mit seinem Partner Reinhard Buchaly zum Team, das 2001 einen europäischen Höhlentauchrekord aufstellte: 5000 Meter in die französische Doux De Coly, Tauchzeit rund 17 Stunden.

Schon kurze Zeit nach dem Abtauchen zeichnen sich die Konturen der »Haven« im hellen Blau ab. Je tiefer Waldbrenner taucht, desto besser wird die Sicht. Wie ein Hochhaus ragen die noch kaum bewachsenen Decksaufbauten und der Kamin am Heck in bis zu 30 Meter. Der Grund, auf dem das Schiff aufrecht ruht, ist noch mal 50 Meter darunter. Die gute Sicht ermöglicht Panoramablicke über das gewaltige Hauptdeck: Riesige Fischschwärme verschiedener Arten bevölkern das Wrack. Die geräumige Brücke (auf 35 Metern) ist leicht zugänglich; die Fenster fehlen. Im Inneren gibt es allerdings kaum mehr Interessantes zu begutachten. Die ehemalige Kommandozentrale wurde augenscheinlich geplündert. Wer weiter ins Wrack eindringt, muss sich vor unbedachten Flossenschlägen hüten, die Dreck aufwirbeln und jede Sicht schlagartig nehmen könnten. „Überall hat sich Ruß abgelagert", berichtet Waldbrenner – eine Folge des Brandes, der 1991 zum Untergang des Schiffes führte. Beim Entladen hatte Öl Feuer gefangen; fast 100.000 Tonnen ver-

brannten. Eine riesige schwarze Wolke legte sich über Ligurien. Weitere 50 000 Tonnen Öl liefen aus und dürften sich im Tiefseebecken in einer Blase bis heute erhalten haben. Der Unfall galt seinerzeit als größte Umwelt-Katastrophe im Mittelmeer; allerdings blieben die schlimmsten der damals prophezeiten Folgen für das Öko-System des Küstenstreifens aus.

Waldbrenner lässt sich von dem Ruß im Inneren der »Haven« nicht abschrecken. Er gelangt bis in den Maschinenraum des versunkenen Supertankers. Und der ist gewaltig, wie für Riesen gebaut. Die Dimensionen des Schiffes, so meint er, erschlössen sich aber am besten von außen. Mit einem Scooter um den Rumpf herum. Waldbrenners Rat: „Sich die lange Strecke ziehen lassen – und genießen."

Ortswechsel. Vor Kap Camarat nahe Saint-Tropez in Südfrankreich. Der Schweizer Wracktaucher Hans-Peter Schmid lässt sich ins Wasser gleiten und taucht ab. Als er nach Sekunden den Kopf nach unten wendet, sieht er schon den schlanken, aber mächtigen Schattenriss, auf den er zufällt: das Wrack der »Rubis« - ein französisches U-Boot, das im Zweiten Weltkrieg Militärgeschichte geschrieben hat. Die Liste der Einsätze, zu denen der Minenleger kam, ist lang: Die französische Besatzung verminte im Laufe des Krieges norwegische Fjorde, sie versenkte – nach der Besetzung Frankreichs unter britischer Flagge – sieben deutsche U-Boot-Jäger, 15 Versorgungsschiffe sowie einen 4000-Tonnen-Frachter und schaffte es darüber hinaus, ein deutsches U-Boot im Unterwasser-Zweikampf schwer zu beschädigen. Nach dem Sieg über Nazi-Deutschland wurde nicht nur die Mann-

■ Gorgonien bekleiden den Rumpf der Togo. Foto:Hans-Peter Schmid

schaft gefeiert und mit höchsten Orden dekoriert – das U-Boot selbst galt als Symbol des erfolgreichen Widerstands. Am Ende seiner Karriere 1956, bis dahin hatte es noch als Übungsschiff gedient, ersparte die französische Marine der »Rubis« die Schmach des Abwrackens, wie Kurt Amsler berichtet (nachzulesen in: Kurt Amsler, Andrea Ghisotti: Wracks im Mittelmeer, Tauchführer, Hamburg 1995): Sie wurde mit allen Ehren versenkt. Gleichwohl dient das schwer zu ortende Wrack noch heute der französischen Marine – als Übungsziel für die Sonarsysteme.

Die Atmosphäre am Wrack sei geheimnisvoll, sagt Schmid – wie Kapitän Nemos Nautilus ruht die »Rubis« auf dem sandigen Grund in 40 Metern. Sonnenlicht dringt bis unten durch. Das 66 Meter lange U-Boot ist gut erhalten. Der Turm, die Minenschächte, die Torpedorohre, das Tiefenruder oder die Netzsäge am Bug: Jedes Teil wirkt, als ob es auf den nächsten Einsatz warten würde. Die Luke steht offen. Ein Einstieg ist allerdings nicht zu empfehlen: Flaschen am Rücken sind für den engen Schacht zu sperrig; außerdem reduziert aufwirbelnder Dreck die Sicht im Inneren sofort auf Null. Das Wrack ist an den Seiten mit Gorgonien und Schwämmen bewachsen; zahlreiche Fische - Meeraale, Muränen und Drachenköpfe - haben sich in den Röhren und Nischen angesiedelt. Schmid kann sogar zwei Mondfische ausmachen („ein absoluter Glücksfall").

Nicht weit von der Position der »Rubis« entfernt, in der Bucht von Cavalaire, ruht ein italienisches Handelsschiff, das den ganzen Ersten Weltkrieg unbeschadet überstand – um ein halbes Jahr nach Kriegsende dann doch von einer deutschen Seemine versenkt zu werden: die 1882 vom Stapel gelaufene »Togo«. Das große Schiff (ursprünglich 76 Meter lang und zehn Meter breit, Verdrängung: 1640 Tonnen) war technisch ein Zwitter. Es wurde von einer Dampfmaschine angetrieben, besaß jedoch auch drei Masten, mit denen es unter Segeln fahren konnte. Die Tiefe, in der das Wrack heute liegt – maximal 55 Meter, die Aufbauten werden auf 47 Metern erreicht –, gibt roten Gorgonien gute Lebensbedingungen. Mitunter auftretende Strömungen können den Abstieg erschweren: Schmid hängt bei seinem Tauchgang wie eine Fahne am Seil, muss sich mit aller Kraft nach unten kämpfen.

Doch der Aufwand lohnt sich. Der Bewuchs macht die »Togo« zu einem besonderen Wrack: Ganze Arkaden von Gorgo-

nien bekleiden den Rumpf. Der Frachter ist von Meerestieren dicht bevölkert. Schmidt kann Brassen erkennen, Zackenbarsche und im Wrack kapitale Conger-Aale. Die Holzaufbauten sind verschwunden; nur die tragende Stahlkonstruktion hat die Zeitläufte überstanden. In den Räumen im Inneren sind noch Überreste der Einrichtung wie Waschtröge und Toiletten zu erkennen, ein Abstieg in die Laderäume lohnt nicht: In ihnen sind lediglich Reste der Kohle zu finden, die die »Togo« auf ihrer letzten Fahrt geladen hatte. Das Schiff muss schnell gesunken sein: Es wurde beim Untergang zerrissen, einige Teile des Hecks, darunter auch die Schrauben, liegen weit vom übrigen Rumpf entfernt in 60 Meter Tiefe.

Le Planier ist eine winzige Insel vor Marseille. Darauf gibt es nur eines: einen Leuchtturm. Auffälliger lässt sich ein Felsen im Meer wohl nicht kenntlich machen. Und trotzdem schaffte es 1970 der Kapitän des marokkanischen Apfelsinen-Frachters »Chauen«, sein Schiff bei gutem Wetter mit zwölf Knoten Geschwindigkeit frontal gegen das Hindernis zu steuern. Einen halben Tag lang lag die »Chauen« noch mit dem Bug am Ufer. Dann kippte sie nach Backbord und versank. Die Mannschaft war zuvor evakuiert worden. Mittlerweile ist das Wrack leicht abgesackt, gleichwohl ragt es direkt am Felsen hoch bis auf zwei Meter unter die Wasseroberfläche. Das Heck des 85 Meter langen Schiffes liegt in 26 Meter Tiefe. Die »Chauen« ist mit Braunalgen bewachsen, was sie wie in einen Pelz gehüllt erscheinen lässt. Ein Wrack, das sich aufgrund meistens hervorragender Sichtverhältnisse und geringer Strömung auch für unerfahrene Taucher eignet.

■ Ihr Name steht für eine der schlimmsten Schiffskatastrophen in französischen Gewässern: Le Liban. Foto: Hans-Peter Schmid

Kaum 100 Meter von der »Chauen« entfernt, ebenfalls am Felsen von Le Planier, ist eine Messerschmidt Me-109 zu finden, ein deutsches Kampfflugzeug aus dem Zweiten Weltkrieg also. Wie es dorthin kam, hat der renommierte Unterwasser-Fotograf Kurt Amsler herausgefunden. Er sprach mit dem Piloten Hans Fahrenberg, der 1944 mit der Maschine notwassern musste. Und der berichtet: Er habe einen Angriff auf zwei amerikanische B17-Bomber geflogen, die sich dem damals noch von den Deutschen besetzten Hafen von Marseille näherten. Im Luftkampf sei ihm der Motor ausgefallen. Mit Mühe habe er das Flugzeug im Gleit-

flug nach unten bringen können. Das rettende Ufer in Sicht, setzte er auf die Wasseroberfläche auf. „Das Wasser spritzte überall, einer der Propellerflügel brach wie ein Streichholz, und die Metallhaut der Maschine verformte sich, als sei sie aus Pappe." Binnen Sekunden sei die Messerschmidt wie ein Stein gesunken. „Ich weiß nicht wie, aber es gelang mir, das Verdeck zu öffnen, und ich befand mich in einer Luftblase, die mich sofort nach oben trug", erzählt Fahrenberg. Das Flugzeug liegt heute, das Fahrwerk von sich gestreckt, kopfüber auf einer weiten Sandfläche in 45 Metern – in Besitz genommen von allerlei Meeresgetier. „Im

Lauf der Bordkanone hausen Meeraale, und große Röhrenwürmer zieren die Tragflächen", berichtet Amsler.

Nur wenige Kilometer entfernt von der »Chauen« und der Messerschmidt liegt ein Wrack, dessen Name für eines der schwersten Schiffskatastrophen in französischen Gewässern steht: die »Liban«, bei deren Untergang am 3. Juni 1903 wahrscheinlich mehr als 200 Menschen starben. Es war 12.30 Uhr. Der Passagierdampfer war kurz zuvor aus dem Hafen von Marseille ausgelaufen, es herrschten gute Sicht und günstige Wetterverhältnissen. Plötzlich wurde er vom entgegenkommenden Dampfer »L'Insulaire« gerammt. Warum, das wurde nie geklärt. Während sich »L'Insulaire« mit einem verbeulten Bug davonmachte (wofür deren Kapitän später verurteilt werden soll-

Adria und Ligurisches Meer

Beste Wracktauchzeit: Mai bis September

Wassertemperatur: am Grund zwischen 15 und 18 Grad

Sicht: hervorragend, 30 bis 50 Meter

Strömung: in der Adria zumeist schwach, an der französischen Küste stellenweise stark

Fauna und Flora: stattliche Meeraale in den Wracks, Schwärme von Fahnenbarschen, Drachenköpfen oder Meerbrassen, in größeren Tiefen: rote Gorgonien

Schwierigkeitsgrad: ★★ bis ★★★★

★ = Schnorchler,
★★ = Anfänger mit Begleitung,
★★★ = erfahrene Taucher,
★★★★ = erfahrene Wracktaucher,
★★★★★ = Technical Divers

Literatur zum Mittelmeer:

Kurt Amsler, Andrea Ghisotti: „Wracks im Mittelmeer, Tauchführer", Hamburg 1995

Ivana Ostoic: „Tauchen in Kroatien", Zagreb 2000

Nick Hope: Euphoric on the »Britannic«, in: Diver Magazine, Januar 1999

Kendall McDonald: What a Whopper! Diving the Brittanic, in: Diver Magazine, Februar 1998

Franco Banfi: »Haven« - The biggest Wreck in the Med, in: Diver Magazine, Juni 2002

de verhinderten das Manöver. Ein zweiter verzweifelter Versuch. Nun lief die »Liban« mit Volldampf auf zwei Felszacken zu, Les Farillons genannt. Diesmal schien es möglich, den Rumpf aufsetzen zu können. Doch nur 20 Meter vor der rettenden Untiefe stoppte das Schiff, die Schraube drehte sich heulend in der Luft – der Dampfer war am Bug abgesackt.

Dann ging alles ganz schnell. Panik brach an Bord aus. Passagiere sprangen über Bord, die nicht schwimmen konnten. Andere versuchten in die Rettungsboote zu gelangen. Mit einem Donnerschlag explodierte der Druckkessel der Dampfmaschine. Das Schiff zerriss in zwei Teile. Passagiere, die sich auf das Hinterdeck geflüchtet hatten, wurden vom käfigartigen Sonnendach mit in die Tiefe gerissen. „Wer einmal die verheerenden Spuren der Explosion gesehen hat, versteht leicht, warum das Schiff so schnell sinken konnte", meint Kurt Amsler. Der riesige Dampfkessel ist geborsten. Hinter den Aufbauten, die wie die Mannschaftsgänge und Kabinen weitgehend unversehrt blieben, beginnt ein Trümmerfeld. Der Bug liegt in 30 Meter Tiefe, das abgetrennte Heck in 36 Metern. Als wollte sie die Tragödie vergessen machen, präsentiert sich die »Liban« heute als Unterwasser-Idyll: In den tieferen Abschnitten des leicht zu betauchenden Wracks drängen sich Fauna und Flora, wie sie prächtiger im Mittelmeer kaum zu finden sind. Der geneigte Rumpf ist mit Steinkorallen bewachsen, rote Gorgonien hüllen den Rumpf in Flammen, auf den Decks patrouillieren Schnapper, in Röhren haben sich Meeraale gezwängt, und oberhalb des ehemaligen Salons tummeln sich in der Regel Tausende von Mönchsfischen.

te), kämpfte der Kommandant der »Liban« ums Überleben. Er steuerte sein verwundetes Schiff in Richtung der Ile Mairé, um es möglichst nahe der Insel auf Grund setzen zu können. Doch steil aufragende Felswän-

Das blühende Leben: versunkene Schiffe im Roten Meer

Das Rote Meer, sowieso eines der beliebtesten Tauchreviere der Welt, ist auch gerade für Wracktaucher ein Traumziel. Denn es bietet eine reiche Unterwasserflora und -fauna, eine auf die Bedürfnisse von Tauchern ausgelegte Infrastruktur in den Küstenorten und Wracks, die in Schwierigkeitsstufen von sehr leicht bis mittelschwer zu betauchen sind. Die Wassertemperatur, im März noch kühle 18 Grad, erreicht im Spätsommer 28 Grad. Entsprechend ist der Andrang in der Saison von April bis Oktober. Einsam ist es dann an den populären Wracktauchplätzen nie: An der »Thistlegorm« etwa, einem der am meisten angesteuerten Ziele, sind bei guten Wetterbedingungen schon mal 20 oder sogar mehr Ausflugsschiffe in der Nähe der Bojen anzutreffen, die die Position des Wracks markieren. Das Gedränge unter Wasser kann bedrohlich werden: Taucher behindern sich beim Ein- und Ausstieg ins Wrack gegenseitig; die vielen Besucher wirbeln mitunter so viel Dreck auf, dass die Orientierung schwerfällt.

Die Qualität der Tauchbasen sowie des Personals schwankt, lässt mitunter zu wünschen übrig. Tauchlehrer und „dive guides" verweilen in der Regel nur zwischen einem halben und zwei Jahren in der Region; lediglich geschätzte zehn Prozent haben sich hier auf Dauer niedergelassen. Leider gibt es kaum Möglichkeiten, die Erfahrung des Personals vorab zu klären, mitunter wechselt die Besatzung kurzfristig. Dass die Tauchschiffe zumeist ohne viel Technik aus-

kommen – Echolot und Radar wird man in vielen Fällen vergeblich an Bord suchen –, muss den Passagier zwar nicht beunruhigen. Die Kapitäne sind meistens einheimische Fischer, die ihr Revier kennen. Einen Check vor Abfahrt wert sind aber Schwimmwesten und Notfallausrüstung: Es kommt vor, dass diese „vergessen" werden.

In Ägypten wandert der Tauchtourismus von Sharm el Sheikh auf der Sinai-Halbinsel, das den Charme eines Fischerdorfes längst abgelegt hat (dafür aber auf Bedürfnisse von Tauchern gut eingestellt ist), über das Zentrum des Bade- und Tauchtourismus am Roten Meer, das heutzutage recht rummelige Hurghada, immer weiter südwärts: Port Safaga etwa ist mittlerweile voll erschlossen, aber nicht so überlaufen wie Hurghada mit seinen rund 90 Tauchschulen. Erste Hotelanlagen gibt es in El Queseir und Marsa Alam. Abenteurern werden abgelegene Tauchcamps in der Wüste angeboten. An der Grenze zum Sudan beginnt ein Niemandsland für Tauchtouristen, auch wenn sich dort vielleicht einer der reizvollsten, zumindest einer der ungewöhnlichsten Abenteuerspielplätze für Wracktaucher im Roten Meer verbirgt: die Überreste von Precontinent II, ein Unterwasserdorf, in dem der Tauchpionier und Meeresforscher Jacques-Yves Cousteau den Traum vom menschlichen Leben im Meer wissenschaftlich auf seinen Realitätsgehalt überprüfte.

Wie ein versunkenes Ufo ruht das Gebäude in rund zehn Metern Tiefe auf einer Terrasse des Riffs, hinter der der Meeresgrund steil abfällt: eine luftgefüllte Glocke, die der Form eines Seeigels nachempfunden ist und einst als Hangar für ein Mini-U-Boot diente. Weitere Spuren des Unterwas-

■ Fledermausfisch an der Thistlegorm. Foto: Anja Breiding

serdorfes, das Cousteau vor der Küste des Sudan 1963 errichten ließ: ein Werkzeugschuppen, Stahlseile, Kabel, Stützen, Metallplatten, die bunt bewachsenen Überreste eines Fischgeheges sowie (auf 30 und 45 Metern Tiefe) zwei Haikäfige, die Anfang der 60er Jahre für Taucher im Roten Meer noch als unerlässlich galten. Cousteau nannte die Siedlung Precontinent II - „Vorkontinent" also, ein dem Land vorgelagerter Lebensraum.

Einen ersten Versuch, unter Wasser zu leben, hatte Cousteau ein Jahr zuvor im Mittelmeer nahe Marseille geleitet. Zwei Männer blieben zwei Wochen lang in einer Kammer auf dem Grund in zwölf Meter Tiefe. Nun, nachdem das Experiment erfolgreich verlaufen war, wurde es ausgedehnt: Einen Monat sollten acht Männer auf dem Meeresgrund am Sha'ab Rumi verbringen, 22 Meilen von Port Sudan, neun Meilen von der Küste entfernt. Was das Riff damals als Standort für das Projekt geeignet erscheinen ließ, macht – neben den futuristischen Resten der Siedlung - noch heute einen Tauchgang dort lohnend: eine traumhafte Lagune, die sich als Ankerplatz für ein Basisschiff anbietet (seinerzeit war das die

Calypso, das berühmte Forschungsschiff Cousteaus) und eine Überfülle an Tieren und Pflanzen, die auch heute noch erkennen lässt, warum Cousteau seinerzeit diesen Standort wählte. „Auf dem Plateau waren 20 Haie, graue Riffhaie und Weißspitzenhaie", berichtet der Schweizer Taucher Hans-Peter Schmid von seinem Besuch dort. Ein Schwarm von vielleicht tausend Barrakudas sei an ihm vorbeigeschwommen und – etwas abseits der Überreste von Precontinental II in einer Tiefe von rund 50 Metern – eine Schule der überaus scheuen Hammerhaie.

Die Bauteile für das Dorf waren in Europa vorgefertigt worden. Die Gebäude wurden mit Stahltrossen und 200 Tonnen Blei verankert. Die Bauwerke hatte Cousteau maritimen Lebensformen nachbilden lassen: etwa ein „Seestern" als Wohnhaus für die Mannschaft mit einem zentralen Raum und vier angehängten Kammern, der nach Abschluss des Projekts abgebaut wurde. Darin hatte es alles Lebensnotwendige gegeben – bis hin zu einer Stereoanlage. An Ort und Stelle verblieb dagegen der nach unten offene, luftgefüllte „Seeigel". Er hatte als Start- und Landeplatz für das Mini-U-Boot gedient, mit dem Crew-Mitglieder Auflüge bis in 300 Meter Tiefe unternehmen konnten. Dazu kamen der längliche Geräteschuppen (in dem Werkzeug, Tauchgeräte und die Unterwasser-Scooter verstaut wurden) sowie das Gehege, in dem gefangene Fische und gesammelte Korallen gehalten wurden – immerhin war es das erste Mal möglich, Meeres-Organismen zu untersuchen, ohne sie Druckveränderungen auszusetzen. Die größte Aufmerksamkeit richtete sich allerdings auf die Mannschafts-Mitglieder

selbst: Ihre körperlichen Reaktionen auf die ungewohnte Umgebung wurden präzise untersucht. Festzustellen war, dass sich in den ersten Tagen die Zahl der roten Blutkörperchen verringerte, dann aber wieder anstieg. Zwei Männer verbrachten eine Woche in einer Kammer auf 26 Metern (die ebenfalls später abgebaut wurde). Von dort unternahmen sie immer wieder Vorstöße in 100 bis 110 Meter. Sie atmeten ein Helium-Luft-Gemisch. Bevor sie in den „Seestern" zurückkehrten, inhalierten sie drei Stunden lang ein hoch-sauerstoffhaltiges Atemgas. Auch die beiden blieben unbeschadet, wie der Rest der Crew: Cousteaus Precontinent II lieferte den Beweis, dass Menschen längere Zeit unter Wasser leben können.

Das Rote Meer birgt zahlreiche imposante Wracks, die aber zum Teil – wie die italienischen Passagier- und Fracht-Schiffe Umbria und Urania – recht weit im Süden liegen, vor den Küsten Sudans und Eritreas, und deshalb von Ägypten aus (wenn es die politische Wetterlage in der Krisenregion überhaupt ermöglicht) nur mit langer Anfahrt zu erreichen sind. Derzeit sind die Landgrenzen zwischen Ägypten und Sudan geschlossen. Das Auswärtige Amt in Berlin warnt vor Reisen in den Sudan. Gleichwohl werden von Port Sudan aus offenbar noch immer Tauchtouren angeboten.

Nur wenige Seemeilen vom Hafen entfernt, am Wingate Reef, liegt die »Umbria« – vielleicht eines der schönsten Wracks der Welt. Das italienische Motorschiff, 1911 in Hamburg gebaut, wurde am 10. Juni 1940 von seiner eigenen Besatzung versenkt – kurz nach dem Eintritt Italiens in den Zweiten Weltkrieg. Warum, dies lässt sich im Wrack leicht erkennen: Die Laderäume

■ Die Thistlegorm wartet mit vielen ansehnlichen Details auf. Foto: Anja Breiding

sind voller Munition – darunter großkalibrige Artilleriegeschosse, die für die Truppen in den italienischen Kolonien Ostafrikas bestimmt waren. Wovon die Briten wussten. Britische Wachen waren bereits an Bord, seit das Schiff den (britischen) Suez-Kanal passiert hatte. So schien es nur eine Frage von Stunden, bis die »Umbria« samt Ladung konfisziert würde. Dem pfiffigen Kapitän gelang es, die Soldaten der Royal Navy zu überlisten: Er ließ sich von ihnen die Erlaubnis für eine Notfallübung „Alle Mann von Bord" geben – während seine Männer in die Rettungsboote kletterten,

wurde das Schiff geflutet. Als die Briten den Schaden bemerkten, war es bereits zu spät. Sie mussten den Italienern in die Rettungsboote folgen, wie Andrea Ghisotti, ein renommierter italienischer Unterwasserfotograf und Wrackexperte, berichtet (nachzulesen im Buch: Kurt Amsler, Andrea Ghisotti – Wracks im Roten Meer).Und heute? „Dort zu tauchen, ist ein Riesenspaß", sagt der Flensburger Wracktaucher Joachim Warner. Das 150 Meter lange Schiff, das nach Backbord geneigt in maximal 38 Metern liegt und mit den Spitzen seiner Steuerbord-Davits aus dem Wasser ragt, sei nahezu unbe-

■ Kriegsmuseum unter Wasser: die Thistlegorm. Foto: Anja Breiding

rührt und von riesigen Fischschwärmen bevölkert. Die Laderäume mit ihrer gefährlichen Fracht lägen offen. Noch an Bord: drei Autos, die Ghisotti als Fiat 1100 Lunga identifizieren konnte.

Von den ägyptischen Tauchsportzentren aus gut erreichbar und einen Ausflug lohnend sind im Roten Meer vor allem drei Ziele: zwei Einzelwracks, nämlich »Thistlegorm« und »Salem Express«, sowie eine Wrackgruppe um das Riff Abu Nuhas (das etwa von Hugharda aus in Zwei-Tages-Touren angefahren wird). Dass sich dort, am Ausgang der vielbefahrenen Straße von Gubal nahe des Suez-Kanals, Unglücke derart häuften, lässt schon ahnen, warum die Schiffe untergingen: Manövrierfehler der Crews – die Schiffe wurden Opfer der scharfen Felsen, die im Roten Meer an so

manchen Stellen in Untiefen lauern, aber selten in solcher Nähe zu einer Schifffahrtsstraße wie Abu Nuhas. Allerdings sind die Umstände der Unglücke nicht in allen Fällen bekannt.

Wie beim Frachter »Ghiannis D«. Der sank im April 1983; warum die Mannschaft trotz moderner Navigationstechnik dem Riff nicht auswich, ist ungeklärt. Der unter griechischer Flagge fahrende 2900-Tonner (das „D“ im Namen steht für die Reederei Danae) war auf dem Weg von Rijeka nach Al-Hudsayda am südlichen Ende des Roten Meeres, als er auf die Felsen auflief. Die Mannschaft wurde evakuiert; sechs Wochen lang hielt sich das Schiff noch schwimmend an der Oberfläche, bevor der Rumpf brach und das Heck in eine Tiefe von rund 25 Metern sank. Der Bug blieb längere Zeit auf dem Riff liegen, die Ankerkette liegt noch immer dort. Schließlich drückten Wind und Wellen auch den vorderen Schiffsteil hinunter; er liegt heute auf Grund in maximal 18 Metern. Beide Hälften ruhen auf ihren Backbordseiten. Das Wrack ist leicht, also auch von Anfängern, zu erkunden. Die Strömung am Riff ist zumindest bei ruhiger See schwach. Die »Ghiannis D«. bietet aber auch erfahrenen Tauchern Herausforderungen: wie den gut erhaltenen Maschinenraum, der durch Luken am Schornstein zu erreichen ist. Wer sich hier hinein wagt, sollte nicht unter Platzangst leiden. Ein falscher Flossenschlag in den engen Eingeweiden des Schiffes kann so viel Mulm aufwirbeln, dass die Sicht schlagartig auf Null sinkt. Vorsicht vor lockeren Wrackteilen ist geboten; einige Wände sind bereits zusammengebrochen. Zudem könnten durch hastige Bewegungen Wrackbewohner aufgeschreckt werden, die ein Taucher besser in Ruhe lässt: Muränen haben sich im Inneren angesiedelt. Einfach nur hübsch dagegen: Schwärme von orangefarbenen Juwelen-Fahnenbarschen beleben das Wrack. Auch Skorpionsfische sind an der »Ghiannis D«. zu finden. Im mittleren Bereich des Wracks, wo sich ein großer Schrotthaufen türmt, tummeln sich Krokodils- sowie Papageienfische

Ein weitaus älteres Opfer des Sha'ab (arabisch für Riff) ist die nur 100 Meter von der »Ghiannis D«. entfernt liegende »Carnatic«. Das Holz ist mittlerweile zersetzt, nur noch die Rippen des Oberdecks geben dem Schiff Halt. Das skelettierte Wrack an sich, das nur 25 Meter tief auf flachem Sandgrund liegt und deshalb leicht zu betauchen ist, wäre wohl lediglich ein Anziehungspunkt für Liebhaber alter Schiffe, böte es nicht auch Schutz für eine atemberaubende Vielfalt von Meerestieren. Ins Innere zu gelagen, bereitet keine Schwierigkeiten, auch wenn sich am Grund viel Dreck angesammelt hat, der leicht aufgewirbelt wird. Unter Deck trifft der Besucher dann mit höchster Wahrscheinlichkeit etwa auf dichte Schwärme von Glasbarschen – Tausenden von silbrigen kleinen Fischen, die im Licht der Stablampen schillern. In der Mitte des Rumpfes hingegen ist nicht mehr zu entdecken als ein wirrer Schrotthaufen. Hier war das Schiff beim Untergang in zwei Teile zerbrochen. Noch recht gut zu erkennen ist der Maschinenraum mit dem gewaltigen Dampfkessel.

Das Drama spielt zwei Wochen vor Eröffnung des Suez-Kanals. Die Fracht, darunter Post, viel Geld etliche Kisten Wein und rund 20 Tonnen Kupferbarren, hat ein

■ Umstrittenes Wracktauchziel im Roten Meer: die Salem Express. Foto. Anja Breiding

Dampfer aus Liverpool gebracht. Sie wird in Suez auf die »Carnatic« umgeladen. Der gerade mal sechs Jahre alte Dampfsegler, der als Linienschiff den ägyptischen mit dem indischen Teil des britischen Empires miteinander verbindet, sticht am Abend des 12. September 1869 in See. Es ist Sonntag. Ziel ist Bombay. An Bord sind neben der Besatzung 22 Passagiere in der ersten Klasse, zwölf in der zweiten, außerdem ein Diener und ein Kind. Einige der Reisenden sind Bedienstete des Schiffseigners, der P&O-Linie, andere britische Regierungsbeamte, die das Verlegen eines 500 Meilen langen Telegrafenkabels im Persischen Golf überwachen sollen. Das Meer ist ruhig. Es weht ein leichter Wind aus Norden. Plötzlich, es ist 1.15 Uhr in der Nacht, wird Kapitän Jones von einem Alarmruf geweckt: „Bre-

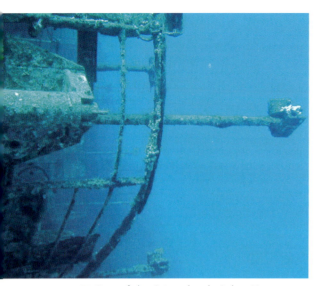

Die auf der Seite ruhende Salem Express
riss mindestens 510 Menschen in den Tod.
Foto: Anja Breiding

cher vor dem Bug." Sein Befehl („Ruder nach links, volle Kraft zurück") kommt zu spät: Das Schiff schiebt sich kreischend mit zwei Dritteln seiner 89 Meter Länge auf ein Vorriff des Sha'ab Abu Nuhas, auf einen bis knapp einen Meter unter der Wasseroberfläche reichenden Felsen.

Die Menschen an Bord bleiben trotz der gefährlichen Lage gefasst. Ruhig inspiziert die Mannschaft das Schiff auf mögliche Schäden. Augenscheinlich hat die »Carnatic« den Unfall gut überstanden. Jones entscheidet, den Morgen abzuwarten und zu versuchen, das Schiff wieder flott zu bekommen. Dafür wird die Ladung aus den vorderen Laderäumen geschafft. Was dann nicht gelingt: Ein starker Nordwind frischt auf und drückt den Havaristen gegen das

Riff. Die Menschen an Bord bleiben ruhig, sie haben sich auf dem Deck versammelt und warten auf die »Sumatra«, ein weiteres Schiff der Linie, das die gleiche Route nehmen soll. Der Tag verstreicht, das Essen wird zu den üblichen Zeiten eingenommen. So richten sich Passagiere und Mannschaft auf eine weitere Nacht an Bord ein. Gegen 2 Uhr ein neuer Alarm: Wasser dringt in den Maschinenraum ein; es hat das Feuer im Kessel bereits gelöscht. Kapitän Jones weiß nun: Das Schiff ist verloren. Die See wird immer rauer. Aus immer mehr Ritzen dringt Wasser ein. Trotzdem sieht Jones keinen Anlass, die »Carnatic« schnell zu verlassen – ein todbringender Fehler, wie sich zeigen wird.

Erst am späten Vormittag klettern die Passagiere in die Boote, um 10.50 Uhr haben die drei Frauen und das Kind das Schiff verlassen. Keinen Augenblick zu früh. Der Rumpf bricht. Der hintere Teil rutscht weg und sinkt in Sekunden. Er reisst 27 Menschen in den Tod. Die Überlebenden klettern auf den Bug, der noch auf dem Riff liegt. Von dort gelangen sie in die drei übrig gebliebenen Rettungsboote. Die Schiffbrüchigen rudern zur nahe gelegenen Insel Schadwan. Dort verbrennen sie Baumwoll-Ballen und feuern die einzige Leuchtrakete ab – ein Signal, das die »Sumatra« bemerkt, die um 9 Uhr abends endlich in Sichtweite kommt.

Eine Bergungsexpedition, die P&O vor allem des versunkenen Geld-Schatzes wegen organisiert, findet das Wrack wenige Wochen später komplett versunken. Helmtaucher steigen hinab und entdecken zwei Leichen – der Kopf eines Toten ist in einem Bullauge eingeklemmt, „offensichtlich beim verzweifelten Versuch, dem Ertrinken zu entgehen", wie Andrea Ghisotti berichtet. Einem der Bergungstaucher gelingt es, bis zum Postbüro vorzudringen. Er bricht die Tür auf – und schafft innerhalb von wenigen Tagen 32 000 Goldsovereigns nach oben. Einheimische tauchen derweil ohne Anzug ins Wrack, um das Kupfer zu bergen. So kann ein Großteil der Ladung gerettet werden. Offenbar wird auch die Galionsfigur der »Carnatic« geborgen.

Allerdings: Es sollen 40 000 Goldsovereigns an Bord gewesen sein. Wo sich der Rest des Schatzes befindet? Das ist bis heute ungeklärt.

Zwei Wracks, die so nahe beieinander liegen, dass ein Taucher mit guter Kondition und ausreichendem Luftvorrat am Riff entlang von einem zum anderen schwimmen kann, sind die Frachtschiffe »Chrisoula K«. und »Seastar«. Über beide ist wenig bekannt. Die »Chrisoula K«., ein schmuckloses Arbeitsschiff, hatte Steine geladen, als es 1981 mit voller Wucht das Riff rammte und dabei in zwei Teile zerbrach. Der Bug blieb eine Weile auf den Felsen liegen, bevor das Meer ihn weitgehend spurlos zerlegte. Der größere Teil, etwa Dreiviertel des Rumpfes, liegt auf der Steuerbord-Seite zwischen 18 und 25 Metern tief, ist bei leidlich guten Wetterbedingungen (die Lage ist vergleichsweise geschützt) also leicht zu betauchen. Die »Seastar«, vermutlich 1976 gesunken, hatte Tonnen von Linsen geladen. Noch immer türmen sich die Säcke zu Bergen – womöglich der Grund dafür, dass sich das Wrack in ein einzigartiges Biotop verwandelte: Im vorderen Laderaum tummeln sich zahllose Jungfische. Papageienfische, Drückerfische und andere Arten schwim-

men immer wieder ins Wrack und wieder hinaus. Die Aufbauten und das Hauptdeck mittschiffs sind dicht von Korallen besiedelt. Starke Lampen sind zu empfehlen, um die tropische Artenvielfalt genießen zu können. Der Tauchgang selbst ist bei ruhigem Seegang einfach: Die Teile des zerstörten Bugs auf dem Riff (einschließlich des Ankers) liegen zwischen acht und 15 Metern tief, der vordere Laderaum beginnt bei 16 Metern, an der tiefsten Stelle am Heck berührt die imposante Schraube den Grund in 31 Metern.

Die »Thistlegorm«, das aufgrund seiner Ladung und Größe (126 Meter lang, 9000 Tonnen Verdrängung) wohl spektakulärste Wrack im Roten Meer, ist am schnellsten von Sharm el Sheikh aus zu erreichen. Von Hurghada aus starten Mehrtagestouren dorthin, oder das Wrack wird im Rahmen einer ein- bis zweiwöchigen „Wracksafari" angesteuert. Die Wetterverhältnisse sind dort nicht immer gut – Strömungen machen den Abstieg zu einem durchaus anspruchsvollen Tauchgang, der allerdings von jedem ausgebildeten Sporttaucher zu leisten ist.

Der britische Weltkrieg-II-Frachter wurde bereits Mitte der 50er Jahre von Jacques Cousteau und seiner Mannschaft in einer Tiefe von maximal 30 Metern entdeckt. Die Aufbauten ragen bis auf zwölf Meter an die Wasseroberfläche heran. Im „National Geographic Magazine" vom Februar 1956 beschrieb der Unterwasser-Fotograf Louis Marden, der zu Cousteaus Team gehörte, seine Eindrücke beim ersten Tauchgang: „Der offene Mund des Hauptladeraumes gähnt. Langsam finde ich meinen Weg nach unten. Meine Augen gewöhnen sich an das Halbdunkel. Plötzlich sehe ich Lkw,

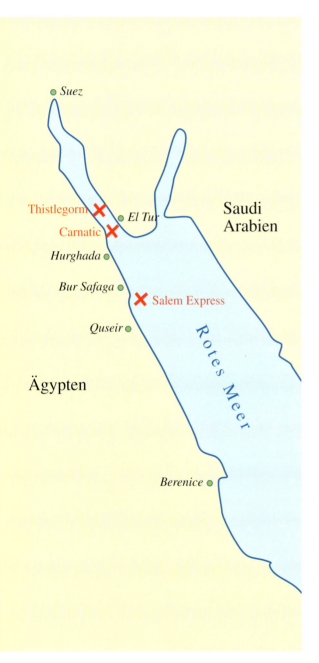

Suez

Thistlegorm
Carnatic
Hurghada
Bur Safaga

El Tur

Saudi
Arabien

Salem Express

Quseir

Ägypten

Rotes Meer

Berenice

Rotes Meer:
Wracktauchzeit: ganzjährig
Wassertemperatur am Grund: 18
bis 28 Grad
Sicht: 15 bis 40 Meter
Strömung: meist schwach, aber heftige
Strömungen sind möglich
Fauna und Flora: atemberaubend
Schwierigkeitsgrad: ★ bis ★★★★
★   = Schnorchler,
★★   = Anfänger mit Begleitung,
★★★   = erfahrene Taucher,
★★★★   = erfahrene Wracktaucher,
★★★★★ = Technical Divers

Literatur: Kurt Amsler, Andrea Ghisotti:
Wracks im Roten Meer, Tauchführer, Jahr-
Verlag, 1996, Hamburg
„… und nachts kamen die Bomber", in:
Wracktauchen, Sonderheft der Zeitschrift
„tauchen" 1/1996
Stephen Weir: Red Sea, in: Diver Maga-
zine Februar 1999.

dicht aneinander gereiht, auf jedem befinden sich Motorräder. Korallen, Pilze und
Austern haben das Metall überkrustet, nur
die schwarzen Gummireifen sind fast fle-
ckenlos." Die Männer gelangen zum Ruderhaus. Und stoßen auf ein Schild mit dem
Werftnamen, das an ein Schott genietet war:
Thompson & Sons, Sunderland. „Wir wussten nun, dass es sich um ein englisches
Schiff handelte." Der Name kam beim Rei-
nigen der Schiffsglocke, die damals offenbar auch geborgen wurde (sie fehlt jedenfalls heute), zum Vorschein: »Thistlegorm«,
„Blaue Distel".

Bis aber die Geschichte des Schiffes erzählt werden konnte, sollten 35 Jahre verge-

hen – das Wrack geriet wieder in Vergessenheit. Bis sich 1991 eine Expedition daran machte, den kursierenden Gerüchten über ein unbekanntes Wrack in der Straße von Gubal nachzugehen (nachzulesen in: „... und nachts kamen die Bomber"). Und tatsächlich mit dem Echolot fündig wurde. Expeditionsteilnehmer Hans-Peter Hegmann beschreibt seine Eindrücke beim ersten Abstieg: „Als ich über die Reling auf das Deck schwimme, kann ich die Bugspitze erkennen. Direkt neben mir auf dem Deck steht ein eingedrückter Eisenbahn-Kesselwagen." Da auch Kohletender auszumachen sind, begab sich das Team in den nächsten Tauchgängen auf die Suche nach den dazugehörigen Lokomotiven. Und tatsächlich: Links und Rechts vom Wrack, jeweils etwa 30 Meter entfernt, stehen zwei Lokomotiven mit den Rädern auf dem Grund – ein märchenhafter Anblick, Jim Knopf lässt grüßen. Die nächsten Tage bringen ans Licht, was die »Thistlegorm« sonst noch für Kriegsmaterial geladen hatte: Flugzeugteile, Feldbetten für Lazarette, zwei leichte Panzerfahrzeuge, Unmengen von Gummistiefeln – und Munition, Bomben und Waffen, die Überlebenswillige besser nicht anrühren (nach wie vor besteht Explosionsgefahr). Auch wenn im Laufe der Zeit viel geplündert wurde, auch heute noch wirkt das Wrack wie ein maritimes Kriegsmuseum.

Und wie ist das mit leichten Bordgeschützen bewaffnete Schiff nun versunken? Auf eine Kleinanzeige in einer britischen Marine-Zeitung meldeten sich Überlebende des Untergangs und erzählten: Die SS »Thistlegorm« ankerte am 6. Oktober 1941 inmitten eines Konvois – ein Tanker, der auf eine deutsche Mine gelaufen war, versperrte die Zufahrt zum Suez-Kanal. Zwei Flugzeuge des deutschen Kampfgeschwaders 26, auf Kreta stationiert, unternahmen einen Aufklärungsflug, als ihnen der Konvoi ins Auge fiel. Die Kampfflieger griffen die »Thistlegorm« an. Eine 2000-Kilo-Bombe traf das Schiff in Höhe des vierten Laderaums. Die darin gelagerte Munition explodierte. Das Schiff zerriss in zwei Teile. Neun Matrosen der 49 Mann starken Besatzung kamen ums Leben. Auch die Angreifer blieben nicht ungeschoren: Das Abwehrfeuer der Briten traf eine der beiden Heinkel-Maschinen, das notwassern musste – wo genau, das ist unbekannt. Die Besatzung geriet in englische Kriegsgefangenschaft. Die Wucht der Explosion an Bord der »Thistlegorm« lässt sich noch heute erahnen: Die Innereien des Wracks liegen in Höhe des vierten Laderaums offen, so dass sich das Schiff von Tauchern ohne großes Risiko erkunden lässt.

Das umstrittenste Wracktauchziel im Roten Meer ist die »Salem Express« – der Name steht für eine Schiffskatastrophe großen Ausmaßes: offiziell 510 Menschen, wahrscheinlich mehr, die meisten davon Mekka-Pilger, ertranken beim Untergang der überfüllten Fähre nur elf Kilometer vom Zielhafen Safaga entfernt am 16. Dezember 1991. Viele Tauchlehrer von Hurghada halfen bei der Bergung von Toten. Danach herrschte ein Tauchverbot, das zunächst auch eingehalten wurde. Dann aber begannen Basen, „early morning dives" zur „Titanic des Roten Meeres" anzubieten – als ob ein Tauchgang um neun Uhr morgens pietätvoller als einer am Nachmittag wäre. Die Behörden guckten weg. Mittlerweile markieren Bojen offiziell die Position.

Heute wäre die »Salem Express« wohl ein Abenteuerspielplatz wie viele andere Wracks im Roten Meer, wenn nicht ihr immer noch außerordentlich guter Zustand die Tragödie jedem Besucher vor Augen führen würde.

Das Schiff liegt auf der Steuerbord-Seite auf Grund in 30 Metern; die Backbord-Seite in zehn Metern ist schon von der Wasseroberfläche aus erkennbar. Nach dem Abstieg bieten schmale Öffnungen Einblicke ins Innere, das noch mindestens 200 Leichen birgt. Viele „diving guides" weigern sich deshalb, Taucher hinein zu führen. Zumal der Einstieg gefährlich ist. Ein kanadisches Unterwasser-Filmteam, allesamt erfahrene Höhlentaucher, wagte eine Exkursion hinein. Kabinen, Kombüsen, Fracht- und Maschinenräume liegen in völliger Dunkelheit und sind voller Dreck. Berge von Koffern, Taschen und Säcken sind auszumachen. Das Wasser ist vom verrottenden Gepäck rost-braun gefärbt. Kaum ein Fisch hat sich in dieses stählerne Grab verirrt. Die meisten der Gänge sind unpassierbar: Ein Gewirr von Stangen, Kabeln und Gepäckstücken blockiert den Eingang in den Maschinenraum. Die Männer gelangten in den Speisesaal. Die Tische hängen, fest angeschraubt, an dem zur Seitenwand gewordenen Fußboden des gekippten Schiffes. Geschirr und Besteck liegen unten. Von den vermissten Passagieren fanden sie keine Spur. Von Grabräubern schon: Viele der Gepäckstücke im Inneren sind aufgeschlitzt, persönliche Gegenstände augenscheinlich entnommen.

Koffer und Kinderwagen, die kurz nach dem Untergang verstreut auf dem Grund lagen, hat das Meer zwar mittlerweile davongetragen. Dennoch können sich auch diejenigen, die das Wrack nur von außen erkunden, der eigentümlichen Atmosphäre an diesem frischen Grab nicht entziehen. Die meisten Rettungsboote konnten nicht mehr zu Wasser gelassen werden; noch immer liegen Pakete mit Schwimmwesten ungeöffnet an Bord. Das Schiff sank zu schnell. Wer die Beule am Bug betrachtet, mag kaum glauben, dass eine augenscheinlich so kleine Ursache eine derart verheerende Wirkung haben kann: Das Schiff rammte einen Felsen, wodurch die Bugklappe aufsprang und das Schiff binnen Minuten in die Tiefe riss. So herrscht oft nach einem Tauchgang zur »Salem Express« eine bedrückte Stimmung an Bord – schwelgen Wracktaucher üblicherweise von ihren Eindrücken, wird nach diesem Abstieg meist nur wenig gesprochen.

Luxusliner und deutsche U-Boote: Wracks in amerikanischen Gewässern

„Ich fragte mich, wie viele berühmte Leute auf ihrem Weg zu geschäftlichen und politischen Treffen oder auf der Heimreise wohl an diesen Tischen gesessen und sich während der langen Atlantiküberquerung amüsiert hatten. Ich schwebte durch den Raum und versuchte mir vorzustellen, dass einst hier Menschen nächtelang getanzt und gelacht hatten", berichtet Bernie Chowdhury, Chefredakteur der US-Tauchzeitschrift „Immersed" und Weltklasse-Taucher, von einem Ausflug in 72 Meter Meerestiefe – in den Ballsaal der »Andrea Doria«. Die Tische, an denen Chowdhury entlang tauchte, hängen an der Wand: Das Schiff ruht auf seiner Steuerbord-Seite. Chowdhury unternahm mehrere Expeditionen ins Innere des Ozeanriesen, der unter US-Tauchern als Mount Everest unter den Wracks gilt.

Nicht ganz zu Unrecht. Die im Mittelmeer gesunkene »Britannic« etwa ist zwar größer, und sie liegt tiefer. Aber die Bedingungen an der »Andrea Doria« sind ungleich härter: Das Wasser an der Nordostküste der USA ist bis zu vier Grad kalt. Es gibt dort Blauhaie. Und Feuerquallen. Taucher müssen mit Strömungen verschiedener Stärken und in jeder Tiefe aus anderen Richtungen rechnen. Dabei können die Verhältnisse innerhalb von Minuten umschlagen.

Mindestens ein Mal sei es vorgekommen, dass ein Taucher von der Abstiegsleine abgetrieben wurde, mit aller Kraft versuchte, sie wieder zu erreichen und das Bewusstsein verlor; er ertrank, weiß Chowdhury. Ein anderer starb, weil sich im Inneren des Schiffes mit seiner Ausrüstung in einem Kabelgewirr verfing; er konnte sich nicht befreien. Von einem Dritten wird berichtet, dass er sich offenbar im Inneren verirrt oder verfangen hatte; ein unbeteiligter Taucher, der zufällig ebenfalls am Wrack war, sah mächtige Wolken von aufgewirbeltem Schlick aus einem als schwer zugänglich bekannten Areal aufsteigen - er hörte panische Schreie und das Hämmern des Verzweifelten, konnte ihm aber nicht helfen.

Trotz der etlichen Taucher, die am Wrack der »Andrea Doria« verunglückten: Das einstmals elegante Schiff hat eine ungebrochene Anziehungskraft; entsprechend geplündert ist es mittlerweile. Eines der wert-

vollsten Beutestücke aus dem mit zeitgenössischer Kunst gut bestückten Luxusliner: ein Wandfries des Italieners Guido Gambone (sieben Keramikplatten, die größten jeweils 250 Kilo schwer). Ein besonderer Schatz ist allerdings noch an Bord – wenngleich wohl verrostet: der einzige jemals gefertigte Chrysler Norseman, ein Auto, das der italienische Karosseriebauer Ghia als einmalige Design-Studie im Auftrag von Chrysler in Handarbeit gebaut hatte.

Was geschah an jenem 25. Juli 1956, dem Tag, der den Untergang der »Andrea Doria« bringen sollte? Die »Stockholm«, ein Schiff der Schwedisch-Amerikanischen Linie, lief um 11.31 Uhr mittags mit 534 Passagieren an Bord aus dem New Yorker Hafen aus. Die Sicht war klar – allerdings nur für die Mannschaft der »Stockholm«; die »Andrea Doria« durchfuhr vom Atlantik kommend eine dichte Nebelbank. Die beiden Schiffe näherten sich auf einem Parallelkurs, doch die Kapitäne hatten zunächst keine Ahnung von der Anwesenheit des jeweils anderen Liners, reichte doch das Radar damals nicht so weit.

Als sich die Schiffe auf zwölf Meilen einander genähert hatten, bemerkte Kapitän Gunnar Norderson, der auf der Brücke der »Stockholm« stand, die »Andrea Doria«. Bei Einhaltung des Kurses hätten sich die beiden Schiffe mit einem Abstand von einer guten Meile passiert. Nordenson ordnete jedoch eine leichte Korrektur nach steuerbord an, um den Sicherheitsabstand zwischen den beiden Schiffen zu vergrößern. Auf der »Andrea Doria« hatte man die »Stockholm« aufgrund des stärkeren Radars schon früher ausgemacht. Kapitän Piero Calamai nahm an, dass es sich um ein kleines Küstenschiff handelte, das auf dem Weg nach Norden in Richtung Nantucket Island war. Aufgrund der Entfernung schien jedoch keine Gefahr zu bestehen, und so entschloss sich Calamai, den Kurs nach backbord zu korrigieren – die Schiffe gerieten auf Kollisionskurs.

Als sich die Kapitäne dessen bewusst wurden, versuchte Calamai, seinen mit voller Geschwindigkeit laufenden, 214 Meter langen und 29 000 Tonnen schweren Riesen umzusteuern; Nordenson gab den Befehl: „Maschinen volle Kraft zurück". Doch zu spät. Obwohl die »Stockholm« fast zum Stillstand gekommen war, rammte die »Andrea Doria« mit ihrer Steuerbordseite den gegen Eisgang verstärkten Bug des schwedischen Schiffes, der durch die stählerne Schiffswand des italienischen Liners schnitt, als wäre sie aus Papier. Sieben der elf Decks bis fast zum Kiel wurden aufgerissen, ausgerechnet dort, wo sich viele Passagierunterkünfte befanden. Bei dem Zusammenstoß wurden 56 Menschen getötet. Ein Mädchen überlebte wie durch ein Wunder: Eine 14-jährige wurde aus dem Bett auf den Bug der Stockholm geschleudert. Dort blieb sie liegen, als das Schiff sich aus dem Körper der »Andrea Doria« rückwärts befreite. Ihre Schwester, die in der gleichen Kabine gelegen hatte, gehörte zu den Todesopfern.

Die schwer beschädigte, aber stabile »Stockholm« ließ ihre Rettungsboote zu Wasser, um die Passagiere der »Andrea Doria« aufzunehmen, die schnell Schlagseite bekam. Weitere Schiffe eilten herbei. Elf Stunden nach der Kollision, um 10.09 Uhr am Morgen des 26. Juli 1956, kenterte die »Andrea Doria« und ging unter. Die »Stockholm« lief aus eigener Kraft in den nächsten Hafen ein und wurde in New York repariert. Sie nahm ihren Dienst auf der Transatlantik-Route wieder auf.

Die höchste Stelle der »Andrea Doria« liegt heute in 50 Metern, die tiefste auf Grund in 73 Metern. Sie ist mit See-Anemonen bewachsen und schimmert rostrot im hellgrünen Wasser. Bernie Chowdhury hat den Zustand im Inneren des äußerlich intakten Schiffes dokumentiert. „Die hölzernen Kabinenwände hatten sich aufgelöst, was es uns ermöglichte, durch die ovalen, stählernen Kabinenstützen entlang einer ganzen Flucht ehemaliger Passagierkabinen zu schwimmen", berichtet er von einem seiner zahlreichen Tauchgänge zum versunkenen Luxusliner. Bräunliche Ablagerungen und Trümmerstücke hätten überall herumgelegen - das, was von der Holzvertäfelung, den Matratzen, Bezügen und Decken übrig geblieben ist. Plötzlich erschrak er. „In der Ferne sah ich ein schwaches Licht und etwas, das wie ein anderer Taucher aussah", erzählt Chowdhury „Mein Herz begann zu schlagen. Wir waren knapp 20 Meter tief im Wrack, und ich fragte mich, wer denn noch hier drin war und mir entgegenkam." Als Chowdhury näherkam, erkannte er den vermeintlich fremden Taucher: Er war es selbst – reflektiert in einem Wandspiegel.

Wenn die »Andrea Doria« für US-Taucher das ist, was der Mount Everest für Bergsteiger bedeutet, dann muss die »Empress of Ireland« als der K2 unter den versunkenen Schiffen Amerikas gelten: Nicht ganz so tief, aber schwerer zu bezwingen. Das Wrack des Liners, dessen Name für die schlimmste Schiffskatastrophe in der Geschichte Kanadas steht, liegt halb im Schlick begraben auf Grund in 45 Metern im Sankt-Lorenz-Strom – und dort, im Flussabschnitt östlich des Hafens Rimouski nahe der Südküste des sich zum Ozean hin öffnenden Stroms, herrscht mitunter eine so heftige Gezeitenströmung, dass Tauchboote gar nicht ankern können. Dazu kommt die Kälte: Das Wasser im Sankt-Lorenz-Strom erreicht selbst im Sommer nur Temperaturen zwischen zwei und sieben Grad Celsius.

Bei Sichtweiten zwischen drei und 15 Metern lassen sich zahlreiche Einstiegsmöglichkeiten entdecken. Die größte ist ein Loch, das Helmtaucher kurz nach dem Untergang 1914 ins Herz des Wracks gesprengt hatten. Es führt in den Gepäckraum der Ersten Klasse sowie in den Postraum, woraus der Safe des Zahlmeisters und Silberbarren im damaligen Wert von 150.000 Dollar geborgen wurden (was heute rund zwei Millionen Dollar wären). Heute sind dort nur noch ein tückischer Kabelwirrwarr und vermodernde Gepäckstücke zu finden. Andere Einstiegsstellen in das auf seiner Steuerbord-Seite liegende Wrack gelten als lohnender: Im Inneren der »Empress of Ireland« soll sich noch immer eine Fülle von mehr oder weniger wertvollen Sammlerstücken verbergen.

Der Untergang der »Empress of Ireland« in der Nacht zum 29. Mai 1914, zwei Jahre nach der Titanic-Tragödie, erinnert an das Ende der »Andrea Doria« 42 Jahre später: ein Zusammenstoß in dichtem Nebel, dessen Umstände nie ganz geklärt wurden. Der Dampfer der Canadian Pacific hatte gerade den Lotsen von Bord gelassen, der das Schiff von Quebec aus sicher durch den Strom geleitet hatte, als Captain Kendall in einiger Entfernung ein Schiff ausmachte, das sich seinem näherte – das norwegische

■ Die 150 Meter lange San Diego liegt kieloben in 33 Meter Tiefe vor Long Island. Bild: Naval Historical Center

Kohlenschiff »Storstad«, wie sich später herausstellen sollte. Kendall ließ den Kurs leicht korrigieren, bevor beide Schiffe von einer dichten Nebelbank verschluckt wurden. Fatalerweise muss der Kapitän der »Storstad« ein ähnliches Manöver befohlen haben. Denn plötzlich sah Kendall mit Entsetzen zwei Mastlichter, die auf der Steuerbordseite wie Gespenster aus dem dichten Nebel auftauchten und direkt auf sein Schiff zuhielten. „Der Bug der »Storstad« glitt durch den stählernen Brustkorb der Empress so sanft wie das Messer eines Mörders", meinte Kendall später.

Das Schiff sank so schnell, dass von vierzig Rettungsbooten nur sieben abgelassen werden konnten. Bereits zehn Minuten nach dem Zusammenstoß kenterte es. Hunderte von Passagieren versuchten verzweifelt, sich an den Außenwänden festzuklammern, um dem schwarzen, eiskalten Wasser zu entgehen. Nach 14 Minuten versank die »Empress of Ireland«. Sie riss 1012 Menschen mit in den Tod; ihr Ende war nach dem Untergang der Titanic das verlustreichste Schiffsunglück in Friedenszeiten. Und es wäre wohl vermieden worden, wenn beide Schiffe, die »Empress of Ireland« und die »Storstad«, ihren ursprünglichen Kurs beibehalten hätten. Für das norwegische Kohlenschiff verlief die Kollision übrigens vergleichsweise glimpflich: Es konnte instand gesetzt werden und seinen Dienst wieder aufnehmen.

Sehr viel leichter zu erreichen als die »Empress of Ireland« – und auch deshalb das wohl meistbetauchte Wrack im Nordosten Amerikas – ist die USS »San Diego«, ein US-Panzerkreuzer aus dem Ersten Weltkrieg. Sein Ende ist schnell erzählt: Eine Mine, die vermutlich das deutsche U-Boot 156 gelegt hatte, wurde ihm 1917 vor Long Island nahe New York zum Verhängnis. Bevor das Schiff sank, schoss die Besatzung noch auf alles, was ein Angreifer sein könnte – es war das erste und letzte Mal, dass die Kanonen der »San Diego« nicht nur zur Übung eingesetzt wurden. Von Rettungsbooten aus beobachtete die Mannschaft, wie der Panzerkreuzer kenterte und sank. Doch U-156 sollte der Zufallstreffer kein Glück bringen: Das U-Boot kehrte nie von diesem Einsatz zurück; es ist verschollen.

Die 150 Meter lange »San Diego« liegt kieloben in 33 Meter Wassertiefe, zahlreiche Löcher im Rumpf geben Tauchern Gelegenheit, das dunkle Innenleben des Kriegsschiffs zu erkunden. Ungefährlich ist

■ Feuerte vor ihrem Untergang aus allen Rohren – und ist heute eines der meistbetauchtesten Wracks der USA: die San Diego. Illustration: Naval Historial Center

das nicht, wie selbst der Spitzen-Taucher Chowdhury erfahren musste: Er tauchte allein ohne Sicherungsleine hinein, in der er sich seiner Meinung nach sowieso nur verheddern würde - und verirrte sich prompt.

Dabei schien die Aufgabe für einen Profi leicht zu sein. Ein Geschirrraum, den der Amerikaner erreichen wollte, lag nur neun Meter innerhalb des Wracks in einer Tiefe von 27 Metern. Dass bei der Suche nach Porzellan Schlick aufgewirbelt werden würde, darauf war er gefasst: Chowdhury wollte sich mit einer Hand direkt am Kabineneingang festhalten, um den Geschirrraum auf jeden Fall wieder verlassen zu können. „Als ich in die Kammer schwamm, befand ich mich etwa einen Meter über dem schlickbedeckten Boden", berichtet er. „Im Sinken bewegte ich mich etwas vom Eingang weg und begann, mit der linken Hand nach Objekten im Schlick zu suchen." Seine rechte Hand legte er auf einen Eisenträger. In der Nähe der Öffnung, wie er dachte.

„Kaum hatte ich meinen Wühlarm bis zum Ellbogen in das fette, götterspeiseartige Sediment gesteckt und wieder herausgezogen, war der Raum schon vollkommen schwarz." Nicht einmal mehr der Schein seiner Lampe war zu erkennen, obwohl er sich diese direkt vor die Maske hielt. Er wühlte weiter und stieß tatsächlich, wie er durch Tasten erkannte, auf die Überreste eines Wasserkrugs.

Dann wollte er hinaus. Er tastete sich auf der Suche nach der Eingangsöffnung entlang der Wand voran. Doch: Er fand sie nicht. Der Alptraum jedes Tauchers. „Mit einem Mal fühlte ich mich sehr allein und sehr weit von der Sicherheit des Tauchbootes entfernt", erzählt Chowdhury. Sein Herz habe bis zum Hals geschlagen; er sei bemüht gewesen, kontrolliert zu atmen, um nicht zu viel Luft zu verbrauchen. Dabei habe er gegen die Angst ankämpfen müssen, dass er einen der zahlreichen großen Aale, die das Wrack bevölkern, berühren und von ihm gebissen würde.

Chowdhury tastete sich weiter voran. Der Schlick wurde braun, der Taucher konnte wieder ein wenig sehen. Er kontrollierte seine Luftmenge. Vorerst genug, so stellte er erleichtert fest. „War ich denn noch in der Kabine mit dem Geschirr, oder war ich in einen anderen Teil des Schiffes, vielleicht gar auf ein anderes Deck geschwommen?", fragte er sich. Er drehte sich um und sah eine Wolke schwarzen Schlicks, aus der er gekommen war – und in die er, das war ihm klar, wieder hinein musste. Auch wenn ihm davor graute. Er schwamm voraus, die rechte Hand immer fest an der Wand. „Mir war bewusst, wenn ich den Körperkontakt zum Wrack jetzt verlieren

würde, dann wäre es völlig aus mit der Orientierung, und möglicherweise wüsste ich gar nicht mehr, wo oben und unten ist. In diesem Fall hätte ich keine Chance mehr."

Chowdhury ertastete Holzregale, die sich nahe der Öffnung befinden sollten. Hier musste der Ausgang liegen, dachte er, schwamm aufgeregt voraus – und prallte mit dem Kopf gegen etwas, dass sich wie die Rückwand eines Schranks anfühlte. Eine Sackgasse. Verzweifelt suchte er weiter. Dann fiel ihm ein, dass er beim Hineinschwimmen etwas nach unten gesunken war. Er stieg einen guten halben Meter auf. Und tastete sich voran. Plötzlich erkannte er einen schwachen grünen Schein. Sonnenlicht. Chowdhury befand sich bereits in dem Gang, der aus dem Wrack herausführte. „Noch nie in meinem Leben hatte ich etwas Schöneres gesehen", sagt er (nachzulesen in: Der letzte Tauchgang). Andere hatten weniger Glück: Bereits sechs Taucher starben allein am Wrack der »San Diego«.

Chowdhury hat aus der Erfahrung eine Lehre gezogen: nie ohne Sicherheitsleine in ein Wrack.

Dass deutsche U-Boote ab Januar 1942 vor der amerikanischen Ostküste Handelsschiffe jagten, wurde seinerzeit von der US-Regierung geheim gehalten: Torpedo-Einschläge, selbst Unglücke mit Dutzenden von Toten, deklarierte die Führung offiziell als Kesselexplosionen, als Unfälle also – Washington wollte damals eine Panik unter der Bevölkerung vermeiden, wie das Pentagon erst kürzlich einräumte. Auf deutscher Seite sprach man von der „Operation Paukenschlag", die den alliierten Nachschub stören sollte, wie die Autorin Birgit Schröder berichtet. Beteiligt waren zunächst fünf U-Boote der Kriegsmarine, die allein in den ersten drei Wochen 25 amerikanische Handelsschiffe versenkten – woraufhin die Aktion ausgeweitet wurde. U-123 beispielsweise operierte dann unbehelligt in Sichtweise der New Yorker Freiheitsstatue und schließlich vor Florida. Als jedoch die Alliierten im Mai den Code des Funkverkehrs der deutschen Marine knackten und dann auch die Ortungstechnik verbesserten, kam es auf deutscher Seite zu schweren Verlusten. Die Zahl der „zum Sarg gewordenen U-Boote" vor der amerikanischen Ostküste lasse sich heute nicht mehr exakt bestimmen, erklärt Schröder. Als im Küstengebiet zwischen Neufundland und dem Golf von Mexiko versenkt oder „verlorengegangen" registriert wurden ihr zufolge 21 Boote. Die meisten liegen unerreichbar auf dem Grund des Atlantiks. Mindestens vier aber sind für Sporttaucher erreichbar. Sie gelten in den USA als Unterwasser-Attraktionen.

Wie U-853, das am 6. Mai 1945 als offiziell letztes deutsches U-Boot vor Ende des Zweiten Weltkriegs bei Rhode Island versenkt wurde. Zwei Kriegsschiffe und zwei Luftschiffe der Amerikaner hatten das U-Boot mit Wasserbomben gejagt. Keiner der 48 Männer an Bord überlebten. Allerdings wurden bis heute offiziell nur zwei Leichen geborgen. Das Wrack liegt in 40 Meter Tiefe sieben Meilen östlich von Block Island – und ist, wohl auch wegen seiner Nähe zu New York und Boston, ein Magnet für Sporttaucher. In der Hochsaison dümpeln schon mal zehn Tauchboote über dem Wrack. Angesichts des Ansturms gebe es Überlegungen, U-853 von Archäologen räumen zu lassen und die Skelettreste, soweit

möglich, zu bergen und beizusetzen, weiß Schröder. Viel wird allerdings nicht mehr zu finden sein: Die Schraubenwellen wurden ausgebaut (sie befinden sich heute vor einem Gasthaus in Castle Hill); auch das Periskop wurde geborgen. Souvenirjäger sammelten ein, was sie greifen konnten: wie Waffen, Messgeräte oder persönliches Eigentum der Mannschaft.

Der wenig pietätvolle Umgang mit den deutschen U-Boot-Wracks im US-Seegebiet sorgt jedoch immer wieder für Empörung. Zu Beginn einer jeden Tauchsaison verschickt der Marineattaché der deutschen Botschaft einen Brief an die Kapitäne von Chartertauchbooten, in dem diese aufgefordert werden, Tauchfahrten zu den deutschen U-Boot-Wracks zu unterlassen; es handele sich um Kriegsgräber. Für viele Amerikaner ist das Ansinnen eine Dreistigkeit, wie der US-Taucher und Fachjournalist Bernie Chowdhury weiß: Schließlich hätten die U-Boote in feindlicher Absicht die amerikanische Küste unsicher gemacht. Ein krasses Beispiel für den unsensiblen Umgang mit Kriegsopfern ist U-352, das 26 Meilen von Beaufort Inlet vor der Küste von North Carolina ruht. Das Boot wurde 1942 von einem US-Kutter versenkt, der anschließend 31 Überlebende an Bord nahm, 13 deutsche Seemänner waren ums Leben gekommen. Gut 30 Jahre später wurde das Wrack dann auf dem Meeresgrund in 36 Metern entdeckt. Unter Sporttauchern, die eingedrungen seien, habe es sich eingebürgert, aufgestöberte Skelettreste zu sammeln und sie im Maschinenraum auf einen Haufen zu schichten, berichtet Schröder. Als dann die Betreiber eines Tauchshops ihr Schaufenster mit einem Schädel und mit Langknochen dekorierten, die aus U-352 stammten, empörte sich auch ein US-Senator über diese „nationale Schande". Er sorgte zusammen mit den deutschen Behörden dafür, dass das U-Boot offiziell unter Schutz gestellt wurde. Die US-Navy sicherte die Torpedoräume und die Sprengköpfe. Armeetaucher brachten Stahlplatten über den Mündungsklappen an, die Sperren wurden jedoch von Unbekannten nach kurzer Zeit entfernt. Ein gefährlicher Spaß. „Besonders problematisch ist das im Fall des Bugtorpedoraums, der noch potentiell gefährliche Torpedos enthält", meint Schröder.

Ebenfalls an der Küste von North Carolina zu finden: U-85, das am 14. April 1942 von USS »Roper« 17 Meilen nordöstlich von Oregon Inlet versenkt wurde. Am Morgen nach dem Bombardement wurden 31 Leichen auf dem Wasser treibend gesichtet und zum Teil geborgen, berichtet die Autorin. Der Kommandant und zwölf weitere Besatzungsmitglieder blieben aber verschollen. Eine Tauchergruppe suchte 1996 das Wrack heim, das in rund 30 Meter Tiefe liegt. Die Männer durchstöberten das Innere mit einem Airlift, einer Art Unterwasserstaubsauger. Angeblich fanden sie dabei keine Skelettreste - eine Aussage, deren Wahrheitsgehalt Schröder bezweifelt. Sie weiß: Abnehmer auch für makabere Sammlerstücke finden sich in großer Zahl auf Militaria-Messen und Auktionen in den USA wie in Deutschland.

Das mittlerweile bekannteste deutsche U-Boot-Wrack liegt weiter nördlich: „U-who", wie das lange Zeit nicht identifizierbare Unterseeboot zunächst genannt wurde, liegt vor der Küste New Jerseys. Dort, 60 Meilen östlich von Barnegat Inlet und nur 110 Kilometer vor der Einfahrt zum New Yorker Hafen entfernt, wurde es 1991 von den Skippern eines Tauchbootes entdeckt. Sie konnten schnell klären, dass es sich um ein deutsches U-Boot des Typs IX C (gebaut auf der Deschimag-Werft in Bremen) handelt, dass hier in rund 70 Meter Tiefe ruht. Doch welches U-Boot war das? Und wie war es dorthin gekommen? Es sollte fünf Jahre dauern, bis diese Fragen beantwortet werden konnten. Und Menschenleben kosten: Drei Taucher starben bei Versuchen, dem mysteriösen Wrack sein Geheimnis zu entreißen, darunter die Amerikaner Chris Rousse und sein Sohn Chrissy. Die aufwändige Recherche, die zeitweilig von einem Filmteam begleitet wurde, machte „U-who" zu einem Fernseh-Ereignis.

Das 76, 5 Meter lange U-Boot liegt aufrecht auf Grund, mittschiffs ist es stark zerstört: Der Turm liegt abgerissen an der Backbord-Seite. In den Griff eines Messers, das bei einem Tauchgang ins Wrack gefunden wurde, ist der Namenszug „Horenburg" eingeritzt. Bei Recherchen im Bremer U-Boot-Archiv stieß John Chatterton, der Entdecker von „U-who", auf nur einen Horenburg. Der war Funker auf U-869 gewesen. Doch U-869 war offiziell vor Casablanca versenkt worden. Womöglich war das Messer nur durch Zufall an Bord von „U-who" gekommen – die Suche nach einem Gegenstand, der die Kennnummer des U-Boots trug, ging von vorne los. Immer wieder unternahmen die Amerikaner Tauchgänge zum Wrack. Aber stets wurden sie enttäuscht. Überall, wo eine Plakette mit der Nummer zu erwarten gewesen wäre, fanden sie bloß ein paar Schrauben, an der sie einst befestigt gewesen war. Offenbar waren die

■ Ihr Schiff sollte im amerikanischen
Bürgerkrieg Geschichte schreiben:
Besatzung der USS Monitor.
Bild: Naval Historical Center

Kennzeichen aus Leichtmetall gefertigt
worden und bereits verrottet. Das U-Boot
musste aus einer Zeit stammen, in der
hochwertiges Material in Deutschland bereits knapp geworden war.

Die letzte Hoffnung verhieß der E-Ma-
schinenraum, in den bislang niemand hatte
eindringen können. Die Werkzeugkisten
darin müssten die Nummer tragen. Allerdings: Der Raum, in dem die beiden durch
Akkumulatoren getriebenen Elektromotoren
untergebracht waren, war nur durch den
Dieselmotorraum zu erreichen – ein ohnehin schon enger Weg, der durch ein Schott
und dahinter liegende Trümmerstücke zu-

sätzlich erschwert wurde. Dorthin zu tauchen, war ein lebensgefährliches Unterfan-
gen, das niemandem zur Nachahmung empfohlen wird. Trotzdem wagte Profi-Taucher
Chatterton den Tauchgang.

An der engsten Stelle angekommen,
nahm Chatterton die in Höhlentaucher-Ma-
nier an seiner Seite angebrachte Flasche ab
und legte sie auf den Boden ab. Dann zog er
seine Tarierweste aus, an der die Flasche befestigt war, die er auf dem Rücken trug. Er
schob die Weste samt Flasche durch das
Schott und dann über einen im Weg stehenden Eisenträger, wobei er weiter aus seinem
Lugenautomaten atmete, und schwamm
dann auf die andere Seite. Dort angekommen, zog er die Tarierweste mit der Flasche
wieder an und gelangte zum E-Maschinen-
raum. Mehrere Tauchgänge dieser Art unternahm Chatterton. Einmal wurde er von
einem umstürzenden Wrackteil eingeklemmt, konnte sich aber befreien. Dann
barg er tatsächlich eine Werkzeugkiste. Und
darin fand sich wie erhofft der Name des U-
Boots: U-869.

Die offizielle Version vom Untergang vor
Marokko erwies sich also als falsch. Doch
wer hatte das U-Boot zerstört? Kein Ein-
satzbericht der US-Navy enthielt einen Hinweis, dass es von amerikanischen Schiffen
versenkt worden sein könnte. Den entscheidenden Hinweis lieferte ein Torpedokopf,
der neben dem zerstörten Turm gefunden
wurde. Die Seriennummer ergab, dass es
sich um ein deutsches Geschoss handelte:
einen akustischen T-5 Torpedo, der auf die
Maschinengeräusche des anvisierten Schiffes zulaufen sollte. Doch offenbar funktionierte der Torpedo nicht richtig - und versenkte als Kreisläufer das eigene Boot.

■ Die Monitor sank im Sturm vor Cape Hatteras. Bild: Naval Historical Center

(nachzulesen in: Bernie Chowdhury, Der letzte Tauchgang).

Szenenwechsel. Schauplatz der Geschichte: die Chesapeake Bay unweit von Washington. Es ist der 8. März 1862, der amerikanische Bürgerkrieg treibt auf einen Höhepunkt zu. Die Konföderierten planen einen Coup: Sie wollen die Blockade der Nordstaaten durchbrechen. Eine waffentechnische Revolution sollte die gegnerischen Schiffe hinweg fegen: die CSS »Virginia«, eines der ersten Panzerschiffe weltweit. Die »Virginia« verfügte über zwei schwere Geschütze an Bug und Heck, kleinere an den Seiten – und eine Eisenramme am Bug. Mit dieser Bewaffnung schien es sogar möglich, den Potomac heraufzudampfen und Washington zu beschießen, die Hauptstadt der Union also.

Und die Operation lief aus Sicht der Südstaaten gut an. Über den Elizabeth River war die »Virginia« in die Chesapeak Bay gelangt, und bei Newport News lagen die Blockadeschiffe vor Anker: vier Fregatten und die große Kriegsloop USS »Cumberland« – allesamt starke Schiffe, aber nur zwei von ihnen verfügten bereits über Dampfantrieb. Als erstes nahm die »Virginia« die »Cumberland« unter Feuer, dann rammte sie den 1700-Tonner unter der Wasserlinie mit ihrer Ramme. Das Nordstaaten-Schiff sank, nachdem alle seine Geschosse wirkungslos am Panzer der »Virginia« abgeprallt waren, rund 100 Matrosen ertranken. Dann wandte sich das eiserne Monster der USS »Congress« zu, einer 1900-Tonnen-Fregatte. Eine Stunde beschoss die »Virginia« das feindliche Schiff, bis dessen Besatzung eine weiße Fahne hisste. Als die Südstaatler jedoch enterten, wurden sie von Geschossen einer Nordstaaten-Batterie an Land getroffen. Dabei wurde auch der Kapitän der »Virginia« verwundet. Aus Rache zündeten die Konföderierten die »Congress« an; als das Munitionslager explodierte, sank das Schiff.

Am nächsten Tag erhielt die »Virginia« die Nachricht, dass die USS »Minnesota«, eines der größten Schiffe der Nordstaatenflotte, auf eine Sandbank gelaufen war. Eine scheinbar leichte Beute. Doch als die »Virginia« auf ihr vermeintliches Opfer zulief, schob sich hinter ihm etwas hervor, mit dem die Südstaaten nicht gerechnet hatten: die USS »Monitor« – ein Panzerschiff der Union.

Das hatte Nordstaaten-Präsident Abraham Lincoln innerhalb von 100 Tagen bauen lassen; Anlass waren Geheimdienst-Informationen über die Wunderwaffe der Konföderierten gewesen. Tatsächlich war die »Monitor« der »Virginia« gewachsen. Mehr noch: Das Nordstaaten-Schiff erwies sich als wendiger; zudem verfügte es im Gegensatz zur »Virginia« über einen schwenkbaren Geschützturm (deren Besatzung stets mit dem ganzen Schiff zielen musste). Vier Stunden lang schossen die Schiffe aufeinander ein; im Geschützturm der »Monitor« stieg die Temperatur auf mehr als 60 Grad an. Allerdings gelang es den Nordstaatlern nicht, mit ihren 76,5 Kilogramm schweren Geschossen die Panzerung der »Virginia« zu durchdringen. Nachdem eine Granate der »Virginia« das Ruderhaus der »Monitor« getroffen hatte und den Kapitän erblinden ließ, andererseits die »Virginia« mit ihrem Tiefgang in Gefahr geriet, bei der einsetzenden Ebbe aufzulaufen, trennten sich die Kontrahenten. Die »Virginia« hatte ihr Ziel verfehlt; die Blockade der Nordstaaten-Flotte hielt.

In der Folge wurde die »Monitor« als schwimmende Geschützstellung auf dem James River in Virginia eingesetzt – bis sie einen Befehl zur Verlegung in den Süden bekam, zunächst nach Beaufort / North Carolina. Von dort aus sollte es nach Georgia gehen. Weil die »Monitor« wegen ihres geringen Tiefgangs kaum seetüchtig war, wurde sie vom einem Seitenraddampfer geschleppt. Allzu weit kam das Gespann nicht: Bei Cape Hatteras wurde das Wetter zunehmend schlechter. Die »Monitor« geriet ins Schlingern, immer mehr Wasser drang ein. Die Kohle wurde nass, wodurch der Kesseldruck sich verringerte – und der trieb nicht nur das Schiff an, sondern auch die Pumpen, die dem immer stärker eindringenden Wasser nicht mehr gewachsen waren. Auch mit einer Eimerkette konnten die 65 Männer der Besatzung nichts mehr ausrichten. Es war der 29. Dezember 1862, 22.30 Uhr, als der Kommandant am Geschützturm eine rote Laterne hissen ließ – das vorab verabredete Signal für den Schlepper, die Besatzung der »Monitor« aufzunehmen. Im Sturm kämpften sich Rettungsboote heran, während einige Männer vom gischtumtosten Vorderdeck der »Monitor« gespült wurden. Mittlerweile war so viel Wasser im Schiff, dass die Kessel erloschen. Gegen 1.30 Uhr erlosch die rote Laterne. Einige Männer gingen mit der »Monitor« unter. Sie hatten sich geweigert, den vermeintlich sicheren Geschützturm zu verlassen.

Das Wrack der »Monitor« liegt 26 Kilometer vor Cape Hatteras in 72 Meter Tiefe, Touren starten vom dortigen Yachthafen aus. Nachdem das versunkene Schiff 1973 von Forschern entdeckt und das rote Positionslicht geborgen worden war, wurde das Seegebiet zur nationalen Schutzzone erklärt. Sporttauchern verwehrte die zuständige National Oceanic and Atmospheric Administration (NOAA) zunächst den Zugang, bis ein Gericht auf kontrollierte Freigabe entschied. Seit 1990 wird es Sporttauchern auf Antrag genehmigt, zur »Monitor« zu tauchen. Allerdings: Es ist verboten, direkt am Wrack oder an der Abstiegsleine zu ankern. Taucher müssen sich von der Strömung an die Boje treiben lassen. Was nicht ganz einfach ist. Eine kurze Ablenkung, und der Taucher schießt am Ziel vorbei. Die Strömung ist mitunter so stark, dass er sein Gesicht nicht wenden kann – ihm würde sonst die Maske vom Kopf gerissen, wie die Amerikaner Henry Keatts und Brian Skerry berichten

Der Rumpf der »Monitor« liegt kopfüber auf dem sandigen Meeresgrund. An Steuerbord steckt das Wrack fast vollständig im Grund; die Backbordseite ragt am Bug 30 Zentimeter über den Meeresboden und erhebt sich zum Heck hin in eine Höhe von 2,70 Meter. Der Propeller ist stark verkrustet. Der vordere Teil des Rumpfes ist eingefallen. Hinten geben die noch vorhandenen Schiffsspanten und Deckträger Stabilität. Wie lange noch, ist allerdings ungewiss. Seit einigen Jahren verschlechtert sich der Zustand drastisch. Wozu allerdings auch die NOAA beiträgt, die immer mehr Teile des Schiffes bergen lässt. So wurde im Juli 2001, 138 Jahre nach dem Untergang, die 30 Tonnen schwere Maschine aus dem Wrack entfernt, um sie in einem Museum auszustellen. Dafür mussten am Wrack etliche Rumpfplatten entfernt werden.

Das populärste Wracktauchgebiet der USA ist Florida. Vor den Küsten und um die Keys herum gibt eine Fülle von Wracks, die zumeist mit reichlich Dynamit vor Publikum gesprengt und so zu künstlichen Riffen gemacht wurden. Drogenschmuggler sollen einige andere Schiffe versenkt haben, um – die Küstenwache bereits im Nacken – Beweismittel zu vernichten. Ein Beispiel ist der so genannte Cannabis-Cruiser fünf Meilen vor Islamorada. Ansehnliche Wracks sind in Florida auch schon von Anfängern mit professioneller Begleitung zu erreichen, meint Michael Waldbrenner. In einigen Wracks, etwa in den ausgemusterten Küstenwachen-Patrouillen USCG »Bibb« und USCG »Duane« (beide vor Key Largo), wurden Türen und Kabelbäume entfernt, um sie für Taucher sicher zu machen. Waldbrenner, ein erfahrener deutscher Wrack- und Höhlentaucher, kennt das Revier: Er reist regelmäßig zum Tauchen nach Florida. Vergleichsweise leicht zu betauchen und lohnend ist ihm zufolge etwa der 1952 in Deutschland gebaute, 1984 in einem Sturm havarierte Frachter »Mercedes I«. Das Wrack gehört mittlerweile zu den populärsten Tauchzielen in Florida. Kein Wunder: Das 70-Meter-Schiff ist von prallem maritimem Leben umgeben und liegt an einer Stelle, die leicht von Fort Lauderdale zu erreichen ist. Zudem sind Sichtweiten zwischen 20 und 30 Metern die Regel. Das Schiff ruht aufrecht in rund 30 Metern auf einem Grund aus Sand und Korallen; an manchen Tagen ist die »Mercedes I« schon von der Wasseroberfläche aus zu erkennen. „Man gelangt gut hinein", berichtet Waldbrenner. Drinnen leben Hunderte von Pfeilkrabben.

Okefenokee Sumpf

Brunswick

Jacksonville

Cross City

St. Augustine

Daytona Beach

New Smyrna Beach

Clearwater Tampa
Petersburg

Tampa Bay

Cape Canaveral

Bradenton
Sarasota

Melbourne

Fort Pierce

Fort Myers

Stuart

Everglades

Naples

West Palm Beach
Lake Worth

The Everglades

✗ Mercedes I

Fort Lauderdale
Hollywood

Miami

Key Largo

Islamorada

✗ USCG Bibb
USCG Duane

Key West

✗
Florida Keys

✗ Cannabis Cruiser

✗ USS Wilkes-
Barres

Von Miami bis hinunter bis zu den Keys ist der Küstenstreifen von Tauchbasen gesäumt, die allesamt Wracktauch-Touren anbieten. Die Sicherheits-Standards sind überaus hoch. Was vor allem wohl den amerikanischen Gerichten zu verdanken ist: Wegen Fahrlässigkeit wird in den USA immer wieder um Millionensummen erfolgreich geklagt. Die Strömung ist mitunter stark, andererseits sorgt der Golfstrom zumeist für gute Sicht. Nur für Technische Taucher geeignet sind Expeditionen zu den Wracks auf offener See vor den Inseln: Die USS »Wilkes-Barre« gilt dort als größte Herausforderung – ein stattlicher 10 000-Tonnen-Kreuzer aus dem Zweiten Weltkrieg, der Anfang der 70er Jahre im Zuge von Bombentests in zwei Teile gesprengt wurde. Er versank in eine Tiefe von 78 Meter. Die Heckpartie steht aufrecht auf dem Sand, das Bugteil liegt abgetrennt auf der Seite. Beide Stücke sind jeweils rund 100 Meter lang. „Wir sind durch eine Klappe in der Heckregion in das Wrack eingedrungen und bis zur einer Mannschaftsdusche getaucht", berichtet Waldbrenner. „Wir kamen dann durch eine große Öffnung im Heck wieder nach oben – wahrscheinlich ein Helikopter Flight Deck", meint er. Der Tauchgang sei beeindruckend gewesen, allein schon der Sichtverhältnisse wegen: Gut und gerne 60 Meter habe er überblicken können, schätzt Waldbrenner.

Ortswechsel. Vor der Antilleninsel Grenada, rund 150 Kilometer von der Küste Venezuelas entfernt. Hier, in einer Tiefe von rund 50 Metern, liegt die »Bianca C« – das größte Wrack der Karibik, ein Schiff in den Dimensionen der »Andrea Doria«. Es war ein Sonntag im Oktober 1961, als die Sirene des 200-Meter-Kreuzfahrers in Sichtwei-

Florida:

Wracktauchzeit: ganzjährig, von Oktober bis März ist die See rauer – mit Wellen zwischen ein und drei Metern
Wassertemperatur: Winter 20 Grad, Sommer 28 Grad
Sicht: 20 bis 60 Meter
Strömung: mitunter stark
Fauna und Flora: tropisch, schöne Korallen
Schwierigkeitsgrad: ★ bis ★★★★★
★ = Schnorchler,
★★ = Anfänger mit Begleitung,
★★★ = erfahrene Taucher,
★★★★ = erfahrene Wracktaucher,
★★★★★ = Technical Divers

Amerika-Literatur:

Daniel und Denise Berg: „Florida Shipwrecks", Aqua Explorers, New York 1991
Bernie Chowdhury: "Der letzte Tauchgang, Drama im Atlantik", München 2000
Birgit Schröder: Schwierige Erbschaft im Atlantik, nachzulesen in: „Deutsche Schiffahrt", Ausgabe 2/1998, Information des Fördervereins Deutsches Schiffahrtsmuseum
Henry Keatts und Brian Skerry; Wracktauchen – eine Anleitung zum Wracktauchen, München 1998).
John Bantin u. a.: "Florida Feature", in: Diver Magazine, Dezember 1997
John Bantin: "Just me and the »Bianca C«", in: Diver Magazine, Oktober 1998

---

te des Hafens von St. Georges, der Hauptstadt Grenadas, Alarmzeichen gab. Eine gewaltige Explosion vermutlich in den Hauptkesseln hatte den Maschinenraum verwüstet. Zwei Mannschaftsmitglieder waren dabei getötet worden. Nun breitete sich ein Feuer auf dem Schiff aus. Die Rettungsboote wurden ins Wasser gelassen, zudem kamen Schiffe aus St. Georges. Die rund 400 Passagiere und 200 Besatzungsmitglieder gelangten unbeschadet von Bord. Das evakuierte Schiff stand bald in Flammen. Tagelang wütete das Feuer auf der »Bianca C« so heftig, dass die Farbe auf dem Schiffskörper Blasen warf und das Wasser um das Schiff herum kochte. Die Hafenbehörden fürchteten, der Riese werde sinken und die Einfahrt versperren. Das britische Kriegsschiff HMS »Londonderry«, zufällig in der Nähe, nahm die brennende »Bianca C« ins Schlepptau. Zuvor waren die Ankerketten des Passagierschiffes gesprengt worden. Doch das Gespann kam nicht weit. In die »Bianca C« war bereits Wasser eingedrungen. Durch das Abschleppmanöver bekam das Schiff heftige Schlagseite. Mächtige Dampfsäulen stiegen auf. Die Mannschaft der »Londonderry« konnte noch die Seile kappen, bevor die »Bianca C« in den Fluten versank.

Die gewaltige Kraft, mit der das glühende 18 000-Tonnen-Schiff auf dem Grund aufschlug, lässt sich heute vor allem am Heck erkennen. Ein Chaos aus verdrehtem Metall. Das Hinterteil steht schief, während das übrige Schiff aufrecht auf ebenem Kiel ruht. Der Tauchgang gilt als schwierig. Mitunter herrschen starke Strömungen. Die höchste Stelle des Wracks liegt in 33 Metern. Trotzdem bieten die örtlichen Tauchbasen auch Anfängern einen Tauchgang ohne Dekompression zur »Bianca C« an – einmal runter, kurz berühren und sofort wieder hinauf. Mehr als ein flüchtiger Blick auf das zwei Fußballfelder große Schiff lässt sich dabei nicht erhaschen. Erfahrene Taucher, die sich für das Wrack Zeit nehmen, genießen vor allem die pralle Fauna und Flora der Karibik, die von der versunkenen »Bianca C« Besitz ergriffen hat. Adlerrochen kreisen über dem Wrack. Den Vordermast umschwimmt eine Schule Barrakudas. Und am Swimmingpool haben sich schwarze Korallen breitgemacht.

Haie über dem Flugzeugdeck: im Pazifik

Es war der 24. September 1944, 6 Uhr, die USA kämpften in Europa und Asien an zwei Fronten, als sich die Pazifik-Flotte der Amerikaner zu einem Schlag formierte. Das Ziel: die Coron Bay, 170 Seemeilen südwestlich von Manila. Insgesamt 120 F6F Hellcats und TBF Avenger Torpedoflugzeuge starteten von mehreren Flugzeugträgern aus, um ihre Bombenlast rund 500 Kilometer entfernt abzuwerfen. Aus einer solchen Entfernung hatte niemals zuvor ein Flugzeugträger-Geschwader angegriffen. Der Coup glückte (wenngleich einige der Maschinen wegen Treibstoffmangels nicht mehr zurückkehrten) – die Japaner wurden überrascht; mindestens 15 Schiffe lagen in der Coron Bay vor Anker. Die Feuerwalze rollte kurz und heftig über die Bucht. Nach einer knappen dreiviertel Stunde hatten die

US-Flugzeuge den vermeintlich sicheren japanischen Stützpunkt in ein Inferno verwandelt. Wohl nur eines der Schiffe konnte entkommen, die meisten der großen Versorger und kleineren Kriegsschiffe sanken in der Coron Bay. Und dort liegen sie heute noch: in bis zu 30 Grad warmem Wasser, mit kunterbunten Weichkorallen bewachsen und von Schwärmen von Glasfischen und Barrakudas bevölkert.

Die Schwierigkeitsstufen der dort möglichen Wrack-Tauchgänge reicht von sehr leicht bis anspruchsvoll: vom Kanonenboot »Sangat«, das sich mit seiner Länge von 43 Metern in einem Tiefenbereich von drei bis 19 Metern erstreckt und selbst Schnorchlern interessante Perspektiven bietet, bis hin zu den Wracks »Irako« und »Akitsushima« in maximal 43 bzw. 38 Metern. Die rund 200 Meter lange »Irako« war ein Kühl-Schiff, das von den amerikanischen Bomben stellenweise wie ein Sandwich zusammengedrückt wurde. So misst die Kombüse, die von Tauchern erreicht werden kann, heute nur noch 1,50 Meter vom Boden bis zur Decke. Auf dem Deck sind Feuerfische mit ihren gespreizten Fächerflossen auszumachen. Die »Akitsushima«, 113 Meter lang, war ein Wasserflugzeug-Transporter. Mit einem mächtigen Kran, dem das Schiff seine besondere Gestalt verdankt, wurden die Kawanishi-Maschinen zum Start aufs Wasser gesetzt. Hinter dem Ausleger läuft ein Riss durch den Rumpf. Dort ist ein Einstieg möglich; zu sehen gibt's Kabeltrommeln und den imposanten Antrieb des Krans. Mittschiffs ist ein Geschützturm auszumachen. Das Wrack ist mit Schwämmen und schwarzen Korallen bedeckt.

■ Der Zweite Weltkrieg hinterließ im Pazifik seine Spuren: Propeller einer amerikanischen P-38 Lightning vor den Solomonen. Foto: Hans-Peter Schmid

■ Mit Korallen und Schwämmen bewachsene Treppe auf der Fujikawa Maru, dem bekanntesten Wrack in der Truk Lagoon. Foto: Hans-Peter Schmid

Coron Bay kann als Geheimtipp unter den attraktivsten Wracktauchplätzen der Welt gelten, bekannter ist die weiter östlich gelegene Truk Lagoon. Chuuk, so der offzielle Name des Inselstaates mittlerweile, ist Teil der Föderation von Mikronesien mitten im Pazifik. Die USA hatten die große, sich an ihrer breitesten Stelle über rund 60 Kilometer erstreckende Lagune sieben Monate vor der Coron Bay bombardiert: Die groß angelegte „Operation Hagelsturm" war einer der ersten Luftangriffe der Amerikaner, der nicht die Landung von Bodentruppen vorbereiten sollte, sondern schlicht die Zerstörung des Ziels bezweckte. Es war 4.30 Uhr an jenem 17. Februar 1944, als fünf Flugzeugträger, darunter die USS »Enterprise«, die »Yorktown« und die »Essex«, auf gleichen Kurs schwenkten.

Das Dröhnen der startenden und landenden Maschinen sollte zweieinhalb Tage kein Ende nehmen. Die Piloten flogen eine Angriffswelle nach der anderen, und schließlich waren 3000 japanische Soldaten tot, lagen 60 Schiffe auf dem Grund der Lagune, waren geschätzte 200 000 Bruttoregistertonnen japanischer Schiffsraum zerstört. Hunderte von Tonnen Bomben und Torpedos hatten die US-Flugzeuge auf Schiffe, Flugplätze und die Militäreinrichtungen an Land abgeworfen – das Ende des zuvor als uneinnehmbar geltenden japanischen Stützpunktes, den vor der Besatzung eines US-Aufklärungsflugzeugs 25 Jahre lang kein Mensch aus dem Westen zu Gesicht bekommen hatte. Erst eine Woche vor dem Angriff war die bis dato Geheimnis umwitterte Truk Lagoon von Amerikanern aus der Luft fotografiert worden.

■ War an großen Schlachten im Pazifik-Krieg beteiligt: der 33.000-Tonnen-Flugzeugträger USS Saratoga. Foto: Naval Historical Center

Reisende, die heute Truk, besser: Chuuk, besuchen, brauchen zunächst einmal Geduld. Der Island Hopper, die Flugverbindung von Manila nach Hawaii also, steuert jeden der kleinen Inselstaaten Mikronesiens an. So muss für den Flug von Manila aus nach Chuuk samt Zwischenstopps mit neun Stunden Flugzeit gerechnet werden. Die Anreise von Europa aus kann insgesamt bis zu zweieinhalb Tage dauern. Dann aber erwartet den Gast ein Südseeparadies: Kokospalmen, weißer Sandstrand, türkisfarbenes Wasser, saftiggrüner Dschungel und mittendrin weitläufige Bunker- und Höhlensysteme der Japaner aus dem Zweiten Weltkrieg. Von Massentourismus keine Spur (vor einigen Jahren war es noch schwierig, ein Bier auf der Insel zu bekommen). Auf Tauchgäste sind die örtlichen Anbieter jedoch gut eingestellt. „Guides" führen Besucher zu den besten Wrack-Tauchplätzen.

Und davon hat die Lagune etliche zu bieten. „Ich wusste oft nicht, wohin ich zuerst gucken sollte – so viel gibt es dort zu

■ "Wie Stanniolpapier, das man zerknüllt und wieder glattgestrichen hat": die sinkende Saratoga. Foto: Naval Historical Center

die Japaner die Überreste ihrer Gefallenen. Dass dennoch immer wieder neue Fotos mit Menschenknochen aus der Truk Lagoon erscheinen, erklärt der Schweizer Hans-Peter Schmid mit einem besonderen Service mancher „guides": Für die zahlende Kundschaft werde hin und wieder ein Wrack mit einem Schädel „dekoriert", meint der erfahrene Wracktaucher. Er bestätigt: „Ich habe noch nie so dicht bewachsene Wracks gesehen."

Für Schmid ist die Truk Lagoon darüber hinaus ein einzigartiges „Unterwasser-Kriegsmuseum". Zwar liegen dort bis auf die Zerstörer »Fumizuki« und »Oite« keine Schlachtschiffe, wohl aber zum Teil gewaltige Versorgungseinheiten – noch immer mit allem an Bord, was eine Seestreitmacht im Zweiten Weltkrieg so brauchte: Positionslaternen, Geschirr und Flaschen en gros, komplett eingerichtete Werkstätten, Feuerlöscher, tonnenweise Bomben, Munition und die dazugehörigen Zünder, Gasmasken, dazwischen auch mal ein Bagger, ein Panzer oder Bauteile von Zero-Jagdflugzeugen – wie im Laderaum der rund 150 Meter langen »Fujikawa«. In dem wohl bekanntesten Wrack der Lagune, das in 34 Metern auf dem Sandgrund liegt (das Deck ist in 18 Metern), stapelt sich die Kriegsfracht wie vor 60 Jahren. Am Bug und am Heck recken sich Geschütze nach oben, als gelte es noch immer, sich eines Angreifers zu erwehren. Dazu kommen etliche abgeschossene Flugzeuge wie der Betty Bomber, ein japanischer Langstrecken-Bomber, der gespenstisch in rund 20 Meter Tiefe auf dem Grund ruht. Viele der Wracks wirken fast unberührt. Die „guides" achten streng darauf, dass kein Taucher Fundstücke mit nach oben bringt.

sehen", sagt Christa Fiedler, eine Taucherin aus dem niederrheinischen Städtchen Grevenbroich, die mit ihrem Mann Wolfgang unlängst auf Truk war. Die Wracks hätten sich auf dem sandigen Grund zu Riffen entwickelt, an den noch aufrecht stehenden Masten wüchsen „die herrlichsten Weichkorallen" mitunter bis knapp unter die Wasseroberfläche. Der Tipp der Fiedlers: Nachttauchgänge zu den Wracks. Wenn sich im Dunkeln die Krustenanemonen öffneten und ihre volle Farbenpracht zeigten, wirkten die versunkenen Schiffe im Licht der Scheinwerfer wie verzaubert. Von den Schattenseiten der Lagune sei hingegen heute nichts mehr zu sehen: Vor einigen Jahren bargen

■ Batterie mit Flugabwehrgeschützen auf dem Deck der Saratoga. Foto: Hans-Peter Schmid

Das größte Wrack in der Lagune ist das der »Heian Maru«, ein ehemaliger Passagier- und Frachtliner. Das Schiff, das bereits am ersten Tag der „Operation Hagelsturm" unter starkem Beschuss von seiner Besatzung aufgegeben und am zweiten Tag durch ein Torpedo mittschiffs in den Maschinen- raum versenkt wurde, liegt auf seiner Back- bord-Seite. Die der Wasseroberfläche zuge- wandte Steuerbord-Seite erreicht ein Tau- cher in 13,5 Meter, den Grund bei 33,5 Meter Tiefe. Der Einstieg ins Wrack ist leicht möglich – und lohnend: Die »Heian Maru«, deren Name am Bug unter Korallen

■ Das Wrack des deutschen Schlachtschiffes Prinz Eugen ragt
im Kwajalein-Atoll aus dem Wasser. Foto: Hans-Peter Schmid

freigelegt wurde, war von der japanischen
Marine zu einem schwimmenden U-Boot-
Ersatzteillager umfunktioniert worden. So
sind an Bord noch immer Periskope im Dut-
zend zu finden. Wegen seiner imposanten
Gestalt erschließt sich das 170 Meter lange
Wrack in der Regel nicht in einem Tauch-

gang. Wie viele Tauchgänge für einen Überblick nötig sind, hängt nicht zuletzt von den
Sichtweiten unter Wasser ab. Sie können in
der Truk Lagoon von einem Tag auf den anderen zwischen zehn und 25 Metern
schwanken.

■ Geschütz der kopfüber liegenden Nagato, von der einst der Angriff
auf Pearl Harbour befehligt wurde. Foto: Hans-Peter Schmid

Und wer sich mal vom Wracktauchen „erholen" möchte, für den gibt's an der Ollan Island ein Riff, das als Anziehungspunkt für Haie gilt. Schwarzspitzenhaie und andere Arten tummeln sich hier – vor allem dann, wenn Tauch-„guides" mit blutigen Fischstücken locken. Fütterungen, bei denen die Räuber vor Gier auch in die Futtertonnen kriechen, werden regelmäßig veranstaltet und bieten den auf Grund in einer Reihe hockenden Tauchern die Möglichkeit, Haie aus wenigen Metern Entfernung zu bestaunen. Und ihren Anhang: Kleine gelbe Pilotfische schwimmen mitunter direkt vor den Mäulern der grauen Riesen umher und fühlen sich dort erkennbar wohl, wie

Wolfgang Fiedler beobachten konnte. Ob ihn selbst die Nähe von einem guten Dutzend Haien nicht nervös gemacht hat? „Wer sich nicht wie Fischfutter verhält, braucht keine Angst vor Haien zu haben", meint er.

Mit so vielen Superlativen die Truk Lagoon auch aufzuwarten hat, sie wird sowohl in Größe und Zahl von Wracks wie auch in puncto Fischreichtum von einem Tauchgebiet noch übertroffen. Und das liegt, gemessen an den Entfernungen zwischen den Inseln im Zentral-Pazifik, gar nicht so weit entfernt: Das Bikini-Atoll, erreichbar ebenfalls über die Flugverbindung zwischen den Philippinen und Hawaii (über Majuro, die Hauptstadt der Marshall-Inseln), ist das zweifellos spektakulärste Wracktauchgebiet der Welt – und vielleicht das gefährlichste. Nicht, weil die Wracks dort besonders tief oder in starker Strömung lägen. Auch nicht, weil dort noch mehr Haie anzutreffen sind. Sondern: weil die USA dort nach dem Zweiten Weltkrieg ihre Atom- und Wasserstoffbomben testeten.

Das Gebiet, in dem die Amerikaner eine gewaltige Geisterflotte im Rahmen der Versuche versenkten, um zu sehen, was genau mit den ausgemusterten Kriegsschiffen passiert, ist mittlerweile zum Tauchen freigegeben. Radioaktivität müssen Besucher angeblich nicht mehr fürchten. Cäsium, dass im Boden der umliegenden Inseln und im Meeresgrund gelöst ist, strahlt aber noch heute. Die Folge: Nichts, was dort wächst, darf gegessen werden – Bikini ist mit seiner türkisfarbenen Lagune und den schneeweißen Stränden ein vergiftetes Paradies. Die einst von den USA vertriebenen Ureinwohner warten bis heute darauf, zum Atoll zurückkehren zu können. Das Risiko, Schlamm aufzuwirbeln und zu verschlucken, sei kalkulierbar, meint allerdings der Schweizer Schmid. Und entschied für sich, dorthin zu reisen.

„Wer sich vom Boot ins Wasser fallen lässt und langsam hinabsinkt, hat das Gefühl, dem Meeresboden entgegenzufallen - bis plötzlich ein großes, viereckiges Loch erkennbar wird: der Flugzeuglift", berichtet Schmid. Was in 32 Metern schier endlos wie der Grund wirkt, ist also in Wirklichkeit das 300 Meter lange und 30 Meter breite Deck der USS »Saratoga«: des weltweit größten Wrack eines Flugzeugträgers, das Sporttaucher erreichen können. Alles scheint hier für Riesen gemacht zu sein: Ein gewaltiger Anker hängt am Bug, ein zweiter liegt 20 Meter tiefer auf Grund – jedes Kettenglied ist größer als ein Mensch. Flugzeuge, die auf dem Deck standen, wurden von der Wucht der Atombomben-Explosion ins Wasser gefegt. Bis zu 90 Kampfflieger konnte die »Saratoga« tragen. Im Hangar sind noch Exponate zu betrachten: ein Hellcat-Bomber und ein Aventure-Torpedojäger, beide voll munitioniert. Stapelweise liegen Bomben und Tor-

Truk Lagoon

Beste Wracktauchzeit: Dezember bis Februar
Wassertemperatur: bis zu 30 Grad
Sicht: zwischen 10 und 25 Metern
Strömung: nahe Null
Fauna und Flora: Es gibt wohl nirgends sonst so dicht mit Korallen bewachsene Wracks, zudem: tropischer Fischreichtum, Tummelplatz für Haie
Schwierigkeitsgrad: ★ bis ★★★★★

★	= Schnorchler,
★★	= Anfänger mit Begleitung,
★★★	= erfahrene Taucher,
★★★★	= erfahrene Wracktaucher,
★★★★★	= Technical Divers

Literatur zum Pazifik:
Roberto Rinaldi: „Wracks satt! Truk Lagoon: Paradies für Wracktaucher", in: „Tauchen", September 2001
John Bantin: "Bikini – The world's top wreckside", in: Diver Magazine, Mai 2002

pedos an diesem düsteren Ort. Offenbar wollten die Amerikaner sehen, wie die Munition auf die Atombombenexplosion reagiert.

Die »Saratoga« steht aufrecht auf Grund. Haie kreisen über dem Deck. Flugabwehrgeschütze sind an den Seiten erkennbar. Die der Explosion zugewandte Wand der »Saratoga« sieht zerfurcht aus „wie Staniolpapier, das man zerknüllt und wieder glatt gestrichen hat", sagt Schmid. Der Flugzeugträger lag nur 300 Meter entfernt, als eine Atombombe mit der Kraft von mehreren Hunderttausend Tonnen TNT in 25 Meter Tiefe gezündet wurde. Zwei Millionen Tonnen

Wasser wurden dabei eine Meile hoch in den Himmel gejagt; die hinabstürzenden Fluten zerstörten Schiffe im weiten Umkreis. Trotzdem dauerte es acht Stunden, bis die »Saratoga« sank.

Bereits 1946 hatten die Amerikaner mit ihren Tests im Bikini-Atoll begonnen. Die erste Atombombe wurde von einem Flugzeug abgeworfen. Unmittelbar durch die Explosion wurden Schiffe im Umkreis von 100 Metern zerstört. Das eigentliche Zielschiff war zwar verfehlt worden, zerstört wurde es trotzdem: Eine 20 Meter hohe Flutwelle walzte kilometerweit alles nieder. Zwölf Jahre lang testeten die USA ihre Atombomben in der Abgeschiedenheit des Pazifiks, ab 1954 auch Wasserstoffbomben (wodurch eine kleine Insel des Atolls verdampfte). Nirgends versank eine so gewaltige und geschichtsträchtige Armada: 84 Kriegsschiffe mit voller Bewaffnung und in jeder Größenordnung. Von U-Booten über Zerstörer bis hin zu Transportschiffen, Patrouillen- und Landungsbooten. Vom bereits erwähnten Flugzeugträger »Saratoga«, der im Pazifik gegen die Japaner gekämpft hatte und dabei fünfmal von Kamikaze-Fliegern angegriffen wurde, über das japanische Flaggschiff von Admiral Yamamoto, die Nagato, bis hin zur USS Arkansas, einem ursprünglich britischen Schlachtschiff der Dreadnought-Klasse, das bereits im Ersten Weltkrieg gebaut wurde und im Zweiten Weltkrieg an der Landung der Alliierten in der Normandie beteiligt war.

Etwas abseits im benachbarten Kwajalein-Atoll, wohin er nach einem Bombentest geschleppt worden war, liegt der deutsche Schwere Kreuzer »Prinz Eugen«. Das Schiff hatte den atomaren Feuersturm beschädigt,

aber schwimmfähig überstanden. Erst ein Sturm brachte ihn später zum Kentern. „Das Schiff liegt kieloben", berichtet Schmid. Das Heck samt Ruder und Schrauben rage aus dem Wasser heraus. Er sei vorgedrungen bis in den Torpedoraum. „Im Kran hängt noch ein abschussbereiter Torpedo", sagt der Schweizer. Überhaupt sei das Schiff voller Ausrüstung: In der Bäckerei stünden noch Knetmaschinen, im Lazarett hängen die festgeschraubten Betten an der Decke – ein gespenstisches Szenario.

Ähnlich spannend zu betauchen: die »Nagato«, von deren Brücke aus einst der japanische Angriff auf Pearl Harbour befehligt worden war. Mit ihren knapp 240 Metern Länge war die »Nagato« einst der Stolz der Flotte Nippons. Heute liegt sie kopfüber auf dem Grund des Bikini-Atolls, an der Seite im Sand sind die zerstörte Brücke und das Hauptquartier Yamamotos auszumachen. Die imposanten Kanonen stehen kopfüber. Schmid taucht zwischen zwei Geschütztürmen hindurch. Allein die vier Schrauben dieses Ungetüms sind einen Tauchgang wert: Sie sind so üppig dimensioniert, dass sie das 43.000-Tonnen-Schiff einst auf das rasante Tempo von 25 Knoten bringen konnten.

Die Wracks am Bikini-Atoll sind nicht so stark bewachsen wie die in der Truk Lagoon, weiß Schmid. Kein Wunder: Die Atombomben-Test-Schiffe liegen tiefer – stets zwischen 30 und 50 Metern. So bedarf es bei jedem Tauchgang der Dekompression. Die Fischvielfalt lässt die Wartezeit allerdings kurzweilig werden. „Dort ist seit 50 Jahren nicht mehr gefischt worden – und das sieht man", sagt Schmid. Graue Riffhaie oder Weißspitzenhaie jagen immer wieder

■ Wracktauchen – Königsdisziplin für Sporttaucher. Foto: Ivana Ostoic

an den Wracks, die von Schwärmen von bunten Fischen bevölkert werden. Eine britische Expedition stellte unlängst staunend fest: „Hier scheint es mehr Haie zu geben als irgendwo sonst". Eine natürlich gewach-sene Population. Wie viele Haie in der Lagune leben, lässt eine Fütterung erahnen: Als die Briten vom Boot aus Thunfisch-Stücke ins Wasser werfen, beginnt das Meer um sie herum zu brodeln.

Stichwortverzeichnis

Advanced Nitrox Diver 84
Advanced Trimix 85
Amoco Cadiz 121, 122, 132
Amsler, Kurt 133, 141
Andrea Doria 96, 149ff,
Argon 54
Ärmelkanal 118
Aspacher, Bernd 70, 86ff
Atemregler 25, 26, 28
Ausbildung 80ff
Auskühlung 26, 31ff
Ausrüstungskonfiguration 25, 55
Ballon 11
Baltimore 10
Barnes, Collin 10
Baron Gautsch 130
Bemis, Gregg 16, 124
Best Mix 66ff
Bianca C 160ff
Bismarck 105
Blücher 105ff
Bodensee 98ff
Bornholm 105
Britannic 96, 127ff, 149
Bundesarchiv 17
C/A-Code 20
Carbonelle 118ff
Carnatic 17, 24, 143, 145
Chauen 134ff
CNS 57, 68, 70, 88ff
Congress 157
Coron Bay 162ff
D-Day 118, 120
Decompression Procedures 85
Diver 84ff
Dekompressionsstopps 63ff, 70, 90
Department of Defense 20
EAD 67
Eigentümer 16

Eigentumsrecht 16
Empress of Ireland 151ff
END 67
Entry Level Trimix 85
Extended Range Diver 85
Flaschen 47
Fujikawa 164, 166
Gasmenge 36, 48, 63ff
Gemisch 55ff, 66ff, 86ff
Ghiannis D 142ff
Ghisotti, Andrea 16, 133, 145
Gigantic 128
GPS 20
Griechenland 16
Gubal 142, 147
Hartenberger, Reiner 42ff
Haven 96, 131ff
Heian Maru 167
Heizpad 38
Helium 32
Hitler, Adolf 105ff
HMS Hampshire 15, 18, 144
HPNS-Syndrom 67
Inger Klitt 84, 102ff
Irische See 16, 96, 118
Jacket 29, 30, 47, 52
Jentzsch, Burckhard 26
Jura 98ff
Karlsruhe 111, 112
Konfiguration 52ff
Kontakte 85, 99, 105
Leopoldville 120ff
Liban 137
Lincoln, Abraham 158
Long, Dick 39
Lusitania 18, 96, 123, 125
Madras 123
Marinearchive 17
Markgraf 65, 109

Mercedes 1 159
Militärische Wracks 14
Minnehaha 10ff
Minnesota 158
Monitor 158ff
Moral 13ff
Muth, Claus 31ff
Neopren 29, 35ff
Nitrox 48, 49, 51, 55ff, 56, 66, 87, 114
Nitrox Diver 84
NOAA 159
Nordsee 101, 121
Nullzeit 55
Omaha-Beach 118
Operation Hagelsturm 164, 167
Ostsee 100ff
P&O 144
Partialdruck 56, 92
Pazifik 12
P-Code 20
Precontinent II 138ff
Recht 13ff
Reel 38, 40, 50
Rose, Uli 18, 124
Rotes Meer 24, 35, 138ff
Rouse, Chris 60ff
Rouse, Chrissy 60ff
Royal Oak 14
Rubis 121, 132ff
Salem Express 13, 14, 144, 147ff
San Diego 151ff
Sangat 162
Saratoga 96, 171ff
Scapa Flow 14, 108, 112, 117
Schlauchführung 29, 52ff
Seastar 145
Seattle 97, 106ff
Sha'ab Abu Nuhas

Literaturverzeichnis

Sharm-el-Sheik 16
Sicherheit 30, 40, 52, 60, 62, 79
Side-Scan 19
Skagerrak 105
Sonar 19ff
Stages 53, 85
Sten Trans 84, 103
Stockholm 149 ff
Tauchausrüstung 24ff
Tauchzeiten 31, 79
Thistiegorm 66, 138, 145, 147
Titanic13, 127ff
Togo 134
Training 48
Treibmine 118
Trockentauchanzüge 35ff, 52
Truk Lagoon 17, 64, 166, 171ff
Tubantia 107
Türkei 16
U-869 60, 155ff
Umbria 140ff
Unterzieher 34, 37ff, 38
Vereisen 26ff
Virginia 157
Wilhelm Gustloff 13, 99ff
Yorktown 164

Das nachstehende Verzeichnis ist nur eine kleine Auswahl der deutschsprachigen Literatur und erhebt keinerlei Anspruch auf Vollständigkeit. Für viele Tauchgebiete gibt es spezialisierte Reiseführer, in denen auch immer die Wracks der Region vorgestellt werden. Wir haben in den entsprechenden Kapiteln auf vorhandene Literatur hingewiesen, die bei der Planung zukünftiger Wracktauchgänge wertvolle Dienste leisten kann. Darüber hinaus gibt es zu den historisch bedeutenden Wracks eine Fülle an Fachliteratur mit jeder Menge Informationen, die einen Tauchgang an einem solchen Schiff um ein Vielfaches interessanter werden lässt.

Bernd Aspacher, Enzyklpädie des Technischen Tauchens, Esslingen 2000.

O.F. Ehm (Hrsg.), Tauchen noch sicherer, Cham 1996

Bret Gilliam / Robert von Maier, Tieftauchen. Eine umfangreiche Anleitung zu Physiologie, Techniken und Systemen, (deutsche Ausgabe), München 2000.

Henry Keats / Brian Skerry, Wracktauchen, Eine Anleitung zum Wracktauchen, (deutsche Ausgabe), München 1998.

PADI (Hrsg.), The Encyclopedia of Recreational Diving, (deutsche Ausgabe), Hettlingen 1994.

Tom Mount / Bret Gilliam, Mischgastauchen. Die ultimative Herausforderung des Technischen Tauchens, (deutsche Ausgabe), München 2001.